Volker Mall

Krynki-
Auschwitz-
Hailfingen

Die Memoiren von Alex Sofer/Abraham Soyfer

Ergänzt durch Informationen von anderen Hailfinger Häftlingen

Herausgegeben von der KZ Gedenkstätte Hailfingen/Tailfingen e.V.
Gefördert von der Landeszentrale für politische Bildung Baden-Württemberg,
Bibliografische Information der Deutschen Nationalbibliothek:
Die Deutsche Nationalbibliothek verzeichnet diese Publikation in der Deutschen Nationalbibliografie, detaillierte bibliografische Daten sind im Internet über *http://dnb.dnb.de* abrufbar.

© 2023 Volker Mall

Alle Rechte vorbehalten

Korrektorat: Adelheid Mall

Herstellung und Verlag: BoD – Books on Demand,

Norderstedt

ISBN: 9783756812561

Inhaltsverzeichnis

Vorwort	5
Alex Soifer/Abraham/Avrom Soyfer	7
Krinki in khurbn, memuarn/Die Memoiren von Alex Sofer	
Krynki bis 1939	10
Die Deutschen kommen	41
Rückzug der Deutschen am 19. September 19394	48
Die Rote Armee kommt	50
Die Rote Armee zieht sich zurück	68
In Gefangenschaft	89
Die Flucht	94
Zurück im Ghetto	115
Verhaftung, Verurteilung, Rettung	117
Ghetto Krynki	127
Die Auflösung des Ghettos	138
Auf dem Weg nach Auschwitz	150
Stutthof	230
Tailfingen	239
Dautmergen und Befreiung	252
Rache! Nekome!	259
Die Krynki-Partisanen	265
Das „revolutionäre" Krynki	268
Die Evakuierung der Wüste-Lager im April 1945	273
Todesmarsch in Richtung Oberschwaben	274
Quellen/Literatur	287
Dank	290

Vorwort

Ende des Jahres 2021 meldete sich Beate Schützmann-Krebs, Sozialarbeiterin und Künstlerin in Berlin, bei der KZ Gedenkstätte Hailfingen/Tailfingen. Sie hatte im Internet die von uns 2020 zusammengestellte Information zu Alex Sofer gesehen und teilte uns mit, dass sie die „Memoiren" von Alex Sofer (*Krinki in khurbn, memuarn*)[1] entsprechend dem YIVO-Standard aus dem jiddischen Original transkribiert und ins Englische übersetzt habe. Diese Übersetzung wurde von Jewishgen im Sommer 2022 ins Netz gestellt und ist inzwischen als Buch erschienen.[2] Frau Schützmann-Krebs erlaubte uns die Übertragung aus dem Jiddischen ins Deutsche, die nun hier vorliegt. Um einen Eindruck vom Originaltext zu bekommen wurde häufig das Original kursiv zitiert. Drei längere Ausschnitte, darunter der Abschnitt Tailfingen wurden quasi zweisprachig nebeneinandergesetzt.
Das Original ist in der New York Public Library:
http://yizkor.nypl.org/index.php?id=2368

Alex Sofer machte zwei Textversionen. Von der zweiten Version sind einzelne Teile (übersetzt ins Englische) „verstreut" im Memorial Book of Krynki (Krynki, Poland). Hg: D. Rabin. Veröffentlicht 1970 in Tel Aviv by Former Residents of Krynki in Israel and the Diaspora. (Darin: On the eve of Russian invasion, In the survivors' camp, To Auschwitz with the Krinkers, In Auschwitz, The Cataclysm - Nazi Germany Attacks Russia, The Liquidation of the Ghetto, The Factory-Camp, In Auschwitz).

Ergänzt wird Sofers Text durch Informationen aus seinem USC-Video (kursiv), durch Aussagen anderer Häftlinge des KZ-Außenlagers Hailfingen, durch Informationen über Krynki aus Amir Haskels

---

1 Aroysgegeben durkh di kinder hilfs-fareynen fun Urugvay un Argentine, Montevideo 1948. Farlag-Drukeray B. Reznikovitsh Maldonado.
2 https://www.jewishgen.org/yizkor/Krynki/Krynki.html. A. Soifer: Krynki in Ruins, Beate Schützmann-Krebs, Nina Schwartz, Kindle/Amazon 2022.

Buch „The Warden of Block 11" (2014)[3] und Informationen über die sog. Todesmärsche.

Gleichzeitig forschten wir nach Angehörigen. Im Februar 2022 meldete sich Sofers Großneffe Israel Diament bei uns und erzählte, Sofers Enkelin Sonia Torres Sofer lebe in Uruguay. Im Herbst 2022 fand Patricia de Vooght den Enkel Gabriel Torres Sofer, der ein Interview mit seinem Großvater gemacht hat[4].

Das Besondere an diesen Memoiren ist einmal der relativ frühe Zeitpunkt ihrer Entstehung, zum anderen enthalten sie bisher unbekannte Informationen über Hailfingen.

---

[3] Amir Haskel lernten wir kennen, als er und seine Frau Mordechai Ciechanower 2015 bei seinem Besuch im Gäu begleiteten.
[4] https://www.youtube.com/watch?v=yW90yBdYBQc

Alex Soifer/Abraham/Avrom Soyfer[5]

Alex Sofer wurde am 5.5.1922[6] in Krynki (Region Grodno, Polen) geboren. „Ich bin mit dem Namen Abraham Soifer geboren, und unter diesem Namen lebte ich bis zum Krieg. Im Krieg in Deutschland wurde mein Name in Alex geändert."[7] Seine Eltern: Israel Moishe Sofer (* ca. 1897) und Procha Sofer, geb. Schuster (* ca. 1900). Alex hatte acht Geschwister.

Alex erzählt zuerst vom Leben im Shtetl Krynki, das jäh unterbrochen wird durch den Beginn des Zweiten Weltkriegs. Die Deutschen tauchen am 19. September 1939 kurz auf, überlassen das Shtetl aber der Roten Armee (Hitler-Stalin-Pakt). Nach dem deutschen Überfall auf

die Sowjetunion im Juni 1941 zieht sich die Rote Armee zurück. Alex

---

5 Schreibweise im Nummernbuch: Alex Sofer, in der Häftlingspersonalkarte: Aleks Sofer.
6 Im Nummernbuch und in der Häftlingspersonalkarte 5.5.1921.
7 USC-Video.

Sofer wird eingezogen, kommt in die Kesselschlacht bei Białystok und Minsk, die am 22. Juni 1941 begann, wird verwundet, kommt in Kriegsgefangenschaft, kann fliehen, geht zu den Partisanen. Um für sie Arzneimittel zu holen, geht er nach Krynki, wird dort gefasst, zum Tod verurteilt und durch Kozalchik[8] gerettet. Erneut verwundet wird er in Grodno gesund gepflegt und geht zurück nach Krynki, wo Ende 1941 ein Ghetto eingerichtet worden war, das am 2. November 1942 aufgelöst wurde. Sofer wird von Krynki über Grodno am 26.1.1943 nach Auschwitz deportiert. (Auschwitznummer 93 886; Czech, S. 393)[9]. Am 28.10.1944 kam er nach Stutthof (Stutthof-Nr. 100 073) und von dort im November 1944 nach Hailfingen (Natzweiler Nummer 40 889).

---

8 Yakob Kozalchik/Yankl Khazer (1902 – 1953) wurde in Krynki als Chef der „birger-politsey", eingesetzt. Er war ein bekannter professioneller Ringer, genannt „Samson von Krynki". Später war er Kapo in Block 11 in Auschwitz (s. u.). Er beging 1953 Suizid, wohl v.a. wegen der Anschuldigungen, er habe mit den Nazis kollaboriert.
9 „Mit einem Transport des RSHA aus den Ghettos in Sokolka und Jasionowka sind etwa 2300 jüdische Männer, Frauen und Kinder eingetroffen. Nach der Selektion werden 161 Männer, die die Nummern 93755 bis 93915 erhalten, sowie 32 Frauen, die die Nummern 31559 bis 31590 erhalten, als Häftlinge in das Lager eingewiesen. Die übrigen etwa 2107 Deportierten werden in Gaskammern getötet." (Danuta Czech: Kalendarium der Ereignisse im Konzentrationslager Auschwitz-Birkenau 1939-1935, Reinbek 2´ 2008, S. 393).

Im Februar 1945 wurde er nach Dautmergen transportiert, wurde in Altshausen von den Franzosen befreit und war danach in einem „Militärkrankenhaus in Stuttgart-Degerloch".[10] In Degerloch kamen einige Korrespondenten einer US-amerikanischen Zeitung und baten ihn, alles aufzuschreiben, was er durchgemacht hatte. Als er 1948 nach Uruguay kam, gab er das Buch dort zur Veröffentlichung.
Er heiratete seine Schulfreundin Raquel Zacheim Kirschner/Ruchla Zakheim (*28.12.1923), die er in Auschwitz wiedergetroffen hatte. Alex Sofer starb am 19.8.2002 in Montevideo.[11]

---

10 So seine Aussage im USC-Video. Vermutlich war es das Sanatorium Katz, ab 1945 ein jüdisches DP-Lager.
11 AVROM SOYFER (ALEX SOYFER) (b. May 5, 1922) He was born in Krinki (Krynki), Grodno region, Russian Poland, into a laboring family. He graduated from a secular Jewish "Tsisho" (Jewish School Organization). Until WWII he was active in the Bund's children's organization SKIF. … He was drafted in 1941 into the Red Army, but after the German invasion of Russia, he was captured. He was in a series of Nazi death camps through May 1945 in Poland and Germany, and he later lived for a while in Poland, Germany, and France. From 1947 he was living in Uruguay. (Khayim Leyb Fuks, http://yleksikon.blogspot.com/2018/03/avrom-soyfer-alex-soyfer.html)

Krinki in khurbn, memuarn/Die Memoiren von Alex Sofer/Abraham Soyfer

Forwort di Krinker hilfs und landslayt-fareynen fun Uruguay un Argentine vidmenen dem dozikn bukh, tsum ondenkung nokh undzere tayere un shtoltse Krinker yidn, umgebrakhte durkh di natsi-barbarn. shteyndelekh fun Krinker gasn velkhe dermonen undz dem fustrot fun undzere tates un mames, fun undzere nontste, fun yidishn arbetsmentshn, velkher hot yornlang geshprayzt mit shtolts un zikherkeyt, lider un gezangen, un getroymt vegn a besern, shenern morgn. undzer yidishe Krinik hot aroysgeshikt di ershte ir heldishe yugnt in kamf, als di ershte partizanen fun poyln. iber velder, iber felder, ibern ganztsn land hot opgeklungen di heldishkeyt fun undzere martirer. zol der doziker bukh dinen vi der eybiker denkmol nokh di toyznter umbakante martirer. komitet fun Krinker hilfs-fareyn in Uruguay komitet fun Krinker hilfs un landslayt fareyn in Argentine *Seite 9, die erste nummerierte Seite*	**Vorwort** Die Krynkier Hilfs- und Landsleut-Vereine von Uruguay und Argentinien widmen dieses Buch dem Gedenken an unsere lieben und stolzen Juden von Krynki, die von den Nazi-Barbaren getötet wurden. Die Pflastersteine der Krynkier Straßen erinnern uns an die Schritte unserer Väter und Mütter, an diejenigen, die uns am nächsten standen, an jüdische Arbeiter, die jahrelang mit Stolz und Geborgenheit, mit Gedichten und Liedern lebten und von einem besseren, schöneren Morgen träumten. Unser jüdisches Krynki hat als erste ihre heldenhafte Jugend in den Kampf geschickt, sie waren die ersten Partisanen Polens! Über Wäldern, Feldern und über dem ganzen Land hallte das Lob des Heldentums unserer Märtyrer wider. Möge dieses Buch als ewiges Denkmal für unsere Tausende von unbekannten Märtyrern dienen. Das Komitee der Krinker Relief in Uruguay und in Argentinien *Seite 9, die erste nummerierte Seite*

Ot ze ikh vider mayn shtetele Krinik. in a tol tsvishn gants flakhe berg, in di kremen fun Poyln, noent fun Białystok, ligt mayn geburtheym. Korev tsen toyzent lebns hot es gehilt in ir shoys, fun velkhe akhtsik protsent zaynen geven yidn.
der runder mark in der mit, iz der tsenter fun shtetl. tsvey reyen kromen, der kval fun yidishn kleynhendlers parnose, zaynen tseteylt durkhn azoy gerufenem „brom", velkher farbindt bayde zaytn mark. do hobn mentshn gekoyft un farkoyft batog un geshpatsirt fun farnakht bizn shpetn ovnt arayn. tsu makhn „hakofes" iz keyn shiyer nisht geven, biz porlekh flegn mid vern un aropmarshirn in der Shishlevetser Gas farbay di „Bolnitses" vayter mitn Shosey, flegt men oft biz „Shyemanitse" dergeyn. andere flegn zikh fardreyen in der Kashtanen-Aleye, farbay Lublinskes hoyf, tsu Yentes vald tsu. a kleyn veldl bloyz un farbindt yedn toyshef mit azoyfil fedim fun zayne fargangene teg, velkhe zaynen avek in der umendlekhkeyt un lozn iber in der neshome a pustn ekho.
in di letste yorn hot men dos veldl tsubislekhvayz oysgehakt, hobn yidn zikh farklibn a bisl vayter

Ich sehe mein Shtetl Krynki wieder. In einem Tal zwischen sehr flachen Bergen, in der Feuersteinschicht (*kremen*) Polens, in der Nähe von Białystok, liegt meine Geburtsstadt. Etwa zehntausend Menschen leben in seinem Schoß, von denen 80 % Juden waren.
Der runde Markt in der Mitte ist das Zentrum des Shtetl. Zwei Reihen von Geschäften, die Einnahmequelle für jüdische Kleinhändler, werden durch das so genannte "brom" (Tor) geteilt, das beide Seiten vereint. Hier haben Menschen gekauft und verkauft und sind von früh bis spät hierher spaziert. Es gab keine Grenzen für fast endlose Umrundungen, bis die Paare müde wurden und durch die Swisłoczer Gasse marschierten, vorbei am Krankenhaus Bolnitses; weiter auf der Chaussee, ging man oft bis zur Siemianówka. Andere machen ihre Runden in der Kastanienallee, vorbei an Lublinks Hof, Yentes Wald zu. Dies war nur ein kleines Wäldchen, aber er verband jeden Bewohner mit so vielen Fäden aus seinen vergangenen Tagen: Sie waren in die Unendlichkeit gegangen und hinterließen ein leeres Echo in der Seele. In den letzten Jahren war das Wäldchen nach und nach gerodet worden, die Juden gingen ein wenig

tsum Shalker vald, khotsh der veg iz bashwert, ober yidn darfn hobn in zeyer shabesdikn rutog dem grinem Sosnevald, a loytern himl ibern kop, a tsvitshern fun feygl in der luft. oyfn hoykhn, zamdikn barg, flegt khevre yungvarg di glider oysbodn in zunshtroln un freyd hot gehersht un hofenung hot zikh gevebt.	weiter zum Shalker Wald, obwohl der Weg beschwerlich war. An ihrem Ruhetag, dem Sabbat, brauchten die Juden jedoch den grünen Kiefernwald, einen klaren Himmel über sich und das Zwitschern der Vögel in der Luft. Auf dem hohen, sandigen Berg badeten Gruppen von Jugendlichen in der Sonne, und es gab Freude, verwoben mit Hoffnung.

Krynki war ein Dorf, besser gesagt ein Arbeiterdorf. 90% der Leute waren Arbeiter und Kleinhändler. ... In meinem Dorf gab es keine orthodoxen Juden mit weißen Socken und Pejes. ... 80% der Jugendlichen Krynkis waren Atheisten, Zionisten, Bundisten, Kommunisten, der Shomada Zoe (?), aus allen Parteien.[12]

Jugendliche und die Eltern mit ihren Kindern kehrten nach Hause zurück.
Man traf sich zu *shaleshudes*[13], *shtshav-borshtsh*[14] und kalten *ladishkes*[15], die oben mit Sahne bedeckt waren. Es waren einfache Mahlzeiten und doch so lecker.
Schöne Abende, die wir damals viel zu wenig schätzten! Abends nach der Arbeit drängten sich die Krynkier um die Veranden auf dem Markt.
Einmal wurde Mair Cheikels sehr wütend, weil die Leute zu früh auf der Terrasse saßen und nicht drinnen in seinem Wirtshaus. Er nahm

---

12 USC-Video.
13 das letzte der 3 Sabbat-Essen.
14 Sauerampfer-Rüben-Suppe.
15 Tonkrüge mit Milch.

schwarzes Pech und verteilte es auf dem beliebten Sitzplatz. Aber die Bande wischte es mit ihren Anzügen ab und saß weiter da.
Wenn Sie weiter gehen, kommen Sie zur Terrasse von Yosele Mastovlonski an der Ecke der Białystok-Straße. Dies ist die Terrasse, auf der große Versammlungen abgehalten werden, insbesondere die Feierlichkeiten zum Ersten Mai. Von hier aus starteten alle Maimärsche aller Parteien. Die Terrasse diente als Tribüne für die Redner, die zu den Leuten sprachen.
Danach brodelte das Shtetl so richtig, es diskutierte und kommentierte die Reden, und sie blieben für lange, lange Zeit das Gesprächsthema Nummer eins des Tages.

Der Wintersabbat im Shtetl war anders. Sehr früh am Morgen kamen schreiende Gojes[16], um die Öfen anzuheizen. Sie kochten Wasser für die "bunkes"[17], damit sie zum ersten Glas Tee serviert werden konnten, zusammen mit einem Stück geflochtenem Sabbat-Chala (Weißbrot) (*fun velkhe me flegt zey mekhabed zayn mit dem ershtn gloz tey un dertsu nokh gebn farbaysn a shtikl shabesdike, geflokhtene khale*). Es wird warm in der Stube. Die Väter sind weggegangen, um zu beten. Bald wird der Tsholent[18] aus der Bäckerei gebracht. Das Essen des Sabbats hat tausend Geschmacksrichtungen. Die Familie kommt zusammen, man trinkt Tee und spricht über die täglichen Sorgen der Woche. Und kein Problem hat jemals gefehlt. Die familiären Bindungen waren sehr stark. Einer bemühte sich, dem anderen zumindest mit Rat zu helfen. Und an Beratung hat es nie gefehlt.
Sabbatnächte im Winter! Warum, oh, warum hast du mich für immer verlassen? Du, die herrlich schimmernden Abende, wenn die Schlitten, bemannt mit jungen Leuten, schnell über den glänzenden Schnee jagten.
Das Läuten der Glocken mischte sich in das Gelächter der Mädchen, und wie schnell die Pferde galoppierten! Früher haben die Jungs

---

16 Jiddisch für Nichtjuden
17 eine Art Krug mit engem Hals.
18 langsam gekochter Sabbateintopf.

Schneebälle in die Schlitten geworfen, aber das hat niemanden gestört. Nein, die Dinge sind noch lustiger, und das Lachen hallt noch lauter durch die frostige Luft.

All dies geschah am Sabbat-Feiertag. An Wochentagen verlief das Leben eher langsam und war von Sorgen und Sorgen erfüllt. Im Allgemeinen war die Bevölkerung sehr arm. Alle schufteten hart für ihren Lebensunterhalt. Unter den Juden bestand ein großer Klassenunterschied. Große Fabrikbesitzer lebten im Luxus und genossen all die guten Dinge. Aber der Rest musste sich sehr schwer abrackern. Vor allem die Frauen hatten es schwer.

Das Wasser war normalerweise weit vom Haus entfernt. Und früher waren die Brunnen im Winter mit einer meterdicken Eisschicht bedeckt.

Die heiligen Mütter unseres Volkes waren außerordentlich effizient (*un take beryes zaynen geven undzere heylike folksmames*), wenn sie Dutzende von Eimern Wasser zum Waschen oder später für die Vorbereitungen für das Passahfest schöpfen mussten.

Man kämpfte, aber ohne sich jemals beim Allmächtigen darüber zu beschweren. Jeder arbeitete auf seinem Gebiet und hoffte auf ein besseres Morgen.

Die Garbarske-(*Gerberei*) Gasse erstreckte sich vom Markt bis zur Pohulanka (-*Straße*); das nächste war die große Shul mit dem Schulhof, wo wir danach *nyemtshik, tshizshik* (ein Spiel der Kinder) spielten, und die Mädchen hüpften zwischendurch auf einem Bein herum. Immer wieder kam es vor, dass Schurken versuchten, einen kleinen Stein zu werfen, um eines der unzähligen Fenster der Shul zu treffen. Später bekamen sie große Angst, als wir uns die Geschichten austauschten, dass in der Nacht Verstorbene die Shul heimsuchten, Psalmen sangen und jedes böse Kind bestraften.

Hunderte von Legenden ranken sich um die Shul, und die Gören scheuten sich tatsächlich, das *polish*[19] zu betreten, um einige unanständige Dinge zu tun, denn dort befand sich der *torebret*[20]. Der große

---

19 Hebr.: Vorhalle der Synagoge.
20 Tisch zum Waschen von Leichen.

Gerberei Q: Tomasz Wisniewski

Bes-Hamedresh und (Yentes) Khaye-Odem-Bes-Hamedresh standen um den Hof der Shul. Wenn die Leute einst auf dem Dach der Shul standen (natürlich als sie gebaut wurde), konnten sie sehen, wie die ganze Pohulanka-Straße rauchte. Das gleiche wie in Lodz (*flegt men onzen vi gants Pohulanke roykhert, punkt vi in Lodzsh*). Große, hohe Schornsteine mit einem Umfang von 30 Metern qualmten dort den ganzen Tag und trieben Dutzende Trommeln (*tsendliker barabanes*[21]) der Gerbereien an. Haupteinnahmequelle des Shtetls war die Gerberei. Dreitausend Arbeiter der Stadt versorgten die Lebensmittelhändler, die Bäckereien, die Schuster und Schneider. Jeder junge Bursche träumte davon, Gerber zu werden – ein verantwortungsvoller Mensch, ein Brotverdiener. Jeder Besucher, der zum ersten Mal nach Krynki kam, wird sich für immer ins Gedächtnis eingeprägt haben, wie in diesem Shtetl die Bürgersteige angelegt waren, und wer die städtische Stromversorgung installiert hat: Ein jüdischer Ingenieur, Galinski, und ein jüdischer Techniker und Sammler, David Zak. Im jüdischen Schlachthof am Fluss waren ständig jüdische *katsovim*(Metzger) am

---

21 baraban (polnisch): Trommel, Pauke.

Werk. Früher hieß es, wenn der „Kaiser der Katsovim", Leyzer Kugel, mit seinem Partner streite, könne man das bis zu den Juden auf der anderen Seite des Marktes hören. Jüdische Jungen und Mädchen verbrachten früher ein wenig Zeit im shwyntar, der orthodoxen Kirche. Wenn dort eine gojische (*nichtjüdische*) Hochzeit stattfand, gingen wir oft in die Kirche, um einen Blick auf das Brautpaar zu erhaschen. Früher transportierten die jüdischen Obsthändler im Herbst ihre schmackhaften Äpfel und Birnen aus Batjuschkes Obstgarten, die die Marktverkäufer des Shtetls verkauften – und jede Frucht fand ihren Käufer.

Yentes Besh-Kamedresh
Q: Tomasz Wisniewski

Witzbolde des Shtetl, insbesondere Shmuel Tenor, erfanden beliebte Witze, die sich auch in benachbarten Städten verbreiteten.
Jüdische Autobesitzer von Krynki gründeten den *Spulke[22] Express*: Fünfmal täglich boten sie eine Mitfahrgelegenheit an, die nicht nur eine Fahrt innerhalb der Straßen von Krynki beinhaltete, sondern auch Verbindungen von Krynki nach **Białystok** und Grodno. Alle paar Stunden ging das ganze Shtetl zu einem der Autos, um Nachrichten zu hören, zu sehen, wer angekommen war, und Zeitungen entgegenzunehmen. Später wurde das alles verstaatlicht, und die jüdischen Automobile durften keine Passagiere mehr befördern. Die Juden stiegen

---

22 spółka (polnisch): Gesellschaft

jedoch auf Lastwagen um, woraufhin im Shtetl der jüdische Handel wieder brummte. In den Sommernächten gingen die Menschen früher durch die Koshtshyol-Gasse, vorbei am Magelnik (*Friedhof*) zum Virion-Hof. Der Weg führte sie an Simes Mühle vorbei und dann über die Holzbrücke über die Ozyere[23].

Unsere Pozsharnikes[24] waren ein Spiegelbild unserer Gemeindeverwaltung. Zwanzig Pozsharnikes – alles Juden, außer dem ältesten, Vladko Anisimovich. Der Vizekommandant war Chemya Meyerovich. Dasselbe galt für den Magistrat: Der größte Teil bestand aus jüdischen Ratsherren, mit einem christlichen Bürgermeister, Pavel Tzarevich (der jetzt im Land Israel lebt), und mit einem jüdischen Vizebürgermeister, David Gottlieb.

Der nichtjüdische Bürgermeister, Pavl „Zar", wie er genannt wurde, war ein sehr freundlicher Mensch. Er sprach sehr gut Jiddisch und verstand sich gut mit den Juden, also mit den jüdischen Lederfabrikanten. Die Shomre-Shabesnikes, die Wächter des Sabbats, übten ihre besondere Tätigkeit nur am Freitagabend aus: Vor der Zeremonie des Licht-Bentshn[25] zerstreuten sie sich durch die Shtetl-Gassen und lösten eine Welle der Aufregung aus.

„Juden! Sabbat ist da, es wird spät, macht die Geschäfte zu!" Und es folgte ein Rattern und Klappern von schließenden Läden, Türen und Fensterläden – Sabbat ist da!

Ben-Zion Dande hat immer über den Markt gerufen: „Juden, geht alle zur Schule!" Und die Jungen wiederholten: „Geh zur Shul!"

In dem kleinen Bod-Gesl (*Badgasse*) beginnt es stark zu schwärmen. Juden gehen im Bad[26] ein und aus. Jeder hatte sein Paket unter dem Arm. Freitagabends zog die sündige Bande von Bale-Aveyres aus, sich rasieren zu lassen, und die (gesetzestreuen) Shomre-Shabesnikes[27] hatten hitzige Auseinandersetzungen mit ihnen. Schon sehr früh am Sabbat sah das Shtetl festlich aus.

---

23 Ozyere (russisch): Teich, gemeint ist wohl der Fluss Krynka.
24 požarnik (kroatisch): Feuerwehrmann.
25 Segnung der Sabbatkerzen.
26 Vermutlich die Mikvah.
27 Sabbat-Wärter/Aufpasser.

Juden, die mit ihren Taleysim[28] bekleidet waren, gingen früh zu ihren jeweiligen Gebetshäusern: Zum Bes-Hamedresh, zur Shul oder zum Chasidim-Shtibl.
Die interessantesten Personen des gesellschaftlichen Lebens in Krynki waren:
Velvel Weiner (Velvel, der Schreiner), der ehemalige jüdische Bürgermeister, der einen Großteil seines Lebens der sozialen Tätigkeit im Magistrat (Stadtrat), der *kheyder haKlali*[29] und im Waisenkomitee gewidmet hat; Meilech Zalkind, ein bedeutender Akteur im gesellschaftlichen Leben. Er beteiligte sich an der *Tarbes-Shule*[30], an der *Kehile*[31], an der *Folks-Bank* und an der *Poayle-Tsion*-Partei[32]. Er kam bei der ersten Deportation aus dem Krynkier Ghetto nach Treblinka und wurde dort verbrannt.
Yankel Levi, (Yankl, der Blonde), ein energiegeladener Mensch mit sozialen Aktivitäten, wie in der Bank, im jüdischen säkularen Schulverein und im „Bund". Außerdem war er Berater im Stadtrat und Schöffe im Magistrat. Er kam am 21. Januar 1943 in den Gaskammern in Auschwitz ums Leben. Abraham-Shmuel Zuts (der Blinde) oder, wie er in der Literatur genannt wird, *Zishe, The Eternal Light*. Er erblindete in den zaristischen Gefängnissen. Den schönsten Schatz konnte er jedoch bewahren: Eine brandneue Bibliothek, die ständig mit den neuesten jüdischen Ausgaben aktualisiert wurde. Er engagierte sich kontinuierlich in weltlichen Aktivitäten innerhalb der Schulorganisation, im „Bund" – und arbeitete ständig mit jungen Menschen zusammen. Sein Zimmer war ständig voll von Menschen. Zusammen mit seinen beiden Schwestern Itke und Mulinke kam er durch die Nazis ums Leben. Nachum Blacher war Sekretär beim Berufsverband der Gerber: Kein Streik konnte ohne ihn beigelegt wer-

---

28 Tallit (von hebräisch טַלִּית): Gebetsmantel/Gebetsschal
29 Cheder haKlali: jüdische Primarschule für Jungen ab 3
30 Das Wort Tarbut (תרבות) bedeutet auf Hebräisch "Kultur". Die Tarbut-Bewegung war ein Netzwerk weltlicher, hebräischsprachiger Schulen.
31 Kehillah (hebräisch קְהִלָּה *ḳehillah* oder *qehillah*): jüdische Gemeinde
32 Poale Zion oder Poalei Tzion (hebräisch פועלי ציון ‚Arbeiter Zions') war eine zionistisch-sozialistische Bewegung seit 1901.

den. Bei allen Feierlichkeiten zum Ersten Mai hielt er eine Rede, in der jedes Wort mit Bedacht gewählt war – obwohl ihm das Sprechen eigentlich schwerfiel. Während der Ghettozeit wurde im Haus von Nachum Blacher ein illegales Radio betrieben, über das Nachrichten aus dem Ausland gehört wurden.
Später verbreitete sich die Nachricht im ganzen Ghetto. Nachum kam in Treblinka ums Leben.
Lublinski, Baruch Mordechai Zditkowski (*Zritkowski? Zirkowski?*), Baruch Stolarski (Chochem's), Alter Ayon, Motke Adinok und viele andere, an deren Namen ich mich nicht erinnere, waren sehr angesehene Persönlichkeiten im jüdischen Leben von Krynki, sowohl im Bereich der Kehile, sowie im Bankwesen und allgemein anlässlich karitativer Aktionen.

Und an dieser Stelle sollen die verschiedenen Institutionen und ihre Dienstleistungen skizziert werden. Stütze der jüdischen Wirtschaft war die Krinker *Folksbank*, deren Gelder den kleinen Ladenbesitzern, den örtlichen Textilunternehmern und den Handwerkern zugutekamen, die große existenzielle Sorgen hatten.
Die Hauptfiguren im Bankwesen waren Jakob-Chaim Grishtzinski, Yankele Shafir und Kananovich (*der farbrenter*). Der bekannteste war Chaikel, der die Finanzmitteilungen lieferte.
Der Saal des (liebevoll so genannten) *Bänkl* wurde von allen Organisationen und Institutionen genutzt, um Diskurse und Vorträge mit Diskussionen sowie Theater- und Kinoaufführungen abzuhalten.
Das Shtetl war mit einer sehr schönen Institution gesegnet: *Linas Ha'Tzedek*.[33] Sie diente der gesamten jüdischen Bevölkerung mit einem Arzt und einer Apotheke. Arme Menschen bekamen dort medizinische Hilfe umsonst, dank einer Stempelquittung des Sekretärs, Mordechai Shimen Grodzki, der viele Jahre intensiv in der Anstalt mitgeholfen hat. Kürzlich wurde außerdem ein prächtiger Eiskeller errichtet, der ein echter Volksschatz war. Denn im Sommer ein Stück Eis zu bekommen, ist für einen Kranken wirklich eine große Sache!

---

33 Hilfsorganisation „Linas Ha'Tzedek".

Linas Ha'Tzedek wurde sowohl von den Krinkers in Chicago als auch vom New York Relief Committee stark unterstützt. An jedem Purim organisierten sie die *Purim* (*Spenden*)-Aktion für Eis. Später begann die *Moes-Khitn*-Aktion – Matzah für die Armen.[34] Alles wurde den Gegebenheiten der Zeit und ihrer Menschen angepasst.

Eine sehr schöne Aktivität entwickelte das jüdische *Yesoymem-Hoyz*[35], das ein Internat mit mehreren Dutzend Kindern unterhielt. Einige Jahre zuvor, vor dem Krieg, war dem Waisenhaus auch eine Schneiderschule angeschlossen, deren Leiterin Frau Blumke Zacheim war. Sie schaffte es, dass viele Dutzend Kinder die Schule mit dem anerkannten Beruf Schneiderin verließen.

Der *Gmiles-Khsodim*-Fonds[36] führte seine Aktivitäten ruhig und bescheiden: Ein Jude konnte ohne Kommunalsteuer ein Wechseldarlehen erhalten; die sogenannten Gmiles-Chsodim-Scheine waren vollständig von der Stempelsteuer befreit; insgesamt waren keine Zinsen (und Abgaben) zu entrichten. Technischer Sekretär war Herr Moshe Ekshtein (genannt Moshe Pintl), ein lieber, herzlicher Mann.

Auch in Kultur- und Bildungsfragen herrschte reges Treiben. Bereits vor Dutzenden von Jahren hatten sich verschiedene Studentengruppen gebildet. Überhaupt hatten wir es mit einer Stadt voll jüdischer Gelehrter zu tun. Diese Gelehrten waren große Experten in der Wahl des Rov (*Rabbi*). Nicht jeder konnte den Platz des Rabbiners einnehmen – und der letzte Krinker-Rabbiner, Rabbi I. Mishkovski, war in der Tat eine der hervorragendsten Personen in der jüdisch-polnischen rabbinischen Welt.

Ich erinnere mich noch an meine frühesten Cheder-Jahre, wie wir in der Shul auf der rechten Seite des *polnischen* (*Vorzimmer*) von Jisroel, dem Lehrer (genannt „der kleine Spitzbart") mit Wissen gefüttert wurden. Oder wie andere es ausdrückten, sie wurden von *Tsherne*[37] mit

---

34 „Geld für Weizen": Armen Geld geben, damit sie Matzah für das Passahfest backen können.
35 יתום (yosem) *m, plural* יתומים (yesoymem): Waise
36 Freie Darlehensgesellschaft
37 Tsherne: schwarz, vermutlich Spitzname

nassen Tüchern bedient – und zur Strafe musste man einen Tag im Gefängnis (*koze*)³⁸ stehen.

Später wurde aus dem Cheder haKlali ein hochmoderner Cheder. Jüdische Kinder aus den umliegenden Städten wie Amdur, Brestovitz, Jalovka und Horodok kamen früher zum Lernen in den Cheder. Und später, an den Feiertagen, gingen sie mit ihren Uniformen und kleinen Mützen mit glänzenden *dasheks* (*Schirmen*) nach Hause. Die Straßen und der Markt waren voller Freude und Spaß, wenn die Kinder zur Mittagszeit aus dem Cheder und der jüdischen Schule kamen. Hunderte von Kindern mit kleinen Ranzen auf dem Rücken rannten nach Hause. Ja, das war das Leben eines Cheder-Jungen!

Für jede Einstellung gab es eine entsprechende Einrichtung. Die Zionisten waren an der Tarbut-Schule, die gemischt war, eine Einrichtung für Jungen und Mädchen. Die Unterrichtssprache war Hebräisch.

Auch der „Bund" hatte seine „Nische": die jüdisch-säkularen Schulen. Für alle Krinker Juden war es Tradition, an beiden Purim-Abenden zu den großartigen Kinderaufführungen zu gehen, wo Kinder in den jeweiligen Rollen der Stücke auftraten: *Mekhirat Yosef*³⁹, *Shlumperl*⁴⁰, *Der Sheydem-Tants*⁴¹ und andere.

Im soziokulturellen Bereich stach die *Poale Zion* hervor, aber auch der *Bund* und seine Jugendorganisationen *Hachaluz*⁴², *Frayhayt*, *Tsukunft* und SKIF. Früher trafen sich im Sommer Jugendliche und Kinder verschiedener Organisationen im Shalker Wald und sangen zur Begrüßung gemeinsam ein beliebtes Lied:

„Wir sind jung, die Welt ist weit,
o schöne Welt der Jugend, du Welt des Lichts und der Freiheit, wir sind jung und das ist schön ..."

In ihren blauen Hemden und roten Krawatten sangen junge Menschen

---

38 Koza *f* (*diminutiv* kózka): Ziege, Slang: Gefängnis
39 Seder mekhirat Yosef shpiel: ... di begebenhayt fun Yosef mit di brider 1895
40 Aschenputtel
41 Der sheydem tants (Tanz der Dämonen) von Esther Kraytman
42 Hechaluz (hebräisch הֶחָלוּץ, *Der Pionier*): Dachverband zionistischer Jugendorganisationen. Ihr Ziel: die jüdische Einwanderung in Palästina (Alija) und deren Vorbereitung (Hachschara) zu organisieren.

aus allen (*politischen*) Richtungen dieses Lied, während sie mit leuchtenden Augen und stolzem Schritt tapfer marschierten. Jede Organisation fand ihre Nische. Jedes ideologische Milieu fand seine eigene besondere Jugend. Insbesondere sei daran erinnert, dass die kommunistische Jugend ihre Aktivitäten in einem begrenzten Rahmen ausübte und sich vor Provokationen hütete. Größtenteils unterstützte sie die Aktionen des *Bund*.

Jüdische Vorträge wurden früher im *Bänkl* gehalten. Sie waren ein bedeutendes Ereignis in Krynkis Leben. Nach den Referaten sahen wir immer dasselbe: Dutzende gingen umher und diskutierten, was der Redner gesagt hatte. Und so war es an der Tagesordnung, dass am Sabbat beim Tsholent-Mahl wegen politischer Probleme die heißesten Diskussionen am Tisch geführt wurden.

Die Kommunisten verteilten oft Flugblätter.

Jeder vertrat seine individuellen Wahrheiten, und so kam es früher zu erbitterten Streitigkeiten zwischen den Brüdern, die allein der Parteipolitik geschuldet waren.

Auch im *Bote-Medroshim*[43] war dies alltäglich, besonders am Sabbat. Gewöhnliche Juden zerbrachen sich den Kopf über die Probleme der Welt. Im Chassidisch-Shtibl, wo der Kontrast besonders ausgeprägt war, wurden heiße Diskussionen geführt. Die *Mizrekh-Vant*[44] war normalerweise von den Fabrikbesitzern „bewohnt", und die Armen blieben am Ofen. Aber in der *Chassidarnia* sind schließlich alle Menschen gleich, und Moshe-Velvl Pruzanski, der große Lederfabrikant, bekommt von einem Gerbereiarbeiter die „Ansage", dass der Kapitalismus nicht länger als zehn Jahre bestehen wird. Der andere sagt darauf, dass der chassidische Rabbiner nur für die Armen Partei ergreift. Aber ein dritter argumentiert, dass der Rabbiner ein Bourgeois sei. Und so stritten sich die jüdischen Chassiden des *Slonimer Shtibl* um

---

43 Midrasch (hebräisch מִדְרָשׁ midrāš, von hebräisch דָּרַשׁ dāraš: suchen, erforschen; pl. Midrāšîm; jiddisch medres, pl medroshim) – eine Art von Literatur, die sich auf einen bestimmten kanonischen Text bezieht. Midrasch wurde von Rabbinern in mündlicher Form geschaffen und später (bis zum 11. Jahrhundert) niedergeschrieben. Sie waren Material, das bei der Herausgabe des Talmud verwendet wurde.
44 die nach Osten – in Richtung Jerusalem - gerichtete Wand.

den Rabbi, so wie sie sich später um die *loksh*[45] am Tisch der alten Shul (mit ihren geschnitzten Hirschen auf beiden Seiten der Orn) stritten. Ein *Chasan*[46] – das war etwas für die *Misnagdim*[47]. In der *Koydesh*[48], mit der hohen *Bima*[49] in der Mitte und mit dem Knauf mit seinen vielen Lichtern über dem Kopf war dies der Ort, an dem die *Chasonim* ihre Gebete an den zehn „Tagen der Ehrfurcht"[50] sangen. Einmal pflegten begabte *Chasonim* ein *Mayrev*[51] zu verrichten – gegen Eintrittskarten. Widmen wir unserer geliebten Region *Kavkaz*[52] einen besonderen Platz. Das Kavkazer *BeshaMe-dresh*[53] versammelte seine Anbeter aus diesem Viertel des Shtetl.

In Kavkaz lebte ein besonders armer Teil der Bevölkerung, die meisten von ihnen fleißige Werktätige. Mein Großvater, R'Chaim Osher, der alte *Shames* (*Synagogendiener*) der Kavkazer BeshaMe-dresh, saß Tag und Nacht da und studierte ein Blatt *Gemore*[54] – ohne Brille! Zu ihm gesellte sich oft Shmuel der *Rebetsn's*, der ebenfalls die Gemore studierte. Überhaupt war die *Chevre-Kadishe*[55] hier sehr aktiv und versammelte sich imr Kavkazer Bes-Medresh.

Sehr engagiert im *Chevre Kadishe* waren: R'Abraheml Benjamin Itziks, Israel der Kirzhner (*Kürschner*), Abramke der *Farbrenter*, Abrahamke *Brevde* (*Wahrsager?*) und Leibe-Iser Brevde. Am Abend des

---

45 Von russ. loksa: Nudeln.
46 Chasan (hebräisch חַזָּן, jiddisch *Chasn*) oder Kantor wird der Vorbeter in einer Synagoge genannt.
47 auch *Mitnagdim* (hebr.): Gegner, Bezeichnung für rabbinische Gegner der chassidischen Bewegung.
48 Schrein in dem die Torarollen aufbewahrt werden.
49 Platz in einer Synagoge, von dem aus die Tora verlesen wird.
50 Die zehn Tage zwischen dem jüdischen Neujahrstag Rosch ha-Schana und Jom Kippur.
51 Mayrev oder marew (jidd.): Abendgebet.
52 Kavkaz (Kaukasus): Gegend in Krynki.
53 Beth Midrasch (hebräisch: בית מדרש, oder beis medrash): Haus des Lernens, eine Halle (*Studiensaal*), die dem Torastudium gewidmet ist. (Nach Wikipedia)
54 Gemara (von aramäisch גמרא, gamar, lernen, studieren): zweite Schicht des Talmud.
55 jüdische Bestattungsgesellschaft.

Sabbats, während des *Hawdala*[56], versäumte ich es nie, zum Bes-Medresh zu gehen. Weil mein Opa mir früher immer mehr Wein gegeben hat als den anderen und mir immer wieder den Becherinhalt in den Mund fließen ließ. Und ich spürte alle Geschmäcker der Welt auf einmal. Um genau zu sein – es war der Geschmack des Paradieses.

Im *Khaye-Odem*[57] Bes-haMedresh saßen etwa 50 Jugendliche und studierten mit größter Hingabe die ewig schönen Gemore-Seiten; und ihre (frommen) Gesänge, die direkt aus ihren Seelen entsprangen, erschreckten mehr als einmal die vorbeiziehenden Christen, die in Gertzkes Backsteinhaus zur Post mussten. Jüdische junge Männer mit Seitenlocken um ihre Ohren aßen als *tagesser* abwechselnd in den Häusern von Dutzenden von Krynkier Familien.

Auf Schritt und Tritt war zu erkennen, dass im Shtetl die große und gute *Jeschiva*[58] für junge Männer tätig war. Der wichtigste Treuhänder[59], R' Naftali, war außergewöhnlich beschäftigt, Jeschiva-Studenten aus der ganzen Gegend zu rekrutieren.

Allerdings hörte man auch Dialekte vieler junger Leute aus Galizien und Polen, die zum Studium an die Krynkier Jeschiva kamen, weil sie als eine der besten galt, und nicht wenige Absolventen verließen die Schule als Rabbiner. Viele der Studenten verließen aber auch die Krynkier Jeschiva, insbesondere diejenigen, die aus den kleinen, umliegenden Yeshiva stammten, und wurden *Freie* (*fraye*).

Alle Jugendorganisationen betrieben Propaganda unter den Yeshiva-Studenten, und es kam oft vor, dass antiklerikale Flugblätter zwischen den Gemore-Seiten lagen.

Das sind Erinnerungen aus meiner Jugend – aus diesen lieben Zeiten. Zeiten, in denen Krynki lebte: eine Stadt der Arbeit, der Sorgen und des Kampfes.

---

56 Hawdala ('Trennung'): Die Zeremonie, die am Samstagabend das Ende [des Sabbats] markiert.
57 Populäres religiöses Buch
58 Jeschiwa, jiddisch/hebräisch ישיבה: jüdische Hochschule, an der sich meist männliche Schüler dem Tora-Studium und insbesondere dem Talmud-Studium widmen.
59 hoypt-gabe: Hauptgeber

Mein Großvater und meine Großmutter waren sehr religiös. Daher kommt der Familienname Soifer. Soifer bedeutet: der die Tora schreibt. ... Krynki war ein Dorf, das von allen anderen Dörfern Polens getrennt war, weil die Mehrheit Juden waren. Und die Christen lebten freundschaftlich mit den Juden zusammen, weil sie in derselben Fabrik arbeiteten und beide arm waren. ... Mein Zuhause war ausgesprochen nicht religiös, eher atheistisch, weil mein Vater Buddhist und Gewerkschafter war. Er war politisch engagiert, deshalb war er nicht religiös. ... Zu Hause sprachen wir nur Jiddisch. ... Mein Vater arbeitete als Gerber, auch ein wenig als Bäcker. Als ich geboren wurde, war mein Vater aus politischen Gründen in Haft. Er war in Grodno, er wurde verhaftet wegen der Schule. Sie war halb legal, halb illegal. Es hieß, sie mache kommunistische Propaganda, weil sie eine von der sozialistischen Partei Der Bund unterhaltene Schule war. Und mein Vater war der Leiter dieser Schule. Er wurde zusammen mit noch jemand verdächtigt, eine Revolution gegen den polnischen Staat zu organisieren, deshalb wurden sie verhaftet. ...

Ich fing die Schule mit 4 Jahren an, an einer jiddischen Schule. Die Schule war eine private, keine staatliche Schule. Die Arbeiter erhielten die Schule aufrecht. Sie hieß Schule der Armen, Tsyshoschule ...

Ich war der zweite Sohn. Der Erste wurde 1918 geboren, mein Bruder Osher Soifer. Er besuchte dieselbe Schule wie ich. Dann kam ich als Zweiter (Sohn). Danach gab es einen Bruder namens Peretz – der Vorname Peretz, nicht der Familienname Peretz – mit dem Familiennamen Soifer. Danach habe ich eine Schwester namens Dora und noch eine Schwester namens Lisa, die jüngste hieß Sonia.[60]

---

60 USC-Video

1.September 1939
ערשטער סעפטעמבער; 1939.

When the German invasion began, all males in Krynki aged 18 years old and older were called up for duty. German planes opened fire on those convened in the city square. On September 8 the Germans occupied Grodno, the big city to the northeast of Krynki. On the tenth day of the war the Polish police and the local government left town. The population of Krynki remained alone, frightened. In the background they could already hear the thundering of German artillery. Planes carrying swastikas passed above the town in formation. A siren called upon all residents to take refuge. The streets of Krynki cleared out immediately. Witnesses say that only Yakov Kozalchik remained in the empty street. In his one hand – a stick, and in the other – bread and salt. A German patrol called out to Yakov from afar to raise his hands. He placed the bread and salt on the pavement and the stick beside them. Then he raised his two hands. The testimonies do not relate what happened next. The Germans entered Krynki immediately, but also left promptly. [61]

Am 1.9.1939 flog ein Flugzeug früh morgens über Krynki bis zum Elektrizitätswerk, das außerhalb der Stadt lag, und warf eine Bombe. ... Erst nach 5 oder 6 Tagen kamen die Deutschen nach Krynki. Es gab seit dem Ersten Weltkrieg einen Brauch, die Deutschen mit Brot und Salz zu empfangen: ein Tablett mit Brot, es wird geschnitten und gesalzen. Das Dorf hieß sie willkommen, aber ich erinnere mich nicht, wer sie empfing. ...
Aber das deutsche Heer kam nicht nach Krynki. Es kamen nur 5 oder 6 Deutsche, und sie [Projanski und Kozalchik] sprachen etwas mit ihnen. [62]

---

61 Amir Haskel: The Warden of Block 11, S. 38
62 USC-Video

Ein Tag wie jeder andere Wochentag, aber in der Luft ist eine Stille, die jeden Moment zu platzen (*platsn*) scheint. An Wochentagen spazieren mehr Menschen durch die Gassen als sonst. Einer geht vorbei, wirft einen stummen Blick auf die anderen und geht weiter in Richtung Markt, wo kleine Gruppen von Menschen stehen und miteinander reden. Man geht von einer Gruppe zur nächsten und hört aufmerksam zu, worüber genau gesprochen wird. Es ist Donnerstag, 10 Uhr morgens (*30.8.1939*). Die Polizei ist aufgeregt (*tsetrogn*). Jeden Moment kommt eine andere Person und erzählt aktuelle Nachrichten (*frishe nayes*). Mich interessiert, was in den Gruppen erzählt wird. Ich gehe auf eine der Gruppen zu. Einer redet und gestikuliert im Takt mit den Händen auf und ab. Ein kleiner Jude mit schwarzem spitzem Bart spricht. Er, ein jüdischer Lederhändler, erzählt die neuesten Nachrichten aus Warschau. Als er gestern in dieser Stadt war, hatte er gespürt, dass die Luft von Düsternis (*umetikeyt*) erfüllt war. Und jetzt spricht er zu dieser Gruppe von neugierigen Menschen, zu denen ich gehöre. Ein Polizist kommt vorbei und befiehlt uns, uns zu zerstreuen. Jeder ging in eine andere Richtung. Ich ging zu unserem Haus, hielt aber an Odinoks großem Backsteinhaus an, dessen Fenster geöffnet waren.
Drinnen war es voller Menschen. Alle warteten auf etwas und sahen auf die große Wanduhr, die über dem offenen Fenster hing. Ich ging hinein, blieb aber neben der Tür stehen, weil ich nicht weiter gehen konnte: Der ganze Raum war vollgepackt (*ful gepakt*) mit Leuten, Kopf an Kopf. Die Luft war voller Rauch. In einer Ecke stand ein kleiner Tisch. Auf dem Tisch ein Radio. Um den Tisch herum saßen etliche Menschen mit zum Radio gesenkten Köpfen. Eine ruhige, traurige Musik ist zu hören. Die Wanduhr tickt im Takt. Sie zeigt 10 Minuten vor 5. Die Musik wird von einem langen Pfiff unterbrochen. Ein Zeiger der Uhr nähert sich der 12, der andere der 5. In Kürze wird ein Kommuniqué (*komunikat*) aus Warschau zu hören sein. Jeder spitzt die Ohren und hört mit halb geöffnetem Mund zu. Plötzlich bricht ein Wort das Schweigen: „Hier ist Warschau, hier ist Warschau!" Die Gesichter der Menschen sind verängstigt und blass. Jeder will nur so schnell wie möglich wissen, was aus der Ferne, hinter Feldern und

Meeren, auf ihn zukommt. Was will er, der mit den Locken auf der Stirn (*lekl oynn shtern*), dieser Adolf? Was will er von Schmigl?[63] Das Radio sagt: „Wir geben nichts her. Wir werden jeden Bruchteil der Erde verteidigen, denn sonst sind wir zum Untergang verdammt. Der Korridor[64] ist unsere Existenz! So wie ein Fisch nicht ohne Wasser leben kann, können wir auch nicht ohne den Korridor leben. Wir werden keinen einzigen Knopf unseres Militärmantels verschenken. Der Sieg ist mit uns; Gerechtigkeit ist mit uns; Gott ist mit uns!" Einer schaut zum anderen. Der eine will dem anderen etwas sagen. Das Radio spricht weiter: „Heute Morgen um 5 Uhr haben deutsche Soldaten fünf polnische Grenzsoldaten erschossen, fünf Söhne unseres Volkes. Wir werden auch nicht schweigen. Blut für Blut!" Das Radio ist wieder stumm. Nach ein paar Minuten der Stille kommt ein langes, tiefes Stöhnen aus unserer Brust. Die Menschen zerstreuen sich. Trauer liegt in der Luft. Ich gehe zurück auf die Straße.

Wieder haben sich Gruppen von Menschen gebildet. Ein Mann gesellt sich zu einem anderen, noch ein dritter kommt dazu. So bildet sich wieder eine Gruppe. Einer spricht, und die anderen hören mit gespitzten Ohren zu. Die Leute rennen von einer Gruppe zur nächsten und hören zu, was diese und jene sagt. Ich gehe die Straße hinunter zu unserem Haus. Jetzt sind die Straßen schon voller Menschen. Jeder scheint ein Geheimnis zu bewahren, es für sich zu behalten. Auf der Straße treffe ich meinen Kameraden[65] Leizer Temkin. Er sagt mir, dass es in den Fabriken keine Arbeit mehr gibt und die Fabrikbesitzer die Gehälter nicht an die Arbeiter zahlen, sondern dies auf später verschieben. Plötzlich höre ich Aufruhr und Geräusche. Die Menschen gehen in Richtung des Marktplatzes, zum Tor von Yosl Mostovlianski. Ich gehe auch mit ihnen und erkenne den Plakatkleber des Magistrats, der mit einem verschmierten Fußhocker in der einen Hand

---

63 Edward Rydz-Śmigły (1886 bis 1941).
64 Der Polnische Korridor war ein ehemals preußischer Landstreifen zwischen Pommern im Westen sowie dem Unterlauf der Weichsel im Osten. Deutschland musste ihn nach dem Ersten Weltkrieg an Polen abtreten (Wikipedia).
65 khaver (jidd.): Genosse, Kamerad, Freund, in diesem Text unterschiedlich verwendet.

und einem Eimer Klebstoff, mit dem Stock der Bürste, der aus ihm herausschaut, in der anderen Hand geht. In derselben Hand hält er ein Bündel rosa Plakate, zusammengerollt zu einer Art Röhre. Er geht auf Mostovlianskis verschmiertes Tor zu und hält dort an, einen traurigen Blick des Mitleids auf die schwarze, zusammengekauerte Menge werfend, wo einer gegen den anderen stößt. Jeder möchte der Erste am Tor sein. Von Minute zu Minute versammeln sich mehr Menschen. Der Plakatkleber nimmt langsam, mit zitternden Händen, den Pinsel, steht auf dem dreibeinigen Hocker und blickt wieder in die Menge. Die Bürste schmiert ein wenig Klebstoff von der Wand und fällt dann mit einem Schlag und einem Spritzer zurück in den Eimer. Lange Finger greifen ein Stück Papier aus dem Papierrohr und bewegen sich zur verschmierten Wand. Jeder wendet seine Augen an die Wand, und die ersten großen schwarzen Buchstaben erscheinen: MOBILMACHUNG (*MOBILIZATSYE*), und danach folgen bereits kleinere Buchstaben. Ich lese: „Jeder Bürger des Landes zwischen 18 und 45 ist verpflichtet, sich für die Verteidigung unseres Vaterlandes einzusetzen. Jeder in diesem Alter muss sich beim Magistrat und bei der Polizei melden. Für den Fall, dass jemand die Verordnung nicht befolgt, muss er sich vor dem Kriegsgericht verantworten. Unterschrift: General Burtsovski (*Bortnowski?*)[66]." Jeder in der Menge ist wie erstarrt stehen geblieben. Niemand bewegt seine Lippen, um ein Wort zu sprechen. Einer wirft einen Blick auf den anderen. Alle haben Tränen in den Augen. Alle drehen sich um und rennen auseinander mit hängenden Köpfen.

Ich gehe schnell nach Hause, um die Nachrichten zu verbreiten. Als ich hereinkomme, finde ich meinen Vater mit einer Zeitung. Meine Geschwister sitzen da und spielen. Mein Vater fragt mich: „Was hörst du auf der Straße? Gibt es etwas Neues?" Ich bleibe stehen und weiß nicht, was ich tun soll. Soll ich die Nachricht von der Mobilmachung erzählen oder nicht? Ich beschließe, ihm zu sagen: „Auf der Straße ist es eine traurige Atmosphäre. Sie haben die Mobilisierung aller Män-

---

[66] Władysław Bortnowski (1891 bis 1966): polnischer Divisionsgeneral, 1939 Oberbefehlshaber der Armee „Pommern".

ner im Alter von 18 bis 45 Jahren angekündigt." „Was, was, eine Mobilisierung?", fragt Papa, „schon eine Mobilisierung? So bald? Hast du das selbst gelesen?" „Ja", sage ich, „ich habe es selbst gelesen. Es steht dort in großen schwarzen Buchstaben." Die Hände ringend nähert sich meine Mutter, Tränen in den Augen. Wehklagen durchdringt die Stille: „Oy, oy, meine Kinder! Wie geht es jetzt weiter? Bis jetzt haben wir gearbeitet und die Kinder gerade erst auf dem Schoß gehabt. Schwarze Schatten sind gekommen, um unsere Kinder von ihren Müttern wegzureißen, die Männer von den Frauen und die Väter von den Kindern." Wir saßen alle da, die Augen auf unsere Mutter gerichtet. Jeder von uns schaute mit Mitleid und Barmherzigkeit (*rakhmones*) auf Mama, auf alle Mütter, die nun ihre Kinder wegschicken mussten, um ihr Blut zu vergießen. Mein älterer Bruder, Osher, näherte sich Mama und sagte mit zitternder Stimme: „Mama, weine nicht, wir werden nicht für diejenigen kämpfen, die noch vor ein paar Wochen nach neuen Orten für uns Juden gesucht haben, um uns aus dem Land zu schicken, in dem wir geboren wurden. Aber jetzt müssen wir zur Polizei gehen und uns melden. Schließlich ist es der Tag vor dem Krieg." Der Himmel hängt voller Wolken. Traurigkeit und Melancholie sind in jedem Haus zu spüren. Die Straßen sind voller Menschen. Frauen und Kinder weinen. Bitten von Kindern werden gehört: „Papa, Papa, bleib bei uns! Geh nicht weg!" Ein Bild ist schrecklicher als das andere. Ich gehe hinaus auf die Straße. Vor meinen Augen sehe ich Sheyke Dreyzik. Während er geht, hält er ein kleines Kind in seinen Armen. Ein weiteres Kind rennt ihm hinterher. Frauen und Kinder weinen. Frau Meyerovich geht auf die Seite, hält eine kleine Schachtel in der einen Hand und in der anderen ein nasses Taschentuch. Sie spricht zu sich selbst: „Meine Kinder, wer wird jetzt wie ein Vater für euch sein?" Der Vater weint ohne Tränen und wirft einen Blick von einem Kind zum anderen. Das Kind, das er in den Armen hält, streichelt sanft das unrasierte Gesicht seines Vaters. Alle laufen in eine Richtung. Wieder stehen kleine Gruppen von Menschen auf der Straße. Aber auch ältere Juden mit Bärten stehen da und reden miteinander. Man erinnert sich an den Krieg von 1914 bis 1918. Ein anderer sagt in einem selbstbewussten Ton: „Es wird überhaupt nichts daraus werden, denn, wie sie sagen, aus düsteren großen Wolken fällt nur wenig Regen. England und Frankreich werden zu Hilfe kommen und der ′Berliner Haman′[67] wird schnell zerschlagen werden." Ein anderer meldet sich zu Wort und sagt, er habe gestern im Radio gehört, wie der „Führer" mit unverschämter Stimme und voller Kraft rief, „Alles, alles, gehört uns, unserem Volk." Und weiter, mit noch mehr Arroganz: „Die ganze Welt gehört uns. Unser Volk vor allen anderen Völkern der Welt! Deutschland über alles!" Und der Mann fährt fort: „Ja, wir Juden werden noch viele schwierige Tage erleben müssen. Die Zukunft kann uns nur noch schrecklichere Dinge bringen." Ich gehe zusammen mit allen Leuten in Richtung Polizei. Die Straße ist schwarz von Menschen. Polizisten gehen durch die Menge und werfen suchende Blicke auf alle. Auf der Polizeiwache sitzt der Bürgermeister mit einem Blatt Papier und schreibt die Vor- und Nachnamen aller auf. Ein Geräusch von Lastwagen ist zu hören. Menschen stoßen aneinander, während sie den Fahrzeugen Platz machen. In wenigen Minuten sind die Lastwagen voll beladen mit Menschen, die letzte Blicke auf ihre Familien werfen und winken. Grausame Szenen. Frauen fallen in Ohnmacht, Kinder schreien. Die Polizei stößt die Menschen weg, die wie an die Autos gekettet dastehen. Die Fahrzeuge beginnen sich mit einem trägen Geräusch in Bewegung zu setzen. Eins nach dem anderen fährt davon. Der Bürgermeister will die weinenden Frauen mit guten Worten beruhigen. Er steht auf einem Stuhl und spricht zu den verzweifelten Frauen und Kindern: „Ihr braucht nicht zu weinen, dass eure Männer euch verlassen; sie werden das Vaterland verteidigen! Unser Vaterland hat uns gerufen, jedes Stück Erde (*yedn shpan erd*) zu verteidigen. Ihr solltet stolz darauf sein, dass ihr eure

---

[67] Haman ist eine der zentralen Figuren in der biblischen Erzählung im Buch Ester des Tanach und des Alten Testaments.

Söhne schickt, um unser und euer Vaterland zu verteidigen!" Es war genau die Person, die einen Monat zuvor offen antisemitisch verkündet hatte: „Polen nur für die Polen! Die anderen sollten unser Land verlassen!" Gerade eben sagte er, dass wir stolz darauf sein sollten, unser Vaterland zu verteidigen. Jetzt, als unser Blut gebraucht wird, rufen sie: „Ihr seid gleichberechtigte Bürger!" Noch vor kurzem haben Leute der oberen Ränge (*fun di hoykhe fentster*) direkt befohlen: „Schlagt die Juden!". Und heute sind wir, die Juden, aufgefordert, hinzugehen und Polen zu verteidigen. Aber jeder, der jetzt auf den Lastwagen steigt, geht nicht mit der Absicht, für diejenigen zu kämpfen, die sich jetzt in ihren Kellern verstecken oder einen schönen Tag machen (*lign itst farshtekt in di kelern, oder leben a gutn tog*). Aber jeder der Söhne und Väter, die jetzt ein Gewehr in die Hand nehmen, verteidigt sich, um seine Familie vor schrecklichen Mördern zu retten, die vor allem eines wollen: Unser Blut trinken. Der letzte LKW fährt vor. Ich gehe näher, um mich von Freunden zu verabschieden. Meine Mutter steht mit ihrer Schwester neben dem Fahrzeug. Meine Kusinen tragen kleine Kinder in ihren Armen. Ihre Ehemänner, die danebenstehen, halten eine Hand am Fahrzeug und die andere an ihrem Kind. Ein Kind schreit: „Papa, Papa", und seine kleinen Augen lassen erkennen, dass es mitleidet mit dem, was um es herum passiert (*filt mit mit di kleyninke eygelekh dem kleynem arum*). Große, schwere Tränen fallen auf den Bürgersteig. Der LKW bewegt sich langsam vom Ort weg. Die Schreie derer, die gehen, und die Schreie derer, die still stehen, hallen durch die Luft. Die Welle der winkenden Hände steigt immer höher (*a khvalye fun hent bavegt zikh alts hekher un hekher*). Sie sind von einer großen grauen Staubwolke bedeckt, und an den Seiten des Bürgersteigs können sie Schatten sehen: Frauen, die in Ohnmacht gefallen sind. Männer rufen: „Hilfe!" Die Polizei zerstreut die Menge. Dennoch hallt das Geräusch der Lastwagen wider. Menschen trösten die weinenden Frauen. Für ein paar Minuten bleibt es still. Die Polizei erlaubt keine Versammlungen mehr auf dem Marktplatz. Das Shtetl hüllt sich in einen schmerzhaften Abend (*dos shtetl hilt zikh ayn in a paynlekhn ovnt*). Es ist von einer tiefen Trauer bedeckt. Die Menschen wandern wie Schatten durch die Straßen. Von Zeit zu Zeit fährt ein Auto vorbei, wirft einen weiten Lichtstreifen, nur um wieder in der nächtlichen Dunkelheit zu verschwinden. Gruppen von Menschen stehen neben den Häusern, in denen sich Radios befinden, und warten auf die neuesten Berichte aus Warschau und Berlin. Jeder ist in ein Gespräch vertieft (*yeder nemt an onteyl in redn*). Ich gehe wieder zu einem Fenster, schaue in den Raum, in dem die Menschen dicht beieinandersitzen, ihre Augen auf das Radio und die Uhr gerichtet. Die traurige Radiosendung wird durch einen langen Pfiff unterbrochen; wir hören: „Radio Berlin." Jeder spürt den Druck der Stille und das Schlagen der Herzen. Wir hören: „Heute hat die polnische Regierung die legitimen Forderungen unseres Führers und unseres Volkes zurückgewiesen; die Polen wollen den Krieg. Die Juden aus Warschau, Paris und London treiben die Polen in den Krieg. Die polnischen Soldaten provozieren unsere Grenzsoldaten." Alle beginnen zu zittern. Einer wirft einen traurigen Blick auf den anderen. Wir hören weiter zu: „Polnische Soldaten haben heute um 14 Uhr nachmittags unsere Grenzwachen angegriffen. Zwei wurden getötet und sechs verwundet. Und es gibt kein Ende ihrer Aggressivität. Das werden wir nicht länger tolerieren. Sie werden für alle Opfer bezahlen müssen. Unsere Brüder und Schwestern der Freien Stadt Danzig wenden sich auf der Suche nach Hilfe an uns. Unser Volk und der Führer werden unseren leidenden Brüdern zu Hilfe kommen." Es folgt ein Chor: „Deutschland, Deutschland über alles, über alles in der Welt, heute gehört uns Deutschland, morgen die ganze Welt."[68] Ein tiefer Seufzer folgt. Jeder wischt sich den kalten Schweiß aus dem Gesicht. Der Jude, der neben mir steht, spricht zu der Menge, die hinausgeht: „Ja, Juden, er will, dass ihm die ganze Welt gehört. Oh, wie unglücklich wären wir, wenn

---

68 Sofer vermischt hier den Anfang des Deutschlandliedes mit Hans Baumanns „Es zittern die morschen Knochen … heute, da hört uns Deutschland."

das Realität würde. Die Mörder würden uns alle bei lebendigem Leib fressen." Und, noch leidenschaftlicher spricht derselbe Mann weiter: „Juden, ihr habt es gehört, 'die Juden von Warschau, Paris und London wollen Krieg.' Wir Juden wollen keinen Krieg, warum und für wen sollten wir Krieg wollen?"
Ich lasse die redenden Juden stehen und gehe weiter zu unserem Haus. Als ich das Zimmer (*shtub*) betrete, sitzen alle schweigend da und schauen mich an. Sie fragen mich: „Was ist draußen zu hören?" Meine Mutter sitzt an der Nähmaschine. Neben ihr zwei Dorfbäuerinnen. Osher, mein älterer Bruder, sitzt mit einer Zeitung in der Hand. Mit gesenktem Kopf wirft er mir einen stummen Blick zu. Ich beantworte die Frage: „Es gibt Unruhe auf der Straße. Die Luft ist voller Angst vor dem, was der nächste Tag bringen wird." Es ist schon spät am Abend. Die Straßen sind in einen totenstillen Schleier gehüllt (*ayngehilt in a toytshtiln shleyer*). Ich gehe schlafen, aber meine Gedanken fliegen weit weg zur Grenze, wo die toten Soldaten liegen. Und sofort kommen diese Bilder wieder: zahlreiche Soldaten, die schwer bewaffnet an die Front marschieren. Unter ihnen erkenne ich viele Bekannte aus unserem Shtetl, die heute früh mit den Lastwagen aufgebrochen sind und ihren Familien einen letzten flehenden Blick hinterlassen haben. Meine Augen werden müde und fallen langsam zu.
Als ich um 7 Uhr morgens aufstehe, ist die Straße schwarz von Menschen. Schrecken steht jedem ins Gesicht geschrieben. Ich gehe raus. Gruppen von Menschen haben sich auf der Straße gebildet. Ich stecke meinen Kopf in eine Gruppe und höre Mr. Yeshaye Glezer sagen: „Leute, heute um 4 Uhr haben die Deutschen die polnische Grenze angegriffen, aber Polen leistet starken Widerstand. Das ist Krieg, Krieg zwischen Polen und Deutschland." Ich renne schnell zurück ins Haus und erzähle, was ich gehört habe.
Der erste Tag dieses Monats (*1. September 1939*) hat Kummer und Schmerz in unsere Herzen gebracht. Männer und Frauen, die gestern ihre Männer und Kinder zu den Lastwagen begleitet haben, stehen mit leeren Händen da, und große, schwere Tränen rollen über ihre blassen,

zitternden Wangen.
Ich gehe in Richtung Markt. Die gesamte Bevölkerung ist auf der Gasse und auf dem Markt. Alle gehen zur Plakatwand, auf der jetzt steht: "Jeder Bürger der Stadt muss sich auf einen Fliegeralarm vorbereiten: Die Fenster müssen gut geschlossen sein. Kein heller Schein, kein Licht darf gesehen werden. Neben jedem Haus muss ein Fass mit Wasser und Sand stehen. Jeder, der sich nicht an die Verordnung hält, kommt vor's Kriegsgericht!"
Polizisten gehen mit aufmerksamem Blick und voll bewaffnet durch die Gassen. Wieder rennt jeder zur Plakatwand, wo der "Kleber" der Stadtverwaltung steht und mit seinem Pinsel Klebstoff auf die alten, bereits gelesenen Plakate schmiert. Wieder lesen wir eine Nachricht von der Polizei:
"Jeder Bürger darf nur bis 9 Uhr abends auf die Straße. Es herrscht Kriegszustand im Land. Jeder muss sich der Verordnung unterwerfen. Unterschrieben: Polizeikommandant der Stadt."
Ich werfe einen Blick auf die Uhr. Es ist bereits 7 Uhr abends. Alle gehen nach Hause, um den Verordnungen der Regierung Folge zu leisten, wohl wissend, dass heute der erste Tag des Krieges ist. Die Gassen sind menschenleer geworden. Polizisten laufen mit schweren, langsamen Schritten herum. Jeder Schritt hallt nach. Der Himmel ist sternenklar (*oysgeshternt*), und die Luft ist erfüllt von einer Stimmung der Trauer. Der Mond ist hinter einem schwarzen Mantel verborgen. Von Zeit zu Zeit streckt er den Kopf heraus und wirft einen lächelnden (*lakhndik*) Blick auf das trostlose Shtetl.
Die Nacht bricht herein, und alle sitzen hinter verhangenen Fenstern. Der erste Tag des Krieges ist vorbei. Alle fragen: Was wird morgen, was wird uns der nächste Morgen bringen?
Ab und zu fährt ein Lastwagen vorbei, auf dem verängstigte Soldaten sitzen. Einige Autos fahren nach Grodno, andere nach Sokolka. Bei der Stadtverwaltung herrscht eine unruhige Stimmung (*tumldike shtimung*). Etliche Offizielle haben neben dem Magistrat angehalten, und wenige Minuten später klebt der Plakataufkleber wieder neue Verord-

nungen an die Wand: „Jeder muss sein Pferd und seinen Wagen auf Viriants Hof abliefern. Die Verordnung tritt sofort in Kraft." Nach ein paar Minuten sind traurige Menschen zu sehen, Juden und Christen, die ihre Pferde am Zaumzeug halten, zum Hof gehen, wo mehrere Offiziere stehen, Pferde und Wagen entgegennehmen und einen Zettel überreichen, auf dem steht die Summe geschrieben, die der Besitzer für sein Pferd bekommen muss. Beim Gehen halten jüdische Fuhrleute die roten Zettel in ihren zitternden Händen, und ihre Frauen an ihrer Seite gehen mit tränenden Augen. Jede Minute kommen mehr Bauern aus den umliegenden Dörfern, und der Ort füllt sich noch mehr mit Pferden. Ich gehe zum Markt hinaus und sehe wieder den Plakatkleber. Er geht mit langsamen Schritten auf die verschmierte Mauer zu, und schon nach wenigen Minuten lese ich eine neue Verordnung: „Jeder Mann im Alter von 18 bis 45 Jahren muss sich sofort in Virians Hof melden, um die mobilisierten Pferde an einen bestimmten Ort zu bringen!"

Gleich gehe ich nach Hause und berichte die Neuigkeiten. Tränen fließen über die blassen, hageren Wangen meiner Mutter. Zwei von uns im Raum müssen gehen: Ich und mein älterer Bruder Osher. Alle sind traurig. Von jedem Haus müssen ein oder zwei gehen. Ihre Mütter und Väter sind verzagt und wissen nicht, wohin ihre Kinder gehen. Wir gehen und tragen eine kleine Tüte Brot und Wasser unter den Armen. Unsere Mütter und Schwestern begleiten uns und schauen uns mit tränenden Augen an, die sich vor Schreck weiten. Wir kommen auf diesem Hof an. Unsere Namen und Familien werden aufgeschrieben, und dann müssen sich alle hintereinander in einer langen Reihe aufstellen, um ein Pferd und einen Wagen zu bekommen. Plötzlich hören wir ein Geräusch. Die Pferde werden aufgeregt (*tsurudert*), die Soldaten fangen an herumzuschreien, die Offiziere auch. Jeder wendet den Blick zum Himmel. Das Geräusch wird mit jeder Minute lauter und lauter. Und jetzt fliegt ein weißer, stählerner Vogel über unsere Köpfe. Einige schreien und gestikulieren mit den Händen: "Schneller, versteckt euch!" Dann fallen alle mit dem Gesicht voraus ins grüne Gras. Eine Massenpanik bricht aus. Die Pferde wiehern, einige rennen erschrocken seitwärts über ein gepflügtes Feld und ziehen die kaput-

ten Wagen hinter sich her. Jede Sekunde senkt sich das Flugzeug noch tiefer und nähert sich den hohen Kiefern, unter denen die Menschen übereinander liegen. Ihre Gesichter sind kalkweiß. Im Liegen halten die Soldaten ihre Gewehre unter ihren Körpern versteckt.
Neben mir steht ein Offizier, dessen Hand aufgrund des Schreckens versehentlich in einen Haufen Pferdemist geraten ist, aber er richtet seinen Blick nur auf den Flug des Flugzeugs, das über den hohen Kiefern kreist. Als er auf seine Hände blickt, sagt er fast lachend: "Stinkt ziemlich, aber der Ort ist gut getarnt (*farmaskirt*)." Nachdem das Flugzeug mehrmals die Köpfe umkreist hat, ist eine lange Maschinengewehrsalve zu hören. Einige der Kugeln jagen über die tänzelnden Pferde und andere über die Menschen, die in diesem Moment ihre Köpfe tief nach unten halten, wie Schildkröten in einer Erdfurche. Nach weiteren Kugelhageln (*a serye koyln*) fliegt das Flugzeug in Richtung der Stadt, von der aus man bereits das zeitweilige Heulen der Sirene hören kann, das alle erschreckt. Als es über unseren Köpfen still geworden ist, ertönt die Stimme des Oberst im Befehlston: "Schnell, alle auf die Pferde! Wir fahren los." Und die bleichen Soldaten stehen vom Boden auf und sammeln sich. Es wird befohlen, die verstreuten Räder, die Radnaben der Wagen und die zerrissenen, blutbespritzten Pferdehalsbänder (*tserisene khomontn*) von den Feldern aufzuheben. Weiter weg sind die Pferde stehen geblieben. Weißer, dichter Dampf steigt aus ihnen auf, als ob kochendes Wasser über sie gegossen worden wäre. Einige der Pferde stehen nur auf drei Beinen. Blut rinnt aus den verletzten Beinen, und ihre Augen flehen mit stummem Blick um Rettung. Dichter weißer Schaum tropft aus ihren Mäulern.
Jeder von uns hat sich ein Pferd genommen und rennt schnell zu den zerbrochenen Wagen. Die Offiziere sind wütend, schreien und fluchen mit jedem Wort: "Schneller, schneller, und wenn ihr keinen Wagen habt, nehmt einfach das Pferd!" Nach ein paar Minuten stehen Hunderte von Pferden in einer Reihe auf der Straße, mit blassen, verängstigten Juden und Christen, die neben ihnen stehen.
Mütter und Schwestern haben ihre Lieben mit feuchten Tüchern in der

Hand zur Straße begleitet. Ein Befehl ist zu hören: "Abfahren (*Opforn*)!" Räder und Hufe sind auf der harten Straße zu hören und entfernen sich mit unseren Begleitern in Richtung Sokolka. Ein kalter Morgenwind pfeift durch unsere Knochen. Viele von uns haben keine warmen Mäntel und kuscheln sich an das warme Fell der verschwitzten Pferde.

Wir kommen in Sokolka an und halten neben der Kaserne. Unausgeruhte Soldaten laufen mit aufgestellten Krägen (*hoyfgeshtelte kolners*) herum. Nach einigen Minuten des Stehens gibt der Leiter einen weiteren Befehl: "Weiter, vorwärts!" Keiner von uns weiß, wie lange wir uns so vorwärts schleppen werden. Einige von uns zittern am ganzen Körper: "Vielleicht ganz bis zur Front oder vielleicht noch weiter?" Wir fahren wieder in Richtung Białystok. Die Soldaten, die uns auf ihren Pferden begleiten, wissen so viel wie wir.

Nach einer 10 km langen Fahrt von Sokolka werden wir von der Straße auf einen Feldweg (*shosey oyf a feldveg*) geleitet, der in einen dichten Wald führt. Am Waldrand sehen wir kleine Häuser mit Strohdächern, um die sich Gänse, Hühner und Schweine tummeln (*dreyen arum*). Tiefer im Wald, bei den alten moosbewachsenen Bäumen, stehen und sitzen Soldaten. Blauer Rauch kräuselt sich aus einem kleinen Feuer aus trockenen Zweigen. Der Oberst ist der erste, der zu den Häusern fährt, wo er schwer und schläfrig von seiner zweirädrigen Kutsche absteigt; und einige Minuten später kommt sein Befehl: "Hier werden die Pferde übergeben! Wir werden nicht weiterfahren!" Die Freude steht jedem ins Gesicht geschrieben. Brüder rennen zu Brüdern und Väter zu ihren Kindern, um ihre Freude zu teilen. Alle sind zufrieden, dass sie nicht weiter gehen müssen und bald heimkehren werden, unter ihre warmen Federbetten und unter die fürsorglichen Augen ihrer Mutter. Von einer Seite des Waldes erscheint ein roter Fleck am Himmel, aus dem sich eine strahlende Herbstsonne bildet. Ihre Strahlen fallen auf unsere verfrorene Glieder (*farfroyrene glider*) und steigern unsere Freude. Jeder geht in ein Häuschen (*heyzl*),

in dem bereits einige Soldaten an einem kleinen Dorftisch sitzen; und jeder übergibt sein Pferd, eines mit einem Wagen, das andere ohne. Dadurch erhält jeder zwei Papierzloty und wird frei von der Aufsicht des Militärs. Die Menschen versammeln sich in Gruppen und machen sich zu Fuß auf den Heimweg. Eine Gruppe will die andere überholen, ein fröhlicher Haufen ist es. Aus ihren kleinen Säcken pflücken sie Brotstücke und schmieren sic mit Butter oder nehmen einen Bissen von einer langen Schweinswurst. Andere halten mit allen fünf Fingern ein Stück weißen Speck und essen mit einem guten Appetit. Auf dem Weg vorwärts essen alle und schauen noch einmal zurück, wo sie gegangen sind, und so ziehen Felder, Büsche und weiße Häuser schnell vorbei, die wir auf dem Weg dorthin gar nicht gesehen haben. Wenn man Sokolka hinter sich lässt, ist der Turm der polnischen Kirche von Kamenka bereits zu sehen. Aggressive Dorfhunde rennen hinaus und begleiten uns einen Teil des Weges, bis sie des vergeblichen Bellens überdrüssig sind und zurück zu den Katen laufen. Die Sonne ist schon auf ihrem Zenit und bewegt sich jede Minute weiter in Richtung Horizont. Dort verlassen wir den Vorort (*farshtot*) unseres Shtetls und können bereits die Bergkette sehen, die auf der anderen Seite liegt. Als wir die ersten Häuschen erreichen, laufen alle einfach schneller. Jeder möchte der Erste zu Hause in der Stube sein. Mütter und Schwestern kommen aus ihren Häusern gerannt und empfangen ihre Kinder und Brüder mit freudigen Blicken, als wären sie gerade als Sieger zurückgekommen. Es ist bereits der dritte Tag des Krieges. Die Disziplin der Polizei wird mit jeder Stunde schlechter. Düsternis breitet sich in den Herzen aus. Die Nachrichten von der Front sind schlecht. Stündlich nehmen die Deutschen neue Städte ein. Ich gehe zu einem offenen Fenster, wo es ein Radio gibt. Neugierige stehen am Fenster und warten ungeduldig auf den Frontbericht, ganze Gruppen, verteilt auf der Straße.
Wir hören: "Hier ist Warschau. England und Frankreich kommen uns zu Hilfe. Heute hat England unserem Feind Deutschland den Krieg erklärt." Jubel bricht aus. Menschen drücken sich gegenseitig die

Hände oder küssen sich vor Freude. "Jetzt werden wir gewinnen," ertönt die fröhliche Stimme eines jungen, polnischen Studenten: "Jetzt werden wir ihnen zeigen, wozu wir fähig sind!" Die Nachricht verbreitet sich schnell im ganzen Shtetl. Alt und Jung – alle sind glücklich. Mütter, die ihre Kinder auf das Schlachtfeld geschickt haben, weinen vor Freude, dass sie ihre Kinder bald wieder bei sich haben werden.

Ein fröhlicher Abend im Shtetl. Der dritte Tag des Krieges – und schon so ein Glück: Wir sind nicht allein.

Der vierte Tag des Krieges begann mit dem Lärm von Flugzeugen über den Häusern des Shtetls. Die Alarmsirene zwang Alt und Jung zum Rennen. Die Flugzeuge flogen über das Shtetl und hinterließen eine in der Luft liegende Stille.

Der vierte und der fünfte Tag vergingen ruhig. Die Berichte wurden von Tag zu Tag schlechter. Dann macht ein Gerücht die Runde und breitet sich wie ein Blitz über alle Häuser aus: Die Deutschen stehen schon vor den Toren von Grodno. Ein Schauer ergreift das Shtetl. Die Leute laufen bedrückt herum. Fromme Juden gehen zum Bes-Medresh und rezitieren Psalmen. Einige beschließen zu fasten. Frauen besuchen die Toten auf dem Friedhof, um Gnade und Hilfe in unserer großen Not zu erbitten.

Jede Minute entpuppt sich das Gerücht als wahrer. Die Polizei hält die Disziplin nicht mehr aufrecht. Polizisten versammeln sich neben der Haftanstalt (*pasterunek*)[69], und es sieht so aus, als würden sie sich darauf vorbereiten, das Shtetl zu verlassen.

Wagen (*furn*) stehen zur Abreise bereit. Das komplette Archivmaterial der Polizei ist darauf gepackt, und immer mehr Menschen versammeln sich um die Wagen. Aber die Polizei zerstreut sie nicht mehr. In ein paar Minuten werden sie wahrscheinlich das Shtetl verlassen müssen. Schon sieht man verweinte Gesichter von Frauen, die händeringend rufen: "Wem überlassen sie uns? Wer wird uns verteidigen? Wer wird

---

[69] posterunek (polnisch): Wache, Posten, Wachmann

uns vor den grausamen Händen der Mörder retten?" Niemand antwortet. Die Bevölkerung muss nun mit dieser Panikstimmung leben.
Der Polizeikommandant zeigt sich auf der Treppe und wendet sich mit zitternder Stimme an das versammelte Publikum: "Geht auseinander! Wir gehen noch nicht. Wir haben den Befehl, nur dann den Rückzug vorzubereiten, wenn es notwendig ist. Aber in der Zwischenzeit seid ruhig und haltet Ordnung!" Jeder spürt in seiner Rede, wie bewegt er ist (*vi er bet takhnunim-shtim*), wie ein Ertrinkender, der um Rettung bettelt.
Diese Stimmung hält drei Tage an. Am zehnten Tag nach Kriegsausbruch verlassen die Polizei und alle Beamten Krynki. Die gesamte Bevölkerung ist voller Entsetzen und schockiert. Dann bekommen wir die Nachricht, dass die Deutschen nur zehn Kilometer von uns entfernt sind.

Die Deutschen kommen

The Germans entered Krynki immediately, but also left promptly. It happened at the same speed that they had arrived. Before leaving, they told the residents that the Soviets were about to enter town. And indeed, on September 15 a Soviet plane dropped notices on the town with "good news": The Red Army is drawing close and it intends to defend the lives and property of the residents. Two days later a Red Army force entered Krynki. The residents voiced their relief. The Jews even gladly welcomed the Soviet soldiers. Local communists climbed on the tanks and kissed the soldiers. Life in Krynki changed. The politruks who came with the army applied the concepts of communism: private assets were nationalized and cooperatives established. The rich were arrested and deported to the eastern Soviet Union. Zionist activity was forbidden and the economic state of the town worsened. Jewish refugees fleeing German terrors reached the town. Those who did not consent to accept Soviet citizenship were sent into exile in Soviet penal camps. [70]

Man konnte schon deutlich schweres Geschütz und Panzer hören. Am Himmel Flugzeuggeschwader. Die Sirene ist verstummt. Alles ist ausgestorben. Mit jeder Minute wird der Schrecken größer. Die Straßen leeren sich. Ringsum herrscht Totenstille (*toytshtilkeyt*). Von Zeit zu Zeit hört man noch die schweren Schritte von Yakov Kozalchik, der ganz allein mit einem Stock in der Hand über die toten Straßen geht, und jeder Schritt hallt wider.
Wir sitzen alle mit verdunkelten (*farhangen*) Fenstern in der Stube. Rundherum ist Stille. Auch meine kleine Schwester spürt die Angst. Der Vater weist uns an, uns auf den Boden zu legen, falls es Schüsse gibt (*ven s'vet zikh hern a shiseray*). Von Zeit zu Zeit schwere Kanonenschüsse.
Langsam verlasse ich den Raum, krieche auf den Dachboden und schaue aus der Luke, durch die ich auf die Straße sehen kann, die nach Sokolka-Białystok führt. Mein Blick reicht bis zum weiten Horizont, wo sich Himmel und Erde vereinen. Dort sehe ich Yakov Kozalchik allein durch die Straßen laufen, mit einem Laib Brot und Salz in der einen Hand und in der anderen seinen Stock. Ich zittere am ganzen Körper. Die Umgebung, die meine Augen wahrnehmen kann, ist leblos. Keine Anzeichen dafür, dass es hier lebende Menschen gibt. Die Rollläden sind fest verriegelt. Yakov geht mit langen Schritten auf die Straße. Ein Schuss dringt durch die Luft und hallt in der umgebenden Stille wider.
Mein Verstand sagt: "Wohin geht er? Warum riskiert er sein Leben?" Ich möchte durch die Dachluke rufen: "Yakov, Yakov, geh nicht, du wirst erschossen!" Aber er ist schon zu weit weg von mir. Er hält neben dem Brunnen an. Ich wende meinen Blick zurück auf die

---

70 Amir Haskel S. 39

Landstraße. Kleine, dunkle Gestalten bewegen sich auf beiden Seiten der Straße. Jede Minute werden sie größer und deutlicher. Dort sehe ich zwei Reihen Stahlhelme. Inzwischen haben sie bereits die ersten Häuser erreicht. Die Waffen schussbereit gehen alle mit langsamen Schritten vorwärts. Ich wende meinen Blick Yakov zu. Er steht da, erstarrt, mitten auf der Straße. Jetzt sind sie schon neben ihm. Ein Schuss fällt, und ich denke, dass er bereits in seinem Blut liegt. Ich zittere. Jetzt sehe ich ihre Blicke schon ganz klar, und jeder Schritt ihrer nagelbeschlagenen Stiefel hallt in der Totenstille wider. Ein lauter Schrei hallt durch die Luft: "Hände hoch!" Yakov legt das Brot und das Salz zur Seite und hebt seine Hände hoch über den Kopf. "Kein Gewehr?" "Nein," wiederholt Yakov. "Keine Polen in der Stadt?" "Nein, keine Soldaten," antwortet Yakov.

"Wenn wir aus einem Fenster oder einem Innenhof beschossen werden, wirst du erschossen, verstanden?" Eine zitternde Antwort: "Jawohl."

Und sie gehen auf den Marktplatz zu. Yakov geht mitten auf der Gasse. Die Gewehre der Deutschen sind auf ihn gerichtet. Jeder ihrer Schritte hallt nach, als würden sie über Blech gehen. Ihre mörderischen Augen kontrollieren jeden Winkel. Sie verschwinden aus meinem Blickfeld. Ich schaue hinunter auf die Straße. Dort sind kleine Gestalten zu sehen, aber sie verweilen auf der Stelle.

Wenige Minuten später sind die schweren Schritte der Deutschen wieder zu hören. Sie gehen zurück zur Straße, von wo sie gekommen waren. Es war der Spähtrupp (*oysshpirers*), ca. 20 Personen. Eine Stunde lang hält die vorherige Stille an (*di zelbe shtilkeyt vos frier*). Mit jeder Minute, die vergeht, wächst der Wagemut in uns allen (*fun minut tsu minut vert yeder dreyster bay zikh*), und so versucht jeder, den Kopf aus den Fenstern zu strecken. Ich beschließe, vom Dachboden herunterzugehen. Aber gleichzeitig höre ich, dass Leute schon auf der Straße sind, die mutigeren. Ich gehe auf die Straße, trotz der Bitte meiner Mutter, nicht zu gehen, weil sie wiederkommen könnten. Also gehe ich hinunter zum Markt, wo schon etliche Leute im Kreis stehen. An der Seite befindet sich eine Kiste mit leeren Bierflaschen. Ich kann hören, wie Yakov erzählt, was die Deutschen zu ihm gesagt haben. "Ich sagte ihnen, dass die Stadt mich geschickt hat, um sie willkommen zu heißen." Alle Umstehenden brachen in Gelächter aus, vermischt mit Tränen. Und Yakov erzählt uns weiter, dass sie ihn gefragt haben, wie viele Juden in der Stadt lebten. Und danach sagten sie mir: "Die Juden brauchen keine Angst zu haben, denn die Russen kommen hierher." Die Worte hängen in der Luft und alle fragen wieder: "Was? Was?" Aber er schwört bei der Gesundheit seiner Frau und seiner Kinder. Einer schaut dem anderen in die Augen und fragt leise: "Was ist los? Ist Yakov meschugge? Die Russen? Warum die Russen? Sie befinden sich nicht einmal im Krieg mit Deutschland." "Nein, Yakov, du hast nicht richtig zugehört," sagt einer der Juden, die daneben stehen. Aber blitzschnell verbreitet sich die Nachricht im Shtetl, dass die Russen kommen. Die Mehrheit glaubt es nicht, und jeder legt die Nachricht anders aus. Vor allem wird angenommen, es handle sich nur um eine Provokation der Deutschen, und es sei nicht mehr notwendig, darüber zu sprechen. Und während wir da stehen und reden, gibt es einen Schrei aus der anderen Straße: "Yakov, Yakov!" Yakov wird gerufen. Wir hören das Geräusch eines Motorrads. Schnell rennen alle auseinander zu ihren Häusern. Auf dem Markt rattern Motorradfahrer, Krinki hat wieder Angst. Die Deutschen kommen wieder von der anderen Seite. Unsere Panik wächst mit jeder Minute, während wir hinter den verhängten Fenstern sitzen. Nach einer Stunde sind wieder neugierige Menschen zu sehen, die herumlaufen. Auch ich gehe zurück auf die Gasse zum Markt. Yakov steht da und erzählt einer Gruppe von Juden und Christen, was die Deutschen gesagt haben. Wieder wiederholt er die vorherigen Worte: "Die Russen kommen." Die Deutschen haben den Befehl erteilt, eine Bürgerpolizei zu organisieren, die für die Aufrechterhaltung der Ordnung im Shtetl verantwortlich sein wird. Außerdem haben die Deutschen Brot bei den Bäckern und Fleisch bei den Metzgern für den nächsten Tag bestellt.

Morgen werden sie es abholen. Schon nach wenigen Stunden laufen die respektablen Bürger des Shtetls (*khosheve balebatem*[71]) durch die Straßen, tragen ein rot-schwarz-gelbes Band am linken Arm, halten einen Stock in der Hand und jagen alle in ihre Häuser. Das ist jetzt die Bürgerpolizei. Sie besteht aus Yankl Khazer, Borech Tarlovski, Yosl Mostovlyanski, David Lipkes, Alter Ayon, Fishke Listokin, Motke Shteinsafir, Meilekh Zalkind, Mair Alyan, Cheikl und anderen. Von Zeit zu Zeit fährt schnell ein kleines Fahrzeug vorbei mit mehreren Offizieren, die jeden mit den Augen prüfen, den sie sehen.

So erlebten wir den ersten Tag unter deutscher Herrschaft ohne einen einzigen Deutschen im Shtetl zu sehen. Immer wieder kommen zwei Motorradfahrer ins Shtetl, fahren durch alle Gassen, nur um schnell umzukehren. Der erste Tag bleibt durchgehend ruhig.

Der zweite Tag beginnt mit einer starken Belebung von Fahrzeugen im Shtetl. Um 10 Uhr morgens betreten 20 Deutsche auf Fahrrädern und ein Offizier wieder das Shtetl. Sofort geben sie den Befehl: "Die ganze Bevölkerung muss pünktlich auf den Marktplatz kommen. Es wird eine Rede über die neuen Verhaltensregeln für die Bevölkerung geben." Schon nach wenigen Minuten sind alle unterwegs: Frauen, Männer, Alte, Kleinkinder; niemand traut sich, zu Hause zu bleiben. Wir verlassen alle die Wohnungen und gehen auf den Markt. Die Deutschen sitzen in Miriams Stube. Einer sitzt auf einem Motorrad und durchbohrt jeden mit den Augen, den er ansieht. Die anderen lachen über einen alten Juden mit Bart, der ihnen gegenübersteht und am ganzen Körper zittert. Die Bürgerpolizisten stehen drei Schritte entfernt, ihre Augen registrieren jede Bewegung der Deutschen. Ein kaltes, mörderisches Geschrei ist von einem Offizier zu hören, der gerade mit einer langen, groben Zigarre zwischen den Lippen aus seinem Auto gestiegen ist: "Sind alle hier? Ihr Bastarde, zum Donnerwetter noch mal." (*Ir farflukhte, tsum donerveter nokh eyn mal*). Mit diesem Gebrüll klettert er auf den zerbrochenen Balkon von Miriams Stube. Mit hervortretenden (*fargosn*) Augen blickt er auf die

---

[71] בעל־הבית balebos, plural בעלי־בתים balebatem בעלי־הבתים : Eigentümer

bleichen Menschen, die mit den Zähnen klappern (*hakt a tson in a tson*). Die anderen kommen auch herauf. Bei jedem Schritt wackelt der alte Balkon. Die Polizei, in der die Fabrikanten des Shtetls vertreten sind, steht in zwei Reihen, wie Soldaten beim Eid auf die Fahne der Armee. Ein wilder, mörderischer Schrei erschreckt alle. Jeder hält den Atem an, und eine Totenstille liegt in der Luft über den Köpfen der Menschen. Wir hören: "Jeder Bewohner des Shtetls muss schweigen und die Verordnungen der deutschen Armee befolgen. Jeder Einwohner muss den Befehlen der Polizei (und er zeigt mit dem Finger auf die Bürgerpolizei) gehorchen, denn sie wurde von der deutschen Armee ausgewählt. Wer ihren Befehlen nicht gehorcht, wird von uns erschossen. Es muss eine vollständige Ordnung im Shtetl geben, damit die Russen alles so finden, wie es sein soll." Jeder von uns wirft einen Blick auf den anderen, und wir halten Zwiesprache mit unseren Augen: "Was? Worüber spricht er?"
Wir dürfen bis 18 Uhr auf der Straße sein. Nach sechs Uhr herrscht Kriegszustand. Alle gehen jetzt zu ihren Häusern. Schnell gibt es ein Drängeln, eine Massenpanik. Die verbliebenen Deutschen, die neben dem Offizier gestanden hatten, ziehen Handgranaten unter ihren Gürteln hervor und halten sie in der Luft, bereit, sie auf die Menschen zu werfen. Das verursacht noch mehr Schrecken und erhöht die Hektik. Frauen und alte Menschen fallen auf den Bürgersteig, andere fallen über sie. Die Deutschen gehen vom Balkon herunter und rennen mit roten, lachenden Gesichtern den fliehenden, verängstigten Menschen hinterher. Sie stoßen sie mit den Füßen und schreien wild: "Jude, Jude!" Nach wenigen Minuten ist der Marktplatz menschenleer, als wäre niemand dort gewesen. Die Bürgerpolizei stolziert wie Sieger herum. Jeder hält den Kopf hoch und ruft, auch wenn es nicht nötig ist: "Alle in die Häuser! Wir sind für alle verantwortlich!"
Dies ist der fünfzehnte Tag des Krieges. Niemand weiß, was an der Front passiert. Die Mehrheit hat die Radios versteckt, und so ist das Shtetl von der Außenwelt abgeschnitten. Im Shtetl Es gibt es keine Deutschen mehr. Die Leute kommen aus ihren Häusern, weil es noch nicht sechs Uhr ist. Plötzlich hören wir das Geräusch eines Flugzeugs,

und jeder hebt den Kopf zum Himmel. Das Geräusch wird mit jedem Moment klarer und lauter. Jetzt sehen wir ein weißes Flugzeug, das über das Shtetl fliegt. Es dreht ein paar Runden, und dann ist ein unbekanntes Geräusch zu hören. Wir können deutlich einen Stern identifizieren, einen roten Stern auf dem Flügel des Flugzeugs, das sich den Dächern nähert. Jetzt ist es schon über uns. Wir erkennen zwei kleine Gesichter und zwei Hände, die Papiere herunterwerfen, die wie weiße Tauben auseinanderfliegen, getrieben vom Wind. Und da fallen uns schon einige Flugblätter auf den Kopf, aber der Wind spielt sein Spiel mit uns. Er treibt die Blätter weg, und Dutzende von Händen strecken sich aus, um sie zu fangen. Eines fällt direkt auf unsere Köpfe. Die Leute springen so hoch wie möglich, alle Hände greifen nach einer Ecke des Papiers, und schließlich bleibt jedem nur ein weißer, geschriebener Fetzen. Auch ich halte einen abgerissenen Schnipsel in der Hand (*ikh hob oykh gekhapt a shpits*) und schaue ihn mir an. Es ist auf beiden Seiten beschriftet, aber es ist nicht lesbar. Der Ort ist jetzt voller Menschen, und die Menge wächst mit jeder Minute mehr. Dort fliegt wieder ein Blatt Papier, das über Dutzende von Händen hinuntersegelt. Ich springe über die Köpfe der anderen und schaffe es, es zu fangen. Ich laufe schnell nach Hause. Die Gassen sind voller Menschen. Niemand hört mehr auf die Schreie und das Geschrei der gerade ernannten Polizei. Ich laufe in die Stube, mein Vater nimmt mit zitternden Händen das Blatt, und wir stehen alle mit offenen Mündern um ihn herum. Jeder möchte noch schneller ein Wort hören. Papa liest laut vor. Wir hören: "An die Bürger von Weißrussland und der Westukraine: Die polnische Regierung hat euch einsam und elend zurückgelassen wie Schafe ohne Hirten. Rydz-Shmigli[72] und Beck sind ins Ausland geflohen. Ihr seid Bürger unserer Völker, und wir kommen euch zu Hilfe. Unsere Regierung und Genosse Stalin haben der Roten Armee befohlen, die Grenzen von Weißrussland und der Ukraine zu überschreiten, um euer Leben und euer Vermögen zu

---

72 Edward Rydz-Śmigły, Józef Beck: polnische Politiker.

garantieren. Der Volkskommissar für auswärtige Angelegenheiten der Sowjetunion, W.M. Molotow." Freude im Shtetl; die Menschen rennen auf die Gasse und fallen sich um den Hals, während Tränen des Glücks und der Freude über ihre Wangen rollen (*trern glitshn zikh iber di bakn*). Mein Bruder tanzt vor Freude. Mama weint. Die kleinen Schwestern stehen herum und verstehen nicht, was vor sich geht. Die Gassen werden schwarz von Menschen. Einige sagen, dass es eine Provokation der Deutschen ist und dass wir für unsere Freude teuer bezahlen werden. Die Menschen stehen immer noch in Gruppen zusammen und lesen immer wieder dasselbe: die letzten Worte des Flugblattes. Einige lasen es auf Russisch, andere auf Polnisch. Aber in beiden Sprachen ist es dasselbe. Die letzten Worte, "... garantiere euer Leben und Vermögen (*ayer leben un farmegn*)" lassen alle Tränen der Freude weinen.

Rückzug der Deutschen am 19. September 1939

Der deutsch-sowjetische Nichtangriffspakt, nach den Unterzeichnern Molotow-Ribbentrop-Pakt oder auch „Hitler-Stalin-Pakt genannt" genannt, war ein Vertrag zwischen dem Deutschen Reich und der Sowjetunion, der am 24. August 1939 (mit Datum vom 23. August 1939) in Moskau vom Reichsaußenminister Joachim von Ribbentrop und dem sowjetischen Volkskommissar für Auswärtige Angelegenheiten Wjatscheslaw Molotow in Anwesenheit Josef Stalins (als KPdSU-Generalsekretär de facto Führer der Sowjetunion) und des deutschen Botschafters Friedrich-Werner Graf von der Schulenburg unterzeichnet und publiziert wurde. Der Pakt garantierte dem Deutschen Reich die sowjetische Neutralität für den vorbereiteten Angriff auf Polen und den Fall eines möglichen Kriegseintritts der Westmächte. Die deutsch-sowjetische Demarkationslinie in Polen wurde entlang von Pissa, Narew, Bug und San festgelegt.

Am 10.9. haben Polizei und Offizielle Krynki verlassen, unter ihnen Yakov Kozalchik. Polen hat am 15.9. kapituliert. Schließlich sind die Deutschen da, ziehen sich aber seltsamerweise am 19.9.1939 wieder zurück. Grodno wurde von der Roten Armee zwischen dem 20. und 22.9. erreicht.

Die Gassen sind schwarz von Menschen mit Gesichtern voller Freude. Die Deutschen sind nicht hier. Die Bürgerpolizei kann die Ordnung nicht wiederherstellen. Die Arbeiter versammeln sich in der Gewerkschaft und beschließen, eine Demonstration zu organisieren. Jeder ist bereits in ein Gefühl der Sicherheit eingelullt, dass die Befreier bald kommen werden. Plötzlich gibt es einen Schrei: „Leute, geht in die Häuser! Die Deutschen kommen!" Und wir hören das Geräusch von Lastwagen. Alle rennen, wieder gibt es überall Angst. Zwei oder drei Lastwagen tauchen auf, auf denen Deutsche sitzen, ihre Augen leuchten wie die von Tigern. Alle flüchten in einen Hof, die Gassen sind schnell leer. Nur die Bürgerpolizisten stehen herum, blass und verängstigt. Ein Fahrzeug hält auf dem Markt an. Ein großer, grober Deutscher steigt aus und wirft einen durchdringenden Blick auf die leere Umgebung. Schreiend ruft er zwei Polizisten zu sich, die drei Meter vor ihm stehen bleiben und mit herunterhängenden Armen stehen wie Soldaten vor einem General. Auf das Brummen des Deutschen folgt eine abgehackte Antwort der Polizisten: „Jawohl!"
Der Deutsche geht zum Fahrzeug und fährt schnell davon, wobei er eine weiße Staubwolke hinterlässt, die über den Köpfen der Polizisten aufsteigt. Wenige Minuten später weiß jeder bereits, womit der deutsche Offizier mit den Polizisten gesprochen hat: „Niemand darf sich auf der Straße zeigen. Es muss im Shtetl Ruhe und Ordnung geben. Jeder, der auf die Straße geht, wird von den Deutschen erschossen, die bald eine Kontrolle durchführen werden." Leblosigkeit liegt in der Luft. Die Freude, die noch vor wenigen Stunden herrschte, ist verschwunden. Die Frauen weinen wieder, die alten Leute stöhnen. So vergehen zwei Tage und jeder fragt sich die ganze Zeit: „Wo sind unsere Befreier? Wo sind diejenigen, die unser Leben und unseren Besitz schützen wollen?" Aber niemand gibt eine Antwort.

Am 19. Kriegstag berichten diejenigen, die Radio gehört haben, dass in der Nähe von Warschau gekämpft wird. Die Rote Armee hat bereits Baranovitsh und Slonim (*Orte in Belarus*) eingenommen und marschiert nun auf uns zu. Deutschland und Russland befinden sich nicht im Krieg miteinander. Deutschland hat einen Zehn-Jahres-Pakt mit Russland unterzeichnet. Nach dem Bericht der Radiohörer werden alle wütend und fragen: „Wie ist es möglich, dass Hitler und Stalin, zwei erbitterte Feinde, seit Mittwoch zu ´guten Freunden´ geworden sind? Was ist los? Was ist in der Welt passiert?" Jeder fragt, aber niemand kennt die Antwort.

Der frühe Morgen ist kalt und neblig, als ich aus dem Fenster schaue. Schwarze Krähen stehen mitten auf der Straße und wühlen durch den Pferdemist. Das „Krakra" der hungrigen Krähen hallt wider, wenn sie übereinander fliegen, vom Baum zum Boden und zurück. Die leichten Schritte eines schläfrigen jüdischen Polizisten sind zu hören, der beim Gehen seine Hände tief in seinen Taschen vergraben hält und von Zeit zu Zeit niest.

Ich gehe auf die Gasse. Die Menschen kriechen aus ihren Häusern und versammeln sich in Gruppen an den Straßenecken. Die Uhr zeigt 7 Uhr morgens an. Keine Deutschen hier. Hin und wieder hören wir das Geräusch eines Flugzeugs, aber wir können es nicht sehen. Mit jeder Minute, die vergeht, versammeln sich mehr Menschen, und alle fragen immer wieder: „Was ist zu hören? Was wird sein? Und wo sind die Befreier?" Plötzlich erscheint ein Mann auf einem Fahrrad mit einer roten Fahne darauf. Er fährt direkt in die Gemeinde (*gmine*), und neugierige Leute rennen ihm hinterher.

Die Rote Armee kommt

Sein Gesicht ist voller Freude und seine Augen funkeln. Er hält neben der Stange, an der sie an Feiertagen eine Flagge hissen. Von seiner Brust nimmt er eine große rote Fahne und schwenkt sie. Die Leute rannten zu ihm und fragten: „David, was machst du?" Er antwortete lächelnd: „Wovor habt Ihr Angst? Die Russen kommen bald. Sie sind schon in Amdur[73], 30 km von hier." David war ein Bauer aus einem Dorf. Er hatte den Mut, das zu tun, als noch keiner wusste, dass und wann die Russen zu uns kommen.

Mit jeder Minute wuchs die Zahl derer, die rote Bänder am rechten Arm trugen – und sie wurden unsere Polizisten. Die seitherigen Polizisten nahmen still ihre Bänder ab und versteckten sie hinter dem Ofen. Die, die jetzt rote Bänder trugen, waren meist Arbeiter und Bauern. Bauer David, der als erster die rote Fahne hisste, wurde Kommandeur der Arbeitermiliz. Jetzt waren die Gassen voller Leute, Alte, Junge, Kranke, Gebrechliche. Alle wussten, dass bald die Befreier kommen.[74] Ich war auch einer, der ein rotes Band trug und half, die Ordnung aufrecht zu erhalten. Mutige Bauern aus den umliegenden Dörfern waren zu sehen; sie kamen im Sonntagsstaat und roten Blumen am Revers, unter ihnen ein alter Bauer mit einem weißen Bart. Er saß auf einem Pferd, einem Fuchs, dessen Hals mit roten Blumen geschmückt war. Hinter ihm bildete sich rasch eine Schlange. Seine Augen strahlten vor Freude, und sein Gesicht schien von Minute zu Minute jünger zu werden. Alle fragen: Wer ist dieser Bauer, der so glücklich ist? Nach wenigen Minuten wissen wir, dass dies der alte Pretitzki aus dem Dorf Arkavutch (?) ist. Sein Sohn erschoss in Vilnius einen Provokateur und wurde zum Tode verurteilt. Aber dank einer Intervention der Sowjetregierung wurde die Todesstrafe in lebenslange Haft umgewandelt. Und das ist der Vater dieses heldenhaften Sohnes, der jetzt im Gefängnis von Vilnius auf den Moment seiner Befreiung wartet. Der ganze Marktplatz ist voller Menschen. Mädchen stehen mit roten Blumensträußen und Körben voller roter Äpfel. Ihre Gesichter strahlen vor Freude.

Etliche junge Burschen sind auf die Grodner Landstraße hinausgegangen, um die Rote Armee zu begrüßen. Die Demonstranten gehen mit roten Fahnen zur Grodner Straße hinunter. Im Tumult hört man ein weithin hallendes, lautes Geräusch. Die Erde vibriert unter den Füßen.

---

73 Indura (Russisch: Индура; Jiddisch: אמדור, romanisiert: Amdur): Dorf im Bezirk Grodno in Belarus

74 Die meisten nichtjüdischen Bewohner Krynkis waren keine Polen, sondern Weißrussen.

Mit jeder Minute wird das Geräusch von Panzern lauter und lauter. Die Menschen drängen sich zusammen. Kinder weinen. Sie wollen in die Arme genommen werden. Die Panzer sehen aus wie große, stählerne Festungen (*festungen*), die den Berg hinabgleiten und dichte Staubwolken aufwirbeln, die die Frühkartoffeln zu beiden Seiten der Straße bedecken.

Und jetzt sind sie schon neben uns, sie erreichen schon die ersten Häuser. Rote Blumen fallen auf die Köpfe der Soldaten, die mit den Händen gestikulierend schreien, wir sollen Platz machen. Ihre Augen strahlen vor Freude. Im großen Tumult hören wir sie schreien: „Genossen, wir sind eure Brüder und wir sind gekommen, um euch zu befreien!" Ein langes „Hurra" bricht aus unseren Herzen. Der eine will den anderen übertönen. Das Straßenpflaster ist mit roten Blumen und Äpfeln bedeckt. Die Panzer fahren einer nach dem anderen davon und müssen ihre Geschwindigkeit drosseln, weil die große Menschenmenge immer näher rückt. Ein Leutnant steigt aus seinem Panzer. Er ist bekleidet mit einer schwarzen Lederhose, einer Lederjacke und einem schwarzen Lederhut mit halben Rädchen, wie Kishkes Wurst[75] (*halbe redlekh vi kishkes vursht iber dem hitl*). „Leute, geht auseinander, macht Platz, wir müssen noch viele Städte und Dörfer befreien; viele Menschen warten noch auf uns." Seine Worte wirken und alle ziehen sich zurück (*shtoyst zikh tsurik*). Der Lärm schwillt wieder an, und Steine springen unter den schweren Eisenketten hervor (*shteyner shpringen aroys fun unter di shvere ayzerne keytn*). Mit jedem Moment passieren noch mehr Panzer, begleitet von einigen Lastwagen und Motorrädern. Die Leute sind schon heiser vom „Hurra"-Rufen, und es fehlt einfach an Blumen; die Körbe sind auch schon leer. Also werden wieder jene Blumen geworfen, die schon auf dem staubigen Pflaster gelegen haben. Die Männer der Roten Armee werfen Tabak, Zigaretten und russische Zeitungen aus dem Panzer. Die Leute fallen aufeinander, und jeder reißt sein eigenes Stück Papier ab (*raysn yeder shtikl papir bazunder*).

---

75 Kishke ist slawischen Ursprungs und bedeutet wörtlich *Darm*.

Schon seit einer Stunde ist die Luft erfüllt vom Lärm der mächtigen Panzer, und mit jedem Augenblick kommen noch weitere hinzu. Alle fahren in schnellem Tempo. Die Pflastersteine sind herausgesprungen und liegen nun zwischen den Füßen der Menschen (*di shteyner zaynen aroysgeshprungen fun zeyere pletser un valgern zikh tsvishn di mentshns fis*).

Mein Bruder hält sich an einem Panzer fest und wird von zwei Soldatenhänden gepackt; schon ist er oben auf dem Tank und rutscht mit dem Gesicht nach unten hinein. Er winkt uns zu und fährt zusammen mit der in hohem Tempo vorrückenden Roten Armee nach Sokolka. Schon seit vier Stunden rollen die Stahlketten über die Straßen unseres Shtetls. Die Umgebung ist in rote Fahnen getaucht. Alle Augen strahlen vor Freude. Die Gassen und der Markt werden nicht menschenleer, im Gegenteil: Immer mehr Bauern aus der Umgebung treffen ein. Alle sind festlich gekleidet. An zwei Masten für elektrische Beleuchtung hängt neben Mair-Cheikls Steinhaus ein großes Banner mit russischen Inschriften. Nachdem die Panzer vorbei sind, kommen Lastwagen mit Soldaten. Sie winken mit den Händen, schreien und springen hoch vor Freude. Wieder fliegen Blumen und Äpfel wie ein großer Regen über ihre Köpfe hinweg. Von 10 Uhr morgens bis 5 Uhr abends wird das Stadtbild von fahrenden Panzern, Lastwagen und Motorrädern bestimmt. Die Leute sind alle heiser und müde.

Milizen gehen mit roten Bändern an den Armen durch die Straßen. Einige tragen bereits Gewehre. Der Kommandant des Shtetl ist Moyshel/Meishel Stamdler, und der der Miliz ist David, der Bauer, der zuerst die rote Fahne aufgehängt hat.

Gleich am ersten Tag kommt es zu Verhaftungen von polnischen Justizbeamten und anderen. Sie sitzen jetzt in dem neuen Gefängnis, das sie selbst gebaut hatten – für sich selbst. Ich bekomme auch ein Gewehr und stehe außerhalb des Gefängnisses Wache. Jede Stunde wird die Wache gewechselt. Die Russen selbst sind nicht in der Stadt. Ab und zu fährt ein Fahrzeug vorbei – immer in die gleiche Richtung. Jetzt sind die Arbeiter an der Macht.

So vergehen zwei Tage. Noch sind die Läden geschlossen, die Fabriken noch nicht in Betrieb, das öffentliche Leben insgesamt ausgesetzt.

Am zweiten Tag bringen Bauern aus Nachbardörfern den „Steighofer Gutsbesitzer", der kürzlich von der Regierung zum Bürgermeister ernannt wurde. Er ist mit Stacheldraht gefesselt und hat schwarze Flecken unter den Augen. Er trägt keine Schuhe und nur ein Hemd. So läuft der ehemalige Bürgermeister des Shtetls, der seinen Bewohnern früher jeden Tag neues Leid zufügte, jetzt über die Straße, und alle sehen ihn. Er wird zur Miliz gebracht, und dort bekommt er, was ihm zusteht. Taumelnd (*vaklendikn*) wird er ins Gefängnis abgeführt. Die gesamte Bevölkerung, sowohl Juden als auch Christen, hassten diesen ehemaligen Bürgermeister, der nur ein Jahr an der Macht war. Aber er muss jetzt für seine Sünden bezahlen
So sind fünf Tage vergangen, und die Arbeiter bleiben an der Macht. Am sechsten Tag traf eine russische Kommandantur ein und begann Ordnung zu schaffen. Gleich werden die Geschäfte wieder eröffnet, die Fabriken nehmen ihre Aktivitäten wieder auf, und alles wird wie zuvor. Bis auf wenige Milizen wurden alle abgezogen. Es gibt keine neuen Regelungen. Die „Macht" verfügt, dass alles gleich sein soll wie früher (*di makht hot farordnt men zol leben oyfn zelbn*). Die Fabrikbesitzer sollen wieder produzieren, die Fabriken gehören ihnen noch. Alle waren erstaunt, dass die Arbeitermacht dieselbe Ordnung wie zuvor zuließ (*yeder hot geshtoynt, vos di arbetermakht lozt vayter di zelbe ordenung vi frier*). Die Antwort der „Macht" lautet: „Alles zu seiner Zeit!" (*der entfer fun der makht iz geven: alts kumt in zayn tsayt*). Und später wird dieses Versprechen (*tsuzog*) erfüllt.
Die Rote Armee hat ganz Weißrussland und die Ukraine besetzt. Die Grenzen verlaufen zwischen Deutschland und Russland. Der Krieg zwischen Polen und Deutschland wird beendet. Polen ist besiegt. England und Frankreich kämpfen weiter im Krieg.
Wenige Tage später wird mir klar, warum die Rote Armee so schnell auf Białystok vorrückte. Die deutsche Macht (*makht*), die Białystok besetzt hielt, hatte ihren Soldaten den Befehl erteilt, die Stadt von allen exportfähigen Waren zu säubern. Aber der russische Generalstab wurde über diesen Punkt informiert und befahl, die Stadt schnell zu umzingeln und jedes deutsche Fahrzeug zu kontrollieren, das aus der Stadt fährt. Die Deutschen hatten bereits mehrere Lastwagen mit

verschiedenen Textil- und Nähmaschinen, Wolle, Kupfer und vielen Stoffen beladen. Zwei Tage lang waren sie von russischen Panzern umgeben und konnten die Stadt nicht verlassen, bis der Außenminister Ribbentrop extra nach Moskau flog, um darüber zu verhandeln. Nach einigen Tagen luden die Deutschen – unterstützt von Russen und einheimischen Juden und Christen – alles aus den Lastwagen, um die Stadt mit hängenden Köpfen zu verlassen, begleitet von Steinwürfen von allen Fenstern und Balkonen. Sie bissen die Zähne zusammen, ballten die Fäuste, aber sie konnten nichts tun: In drei Stunden mussten sie auf der anderen Seite der Stadt (*tsveyter zayt fun shtot*) sein. Das Leben im Shtetl und die Arbeit in den Fabriken gingen weiter wie bisher. Geschäfte sind geöffnet. Das im Umlauf befindliche Geld ist immer noch polnisch. Man merkt noch nicht den geringsten Unterschied.

So floss das Leben im Zeitraum von zwei Monaten. Und plötzlich, an einem kalten, regnerischen frühen Morgen, kündigen Plakate an den Wänden von großen Veränderungen im urbanen Leben: „Ab heute werden alle Fabriken und alle Läden verstaatlicht (*natsyonalizirt*)." Sofort tauchten im Shtetl neue Gesichter auf, Leute mit Akten unter dem Arm, die auf Befehl durch die Fabriken gingen. Die Fabrikbesitzer mussten ihre Fabriken und Häuser sofort verlassen. Dasselbe geschah mit den großen Ladenbesitzern. Es dauerte drei Tage, um alles zu verstaatlichen. Sofort wurden Arbeiterkomitees gegründet, die die Fabriken mitverwalteten. Alle kleinen Fabriken wurden zu einer großen zusammengelegt, die die ganze Garbarska-Gasse belegte. Alle Zäune wurden entfernt, damit die Arbeiter ungehindert durchgehen konnten. Virian's Hof wurde ebenfalls verstaatlicht und sein Land an die Landarbeiter übergeben, die die neuen Eigentümer wurden. So auch beim Schalker Wald.

Alle Arbeiter mussten zurück in die Fabriken, aber nicht mehr für die Vorbesitzer. Ein russischer Jude namens Kroyman wurde Direktor der großen Fabrik. Außerdem kam ein technischer Direktor namens Lievit. Aus den ehemaligen Arbeitern wurden nun Meister. Ich nahm meine Arbeit in der Lederfabrik auch wieder auf und wurde nach einigen Wochen zum „Laden"-Meister (*mayster fun khrom*) ernannt.

Auch das umliegende Dorfleben änderte sich sofort. So wurden Kolchosen (*kolkhozn*) geschaffen, ob die Bauern es wollten oder nicht. Die Disziplin wurde jeden Tag stärker. Ein Arbeitstag dauerte von 8 bis 17 Uhr am späten Nachmittag, und die Fabriken arbeiteten im Dreischichtbetrieb, also rund um die Uhr, 24 Stunden am Tag. Unsere Fabrik hieß „Kozsh-Zavad (*Lederfabrik*) Nummer 6" und war eine der größten Fabriken von Belarus (*di distsiplin iz mit yedn tog gevorn shtarker. der arbetstog iz geven fun 8 inderfri biz 5 farnakht un di fabrik hot gearbet in drey shikhtn, dos heyst, di gantse 24 sho fun mesles. di fabrik hot geheysn „kozshzavad numer 6", dos iz geven eyne fun di greste fabrikn fun Veysrusland*) mit einer großen und guten Produktion. Der Tageslohn eines einfachen Arbeiters betrug 7 bis 8 Rubel. Die meisten Arbeiter und Stadtbewohner waren im Schwarzhandel tätig, obwohl dies streng verboten war. Jeder von unserer Familie arbeitete in der Fabrik. Ich, mein ältester Bruder, mein Vater und mein jüngster Bruder. Nach ein paar Monaten bei der Arbeit verliert mein Vater zwei Finger seiner rechten Hand und bleibt arbeitslos. Er, der nicht mehr arbeitet, erhält 300 Rubel im Monat. Trotzdem muss auch meine Mutter arbeiten – an der Nähmaschine.

Das Leben wird täglich teurer, und man musste beim Einkaufen Schlange stehen. In der Schlange waren Leute, die ihren Lebensunterhalt nur dadurch bestreiten konnten, dass sie Waren zum Zehnfachen des von der Regierung festgelegten Preises verkauften. Das war aber verboten, und man riskierte fünf bis sechs Jahre Gefängnis. Aber die Menschen taten es weiter und jeden Tag mehr, weil ein Fabrikarbeiter seiner Familie nicht mehr genug Geld zum Leben geben konnte. Von Zeit zu Zeit erhielt der Arbeiter in den Fabriken oder Geschäften verschiedene Waren zu staatlichen Preisen, und damit war er schon zufrieden (*un mit dem flegt er shoyn zayn tsufridn*).

Trotzdem waren fast alle zufrieden, obwohl das materielle Leben schwierig war. Alle fragten: „Nun, was wäre, wenn die deutschen Mörder bei uns geblieben wären?" Täglich kamen traurige Nachrichten von der anderen Seite, von den Deutschen, wegen des schrecklichen Leids der jüdischen Bevölkerung. Jeden Tag kamen Juden, die

„Bezshentses" (*Flüchtlinge*), die uns erzählten, was mit ihren Familien und Häusern geschehen war.

Nach einigen Monaten wurden einzelne Fabrikbesitzer und polnische Antisemiten nach Russland geschickt. Auch die neu eingetroffenen Bezshentses wurden mit vorgehaltener Waffe ins tiefe Russland geschickt.

Jedenfalls waren wir alle glücklich und zufrieden, dass wir nicht in Angst leben mussten, was die nächste Zeit bringen würde. Der nächste Tag schien uns allen sicher. Wir haben gesehen, und es wurde auch darüber gesprochen, wie stark die Rote Armee die Grenzen bewacht. Sonntags wurde nicht gearbeitet.

Der erste Winter ist vorbei. Der Krieg zwischen England-Frankreich und Deutschland wird mit jedem Tag stärker, und dann die Nachricht, dass Frankreich gefallen ist. London wird mit Kanonen vom Ärmelkanal (*Lamanshkanal*[76]) aus beschossen. Aber die Freundschaft zwischen Russland und Deutschland ist stabil, und alle sind froh, dass wir unser ruhiges Leben fortsetzen können.

Die Jugend wird auf den Wehrdienst vorbereitet. Jeden Tag nach der Arbeit gibt es Übungen. Auch ich lerne, wie man ein Gewehr hält. Am 2. Mai werden vier Jahrgänge zum Wehrdienst für zwei Jahre eingezogen. Am 6. Mai erhält mein Bruder eine Notiz (*tsetl*) und geht mit dem Militär weg. Mit ihm geht mein Vetter Menie Yelenovich, der nach vier Wochen mit einigen weiteren jüdischen Jugendlichen zurückkommt. Niemand kennt den Grund. Sie bringen einen Brief (*a farmakhtn briv*) und werden zurück nach Hause geschickt. Mein Bruder dient in einem Armeekommando in der Nähe von Charkow.

Einige Wochen nach der Abreise meines Bruders werde ich nach Leningrad zu Kursen (*oyf kursn*) geschickt. Ich fahre mit dem Zug durch Białystok, Minsk, Smolensk, Orjolto Leningrad. Eine neue Welt tut sich mir auf, als ich den allerersten Schritt in die russische Stadt Leningrad mache. Ich melde mich unter der angegebenen Adresse an und beginne 7 Stunden am Tag zu lernen. Zeit, die Stadt zu besuchen, habe ich sehr wenig. Ich bin ganz verwirrt von der

---

[76] La Manche

großen Hektik und dem Lärm. Das Leben der Arbeiter ist sehr hart. Ich studiere 4 Stunden praktisches und 3 Stunden theoretisches Wissen. Die sechs Wochen sind schnell vorbei, und die Zeit ist gekommen, in mein kleines Shtetl Krynki zurückzufahren und wie zuvor zu arbeiten. Als ich zurückkomme, stelle ich große Veränderungen im Shtetl fest. Der frühere Milizkommandant David wurde festgenommen. Niemand kennt den Grund, jeder sagt etwas anderes. Alle ehemaligen Fabrikbesitzer wurden zusammen mit ihren Familien nach Sibirien geschickt. Der Direktor unserer Fabrik ist ein neu angekommener russischer Jude – Fridman. Nach meiner Rückkehr aus Leningrad am 15. Juli treffe ich mich mit Leutnants der Roten Armee. Alle sind stark in die Manöver involviert (*farton*) und etwas besorgt um unsere Nachbarn (*abisl farzorgt vegn shokhne*). Sie behaupten alle, mit den Deutschen gut befreundet gewesen zu sein, aber sie wissen sehr genau, dass der „Jekke" ein blutiger Feind von ihnen ist und dass er immer noch Krieg mit uns führen wird. Am Sonntag versammeln sich alle im Schalker Wald, wo der Oberst der Panzerabteilung der Stadt, der sich in Virians Hof niedergelassen hat, eine Rede halten wird. Es ist der 20. August.

Der Wald ist schwarz von Menschen. Es ist ein sehr schöner Tag, die Sonne scheint und ihre Strahlen ergießen (*tsegisn*) zwischen die dichten Bäume. Der Himmel ist tiefblau. Kleine Vögel hüpfen über die Tannennadeln von Baum zu Baum und zwitschern einen süßen Gesang. Die Luft duftet, alles drumherum lacht. Der Oberst, ein alter, grauer, etwas vorgebeugter Mann erscheint Er kommt in Begleitung mehrerer hoher Offiziere und Kommissare. Ihre Gesichter leuchten, als sie einen Blick auf das versammelte Publikum werfen. Sie hängen eine Karte zwischen zwei junge Bäume, und der Oberst, mit einem Stock in der Hand, nähert sich und ergreift das Wort. Er spricht leise, bedächtig, abgehackt. Von Zeit zu Zeit kommt ein lautes Husten aus seinem Mund (*lozt er aroys a hilkhikn hust*) und hallt über alle Köpfe hinweg. Seine Hand mit dem Stock bewegt sich auf der großen Landkarte. Hier zeigt er auf England, dort auf Frankreich, und dort zeigt er die Insel Malta und die deutsch-russische Grenze. Und weiter, indem er mit der Hand auf das brennende Territorium (*shetekh*) der Erde zeigt, sagt er: „Seht ihr, dass um uns herum zwei Strohdächer brennen, und wir sind das Dach mittendrin, wir werden von den Flammen erfasst." Und noch nachdrücklicher (*mit a hekhere ton*) und mit Feuer in den Augen spricht er weiter: „Deshalb müssen wir alle bereit sein und die Augen offenhalten." Und seine letzten Worte sind: „Ihr Arbeitnehmer können beruhigt arbeiten und den Plan der Regierung erfüllen. Aber wir, die Rote Armee, werden Sie schützen vor jeder Gefahr. Wir sind bereit, jeden Fleck Erde zu verteidigen, wenn er angegriffen wird." Dies waren die letzten Worte des Obersts.

Sabbat, 20. Juni. Der Tag ist in warme Sonnenstrahlen getaucht. Die Luft ist stickig. Die Gassen sind fast leer. Hin und wieder kommt jemand vorbei und fächelt sich mit einem Taschentuch Luft zu. Die Arbeiter arbeiten wie gewohnt. Allerdings sind die Friseursalons (*shererayen*) voll von Offizieren und Kommissaren. Alle stehen Schlange, um sich auf den Rasierstuhl zu setzen und unter die Haarschneidemaschine zu kommen. Alle fragen, was ist los, dass mitten am Sabbat so viele Offiziere im Friseursalon sind? Und allen werden sauber die Haare geschnitten. Auch der Oberst (*polkovnik*) ist unter den Wartenden, und seine kurzen grauen Haare werden glatt geschoren. „Was ist das?", fragten sich alle Passanten; aber niemand wusste eine Antwort. Endlich, am Nachmittag, hat das Shtetl begriffen, warum die Militärs alle „geschoren" werden (*glat opgeshoyrn*): Sabbatmorgens hatte der Generalstab der Roten Armee den Befehl erlassen, dass jeder Militärmann (*militerman*) ohne Rangunterschied sauber geschoren werden muss, und deshalb saßen oder standen alle Offiziere in der Schlange und warteten.

Ich komme von der Arbeit, und im Wohnzimmer herrscht fröhliche Stimmung. Alle in der Familie sind glücklich: Ein Brief von meinem Bruder ist angekommen! Während ich stehe und mich wasche, tritt ein Milizionär, Motele Roitbard, ein und gibt mir einen Zettel: Ich soll mich sofort beim Voyenkom-Stab[77] melden.

---

[77] военный комиссариат (russisch) abgekürzt voyenkomat: Militärkommissariat. Sofer setzt dahinter in Klammern *shtab*.

Ich gehe gleich auf die Gasse und treffe viele bekannte Kameraden, die mit den gleichen Zetteln in das Voyenkomat kommen. Niemand weiß, warum wir gerufen werden. Aber sobald wir drinnen sind, wissen wir es.

Alle Reservisten wurden zu Übungen einberufen, die im Shalker Wald stattfinden werden. Gleich danach erscheinen einige Leutnants mit zehn Gewehren, Granaten und zwei verschiedenen Arten von Maschinengewehren. Wir marschieren sofort in den Wald, und zuerst hält der Oberleutnant eine Rede zur politischen Lage: Also müssen wir bereit sein, ein Gewehr in der Hand zu halten. Und seine letzten Worte an uns sind: „Genossen, je mehr Schweiß jetzt von uns rinnt, desto weniger Blut werden wir im Krieg verlieren (*oyb itst vet fun undz rinen mer shveys, vet in tsayt fun krig rinen fun undz veyniker blut*)!"

Die Übung zog sich hin bis 12 Uhr in der Nacht. Alle waren todmüde. Unsere Beine zitterten. Wir verabschiedeten uns und gingen nach Hause und fielen sofort in unsere Betten. Um 6 Uhr morgens klopft es an der Tür. Ich öffne. Wieder gibt mir ein Milizionär einen neuen Zettel: Um 7 Uhr muss ich im Feld sein. Befehl ist Befehl, und dem muss man gehorchen, auch wenn die Beine nicht schon wieder so schwere Übungen machen wollen wie gestern Abend von 6 bis 12. Auf den Gassen ist Bewegung: Alle gehen verschlafen zum Feld. Als wir, eine Gruppe von Juden und Christen, auf dem Feld ankommen, warten bereits drei Kommandanten auf uns, die sofort aufzeichnen (*fartseykhn*), wer gekommen ist. Um sieben Uhr stehen auf dem grünen, noch taubedeckten Feld bereits mehrere hundert Jugendliche und warten auf ihre Befehle. Dieser frühe Morgen ist sehr schön. Die Sonne wärmt bereits, der Himmel ist tiefblau und mit kleinen weißen Flecken bedeckt. Die Luft ist frisch und duftend. Wir erhalten vom Kommandanten den Befehl, dass wir uns alle ins Gras setzen sollen. Und wieder gibt es eine „Einführung" (*araynfir*) in die aktuelle Lage – man muss vorbereitet sein und den Umgang mit Gewehren und Granaten beherrschen. Wir sind in vier Gruppen aufgeteilt, jede mit einem Kommandanten. Schnell marschieren alle los. Danach ein bisschen Laufen und Hinlegen, Aufstehen und wieder Hinlegen (*abisl loyfn un faln oyfshteyn un vider faln*). Bei jedem klebt schon das Hemd am Körper (*bay yedn iz shoyn dos hemd tsugeklept tsum leyb*). Dann kommt Granatenwerfen. Und so laufen wir, rennen, fallen, werfen Granaten, bis 9 Uhr morgens. Plötzlich werden unsere Übungen von einem unbekannten Geräusch unterbrochen, das von den Wolken (*fun unter di volkns*) kommt. Alle reißen den Kopf hoch und halten sich die Hände an die Stirn, und wir sehen hoch über unseren Köpfen am Himmel ein weißes Flugzeug. Wir fragen uns, was das für ein Flugzeug sei, aber unser Kommandant bestätigt sofort, dass es eines von uns ist, ein russisches, und heißt uns, unsere Übungen fortzusetzen. Doch plötzlich hören wir eine Maschinengewehrsalve; große Rauchwolken hängen in der Luft. „Was ist das für eine Schießerei?," fragen wir den Kommandanten. Er antwortet wütend, dass das von unseren Manövern rührt und fängt an zu schreien, dass wir schnell weitermarschieren sollen. Doch plötzlich sehen wir zwei Rotarmisten in unsere Richtung rennen. Sie sind in voller Kriegsausrüstung. Einer läuft zu unserem Kommandanten und bleibt dort ein paar Minuten. Sein Gesicht ist weiß, seine Zunge hebt und senkt sich, er atmet hektisch. Er spricht schnell, mit abgehackten Worten: „Kamerad, es ist Krieg!" Der Kommandant verlässt schnell den Ort und rennt mit den anderen los, wobei er uns ein paar Worte zuwirft: „Genossen, macht euch bereit! Der Moment ist gekommen, um unsere Grenzen zu verteidigen!" Und schnell rennt er davon. Zunächst stehen wir alle wie erstarrt da. Aber schnell laufen ein paar Genossen in Richtung Shtetl, und ich laufe auch mit. Ein lauter Panzerlärm erreicht uns, und als wir am Marktplatz ankommen, jagen die Panzer schon einer nach dem anderen in Richtung Białystok. Der Oberst steht mit einer roten Fahne in der Hand da, die Zähne fest zusammengebissen. Jedes seiner Glieder bewegt sich auf besondere Art. Er schreit: „Schneller, schneller, vorwärts!" Und die Panzer jagen einen nach dem anderen und hinterlassen dichte graue Staubwolken, die auf die bleichen Umstehenden fallen, die nicht einmal ahnen, was vor sich geht. Nach einer halben Stunde wussten bereits alle, dass die Sowjetunion von Deutschland überfallen wurde. An einem Mast der elektrischen Beleuchtung, mitten auf dem Markt, hängt ein Lautsprecher, um den sich jetzt schwarze Menschenmassen versammelt haben, die ihre Ohren anstrengen. Währenddessen hören wir eine leise, abgehackte Musik, aber bald wird die Musik von einem Lautsprecher unterbrochen, der ankündigt, dass Molotow gleich eine Rede halten wird. Nach ein paar Minuten antwortet die Stimme, die Molotow das Wort erteilt, erneut. Wir hören eine zitternde, leise Stimme voller Trauer. Der Markt ist schwarz von Menschen. Alt und Jung, Frauen und Kinder – alle stehen herum, den Blick auf das schwarze „Horn"[78] (*trube*) gerichtet. Jeder will höher sein als der andere (*hekher fun tsveytn*), um schnell die Worte zu verstehen (*shnel oyfkhapn di verter*). Wir hören:

„Bürger und Bürgerinnen der Sowjetunion! Männer und Frauen! Heute um 3 Uhr nachts haben die deutschen Faschisten ohne Kriegserklärung unsere friedlichen Grenzen angegriffen. Faschistische Flugzeuge haben sofort unsere friedlichen Städte bombardiert, Białystok, Grodno, Minsk, Kiew, Krakow, Odessa und viele andere. Unsere Regierung ruft alle Kräfte zusammen, um Blutvergießen zu verhindern. Unser Volk ist bereit und entschlossen, jede Handbreit (*shpan*) Erde zu verteidigen bis zum Sieg über die faschistische Schurken-Armee (*banditisher, fashistisher armey*). Unsere Armee ist an allen Fronten zum Gegenangriff übergegangen und hat die Grenze an manchen Stellen durchbrochen. Bürger und Bürgerinnen! Alle zu den Waffen! Jeder verteidige seine Stadt und sein Dorf! Mit uns die internationale Arbeiterklasse! Mit uns der Sieg!" Die Internationale war zu hören, und dann schwieg der Lautsprecher. Alle bleiben stehen, als wären sie erstarrt, als wären ihre Füße mit den Steinen verwachsen (*tsugevaksn gevorn tsu di shteyner*). Ein tiefer Seufzer entweicht jedem, verfängt sich in der heißen Luft der Umgebung, die jetzt mit dem Geruch von Benzin und mit Staub gefüllt ist.

Am 22. Juni 1941 griffen die Deutschen plötzlich Russland an, und ein Geschwader aus 6 bis 8 Flugzeugen flog über Krynki und begann mit dem Abwurf von Bomben. Denn in der Nähe des

---

78 trube (jidd.): Posaune

Dorfes gab es einen Hügel, und dort stand ein Bataillon russischer Panzer. ... Die Deutschen beherrschten innerhalb von zwei Tagen das gesamte Gebiet. Die Russen verteidigten sich nicht, überhaupt nicht. [79]

Wir hörten erneut Flugzeuggeräusche. Die Soldaten schrien: „Schnell, alle in die Häuser!" Dann plötzlich die Sirenen vom Dach des höchsten Hauses. Ihr Klang erschreckte die Bevölkerung. Flugzeuge flogen zweimal über die Stadt und bogen dann ab in Richtung Grodno. Die Straßen waren wieder schwarz von Menschen. Die Rote Armee war besorgt und aufgeregt. Vom Stab kommt ein Befehl: Mobilisierung. Jeder erhält einen Einberufungsbescheid und soll zum Stabs-Hauptquartier kommen. Das Geschrei und die Aufregung waren groß. „Mein Mann! Mein Kind!" Es war wie elf Jahre vorher. Um 5 Uhr waren alle abmarschbereit. Beim Stab und der Miliz großer Lärm, Ärger, Verwirrung.
Die Jahrgänge 1921, 1922 und 1923 wurden mobilisiert, um unser Shtetl zu verteidigen. Jeder bekam ein Gewehr. Wir stehen schon bei der Miliz und jeder hat etwas in der Hand. Wir werden in kleine Gruppen eingeteilt, und jede Gruppe bekommt einen Soldaten der Roten Armee als Kommandeur. Wir bekommen den Befehl zur polnischen Kirche gehen, um Plünderungen zu verhindern. In unserer Gruppe waren 12 Leute, unter ihnen Juden und Christen. So gingen wir zur katholischen Kirche. Die Schlüssel hatte unser Kommandeur. Allen, auch dem Priester, war es verboten, den Platz um die Kirche zu betreten. Alle zwei Stunden wurden die Wache abgelöst. Und in dieser Zeit kann jeder in die Stadt gehen und im Voyenkom helfen. Die wenigen Altersgruppen, die mobilisiert wurden, werden in geschlossenen Reihen nach Groß-Berstavitz geführt, 14 km von unserem Shtetl entfernt. Die Nacht ist hereingebrochen. Ich habe meine Wache beendet und gehe zurück nach Hause. Die Straßen sind bereits leer, und es herrscht eine melancholische Stimmung (*an umet*[80] *filt zikh arum*). Hin und

---

79 USC-Video
80 umet (jidd.): Trauer

wieder fahren ein paar Fahrzeuge vorbei, ihre Scheinwerfer verdeckt. Sie alle bewegen sich in die gleiche Richtung, in Richtung Lederfabrik. Ich möchte wissen, ob wir morgen arbeiten werden oder nicht. Die Fabrik ist in Betrieb, ihre Maschinen lärmen. Die Fenster sind bereits mit schwarzem Karton bedeckt. Ich betrete die Fabrik. Der Direktor, Fridman, und der Techniker, Lievit, geben mir den Befehl, alle elektrischen Lampen grün zu färben. Also bleibe ich in der Fabrik und fange an zu arbeiten. Die Gesichter des Direktors und des Technikers sehen verärgert aus, ihre Augen sind rot. Ich arbeite bis zum frühen Morgen, und alle elektrischen Lampen sind bereits eingefärbt.
Als ich um 2 Uhr nachts zu meinem Wachposten gehen musste, wurde ich von Patrouillen angehalten, die von mir eine Sondergenehmigung verlangten, jetzt auf der Gasse zu sein. Es waren mehr Panzer, Lastwagen und Motorradfahrer unterwegs als tagsüber. Alle eilten in eine einzige Richtung. Der Himmel ist sternenklar, die Luft ist kühl, ein kleiner Wind weht über die warmen Steine des Bürgersteigs und hebt dichte Wolken aus grauem Staub in die Luft. Die Häuser sind dunkel; keine Spur von einem Licht ist zu sehen, alles ist in Dunkelheit gehüllt. Meine Augen sind klebrig vor Müdigkeit. Ich gehe zurück in die Fabrik und beschließe, zu warten, bis es hell wird, um dann zur Wachablösung zu gehen.
Währenddessen mache ich ein Nickerchen auf dem Schwerarbeitstisch und lege ein Bündel fertiger Lederstücke unter meinen Kopf. Im Morgengrauen kommt der Techniker Lievit zu mir und teilt mir mit, dass er die Fabrik verlassen und zusammen mit dem Direktor an die Front gehen muss. Ich frage ihn: „Genosse Techniker, was ist passiert? Warum gehst du? Wer wird hier weiterarbeiten?"
„Die Lage ist ernst", antwortet er mir, „wir müssen die Front halten! An einigen Stellen ist unsere Front durchbrochen, der Feind greift stark an. Wir verlassen die Fabrik und du wirst weiterarbeiten! Wir werden mit dir in telefonischer Verbindung stehen."
Nachdem ich die Rede des Technikers gehört habe, beschließe ich, auf die Straße zu gehen, um zu hören, was um uns herum vor sich geht. Es ist 8 Uhr morgens. Die Arbeiter sind bereits bei der Arbeit, wie sie es jeden Tag sind. Ihre Gesichter sehen alle etwas düster aus. Ich bereite

mehr Färben vor und gehe auf den Markt. Der ganze Markt ist überfüllt mit Menschen. Neben dem Hauptquartier befinden sich mehrere Fahrzeuge, in die große, dicke Bücher aus dem Archiv des Hauptquartiers geladen werden. Der alte Oberst ist verärgert. Er rennt hastig hin und her. Keiner weiß, was geschieht. Die Miliz und der NKWD sind auf dem Marktplatz. Da kommt ein LKW, aus dem einige Leutnants aussteigen und nach dem Weg zum Krankenhaus fragen. Auf einem zweiten Lastwagen liegen mehrere Verwundete nebeneinander, eingewickelt in Decken. Ihre Gesichter sind kalkweiß. Sie kommen von der Front, und jetzt merkt jeder, dass die Front in der Nähe ist. Inzwischen sind die Lastwagen, die neben dem Hauptquartier standen, in Richtung Grodno abgefahren. Der Oberst verlässt das Hauptquartier und geht auf den Markt zu, der jetzt voller Menschen ist. Jeder hat den Oberst im Auge. Er hält neben einem Lastwagen, der gerade angekommen ist. Auf diesem Lastwagen liegen verwundete Soldaten. Er spricht schnell und aufgeregt mit dem Leutnant und geht dann mit schnellen Schritten zurück zum Hauptquartier. Nach wenigen Minuten sitzt der Oberst bereits auf einem Lastwagen, um den sich viele Menschen versammelt haben. Einer von ihnen fragt ihn: „Genosse Oberst, was hört man von der Front; wie ist die Lage, was sollen wir tun?" Er wirft einen zerstreuten (*tsetrogenem*) Blick auf das versammelte Publikum und antwortet: „Ihr müsst euer Shtetl verteidigen! Jeder mit einem Gewehr in der Hand, sogar mit einem Messer! Frauen und Kinder – jeder muss um jedes Haus kämpfen! Wir folgen dem Befehl, das Shtetl zu verlassen und an die Front zu gehen!" Das Fahrzeug bewegt sich (*rirt fun ort*). Die Augen des Obersts sehen zu jedem, der herum steht: „Genossen! Seid Helden! Verteidigt jeden Splitter (*shpan*)!" Das sind die letzten Worte des Obersts, der nun an die Front ging. Der Kommandeur unserer Gruppe verließ uns am selben Tag, und unsere Gruppe war noch bis 20 Uhr am Montag aktiv. Aber es gab keine Disziplin mehr. Der Direktor und Techniker waren bereits abgereist. Jetzt arbeiten die Arbeiter nicht mehr, aber sie bewachen die Fabrik. Das ganze Shtetl hat Angst vor dem, was kommen wird. Jeder fragt den anderen: „Was ist mit der starken Roten Armee passiert? Wo sind all die Flugzeuge?" Von Zeit zu Zeit fliegt ein Flugzeug vorbei, aber ein deutsches. Der Luftraum wird bereits von deutschen Flugzeugen beherrscht, die im Tiefflug jeden Panzer und jedes Fahrzeug bombardieren.

Montagabend, um 22 Uhr, gibt es eine starke Bewegung von Panzern, Lastwagen und Fußgängern. Alle laufen verschwitzt, verärgert und wütend herum. Einer schreit den anderen an. Die Steine des Bürgersteigs sind herausgesprungen und liegen unter den schweren Stahlketten der Panzer. Die Soldaten fragen nach dem Weg nach Minsk. Niemand hört darauf, alle bewegen sich nur schnell vorwärts. Ein Panzer hat dort angehalten. Rote Feuerzungen platzen aus seinen Rohren; nach ein paar Minuten breiten sich die Flammen bereits auf dem Markt aus. (*royte fayertsungen zetsn fun zayne rern un in etlekhe minut arum khapn di flamen arum dem mark*). Das Feuer wird immer größer. Drei Soldaten der Roten Armee stürmen schnell aus den Flammen und schreien.

Die Front kommt näher: „Lauft weg, lauft weg, bald werden Artilleriegeschosse einschlagen! (*bald veln oyfraysn snaryadn*)." Und direkt nach diesen Worten hören wir mehrere starke Treffer. Nach einer halben Stunde wird das Feuer von den städtischen Feuerwehrleuten (*fayerlesher*) gelöscht. Aber die Bewegung wird mit jeder Minute stärker. In dieser Nacht schlief niemand in unserem Haus. Alle standen am Fenster und schauten in die Nacht, wie die Panzer vorbeifuhren und lange Feuerzungen in die Dunkelheit warfen. Also standen wir alle an den Fenstern, bis graue Streifen am Himmel auftauchten und immer heller wurden, bis es überall taghell war. Ich gehe auf die Gasse, wo sich Menschen mit schläfrigen Augen fragen, wie es weitergehen wird.

Es ist bereits der dritte Tag des Krieges. Die Miliz und der NKWD haben ihre Koffer gepackt, um die Stadt zu verlassen. Keiner weiß, wo die Front ist. Leute, Passanten (*durkhgeyer*), die von der Białystoker Straße kommen, sagen, dass die Deutschen in der Nähe sind, nur weiß niemand wo genau. Es kommt ein Lastwagen, beladen mit sitzenden und stehenden Frauen und kleinen Kindern. Das sind die Frauen der Soldaten der Roten Armee. Mit jeder Minute kommen mehr Lastwagen an, die alle schnell in die gleiche Richtung fahren – nach Minsk.

Soldaten laufen barfuß und tragen ihre Stiefel auf den Schultern. Und es gibt laufende Piloten, die ihre brennenden Flugzeuge auf dem Flugplatz in Białystok gelassen haben. Die Jugend des Shtetls versammelt sich auf dem Markt und teilt sich in Sechser-Gruppen auf, die sich der rennenden Armee anschließen und sich auf den Weg machen. Zusammen mit ein paar weiteren Kameraden beschließe ich, auch zu fliehen. Wir vereinbaren, uns auf dem Marktplatz zu treffen. Jeder geht zu sich nach Hause, um Essen für den Weg zu holen. Ich komme in unsere Stube. Meine Mutter sitzt mit tränenden Augen auf der Veranda und sagt zu mir: „Mein Kind, was sollen wir jetzt tun? Sieh nur, wie sich die Rote Armee mit jedem Moment mehr und mehr zurückzieht!" „Mama", sage ich mit zitternder Stimme, „ich will zusammen mit der Roten Armee nach Minsk gehen." „Nein, mein Kind, du darfst nicht gehen, bleib bei uns," antwortet meine Mutter mit weinender Stimme, Tränen fließen über ihre blassen Wangen. Manyele, meine kleine Schwester, weint auch. Ihr kleines Herz schlägt sehr schnell. Ihre Augen schauen mich an und flehen: Lass uns nicht zurück, bleib bei uns! Ich gehe in einen anderen Raum und überlege: Was soll ich jetzt tun? Soll ich warten, bis die deutschen Mörder zurückkommen? Aber dann wäre unser Schicksal besiegelt. Sollte ich nicht besser mit anderen jungen Kameraden weggehen und gegen die Mörder kämpfen? Ich möchte meine kranken Eltern nicht mit den kleinen Kindern allein lassen – aber ich möchte nicht bei ihnen bleiben, bis die Mörder kommen und uns alle töten. Was soll ich also tun? Ich beschließe, zusammen mit der Roten Armee und den Kameraden, die auf dem Marktplatz auf mich warten, zu gehen. Mama sitzt mit Manyele im Arm auf der Veranda und weint, Papa ist auf der Straße. Mein junger Bruder gräbt eine Grube als Unterschlupf bei Luftangriffen. Ich gehe schnell in die Küche und nehme etwas zu essen in einen weißen Sack; mit wackeligen Schritten (*tsiterndike trit*) gehe ich durch die Hintertür und werfe einen letzten Abschiedsblick (*gezegenungsblik*) auf meine Mutter und meine kleine Schwester. Ich springe über einen Zaun, und vom Nachbarhof laufe ich mit schnellen Schritten zum Markt. Nachbarn folgen mir mit ihren Augen. Frauen wischen sich mit zitternden Händen die Tränen ab. Schließlich verschwindet unser Haus aus meinem

Blickfeld, und ich komme auf dem Marktplatz an, wo bereits Gruppen stehen, bereit zu gehen. Dort stehen Menschen, Militärs und Zivilisten, die meisten mit einem Rucksack auf dem Rücken. Von Minute zu Minute wächst die Bewegung von Panzern und Fahrzeugen, Ich gehe schnell weiter und komme zum NKWD, wo schon drei Genossen auf mich warten.

Die Rote Armee zieht sich zurück

Das Waffenmagazin ist jetzt für alle offen. Jeder nimmt sich, was er möchte: Ein Gewehr, einen Revolver, Handgranaten. Die in der Waffenkammer beschäftigten Soldaten holen alle von der Straße und geben ihnen alle Waffen, die sie wollen. Wir vier gehen hinein und nehmen einen Revolver und vier Handgranaten. Der Magazin-Mann (*magazinyer*) drückt uns die Hände und wünscht uns, dass wir die Waffen gut gebrauchen: Jeder Schuss soll den Kopf eines Feindes treffen. Unsere Freude ist groß, dass wir ein Gewehr und damit etwas zum Kämpfen haben, der Kampfesmut wächst beim Anblick der Revolver und Granaten.

Um uns herum ist es schwarz von Menschen. Mütter begleiten ihre Kinder mit Tränen in den Augen. Tiefe Seufzer entweichen den Vätern aus der Tiefe ihres Herzens. Ich sehe meinen Vater neben mir. Trauer im Gesicht (*oyf zayn gezikht iz aroysgetsoygn a troyer*). Seine Lippen zittern, als er die ersten Worte zu mir spricht: „Du gehst auch mit allen!?" „Ja, Papa, ich gehe mit meinen Kameraden," antworte ich. „Nimm Peretz mit. Lass ihn mit dir gehen und rettet euch!", sagt mein Vater. „In Ordnung, ich nehme ihn mit. Aber es ist schon spät. Wir haben heute noch 50 Kilometer vor uns." „Ich werde ihn bringen, warte dort!", antwortet Papa. „Sag es Mama nicht! Sie würde es nicht aushalten", rufe ich Papa hinterher, der schnell in Richtung unseres Hauses geht. Nach fünf Minuten steht mein jüngerer Bruder Peretz bereits neben mir, mit einem kleinen Sack unter dem Arm. Ich laufe schnell in das Waffenmagazin und nehme einen Revolver für ihn heraus. Wir werfen einen letzten Blick auf die Menge, die um uns herumsteht. Mein Vater ist neben uns. Seine letzten Worte an uns sind: „Geht, rettet euer Leben!" Wir machen die ersten Schritte auf dem Weg in Richtung Wolkowysk-Slonim-Baranavichy-Minsk. Vor uns sehen wir eine weiße Straße; auf beiden Seiten gibt es große Felder mit halbreifen Ähren. Hinter uns verschwindet unser Shtetl aus dem Blickfeld. Wir werfen einen letzten Blick auf seine Häuser und betreten einen Wald. Wir hören das Echo eines Fliegeralarms (*flieralarm*), und über unseren Köpfen fliegen drei deutsche Flugzeuge sehr tief in Richtung unseres Shtetls. Eine Maschinengewehrsalve kommt auf uns zu. Sie ist auf die fahrenden Lastwagen und Panzer gerichtet. Am weißen Horizont kräuselt sich schwarzer Rauch, von dem aus große Feuerzungen in den Himmel ragen. Wir legen uns auf den Boden und warten, bis die Flugzeuge weggeflogen sind. Mehrere Minuten lang hören wir das Pfeifen der Kugeln und die lauten Geräusche. Wir liegen in den Straßengräben. Etwas weiter von uns entfernt liegen Soldaten der Roten Armee, die ihre Lastwagen und Panzer auf der Landstraße (*shosey*) stehen lassen mussten. Etwas von uns entfernt, auf beiden Seiten des Weges, befindet sich ein dichter Wald, in dem jetzt viele Soldaten liegen und in den Himmel schauen, um zu sehen, woher die Geräusche kommen. Auf diese Weise haben wir eine halbe Stunde gelegen, bis es still wurde. In der Umgebung kam weißer Rauch aus brennenden Häusern. Und gerade jetzt kommen die letzten kleinen Häuser aus unserem Blick. Vor uns liegt ein grün-weiß gesprenkeltes Feld, das sich bis zu einem dichten Kiefernwald erstreckt. Wir beschließen, schnell zu gehen und keine Minute anzuhalten, denn jeder Moment ist kostbar. Wir ziehen unsere Schuhe aus und werfen sie über die Schultern. Mit hochgekrempelten Hosen folgen wir der Straße in den dichten Wald. Die Straße ist voll von Wagen und Panzern. An der Seite verängstigte Menschen, Zivilisten und Soldaten, die ihre Regimenter verloren haben und jetzt nach ihnen suchen. Die Sonne geizt nicht mit ihren heißen Strahlen. Der Sand und die Steine unter unseren Füßen brennen. Wir gehen schnell und überholen alle, die vor uns gehen. Wir schauen uns nicht an, jeder geht mit nach vorne gebeugtem Kopf, die Augen auf die Füße gerichtet; und auf den Schultern, mit einer Schnur angebunden, trägt jeder zwei Schuhe oder Stiefel sowie einen weißen Sack und einen knorrigen Stock aus dem Wald. Mit jeder Minute werden all die Dinge, die wir mit uns tragen, schwerer und schwerer. Einer von uns wirft bereits seinen schweren Wintermantel weg, den seine Mutter ihm geschenkt hat. Damit es dem "Kind", Gott bewahre, unterwegs nicht kalt wird (*az „dos kind" zol zikh kholile[81] nisht farkiln oyfn veg*).

> *Ich erreiche ein Dorf in der Nähe von Minsk, es hieß Staroe Selo, was Altes Dorf bedeutet. Es gab eine Kolchose. Dort versammelte sich nachts die ganze Armee, schätzungsweise 60 000 bis 70 000 russische Soldaten, mit Offizieren, Generälen und allem. ...*
> *Meiner Meinung nach verloren die Russen in wenigen Tagen mehr als eine Million Soldaten.[82]*

Dennoch sind wir die schnellsten Fußgänger. Alle schauen uns an und sagen: „Geht langsamer, dann kommt ihr weiter!" Aber wir hören nicht auf ihren Rat. Wir tun, was wir wollen und was wir für richtig halten. Einer „jagt" den anderen und ruft: „Vorwärts! Wir haben heute noch 100 Kilometer zu machen!" Wir vier gehen auf der gesamten Breite der Straße: Ich, mein Bruder und zwei Kameraden. Wir suchen einen Weg, auf dem wir schneller unser Ziel erreichen können, und unser Ziel ist Minsk. Denn in Minsk, so sagt man, könnten die Russen einen starken Widerstand aufrechterhalten – und wir wollen auf der russischen Seite sein. Wir entwerfen bereits Pläne, um in unser Shtetl zurückzukehren und unsere Eltern zu befreien, und unser Kampfesmut wächst mit jeder Minute. Wir sind bereits 20 Kilometer gelaufen, aber keiner von uns fühlt sich müde. Alle rufen: „Schneller, schneller!"

---

81 Hebräisch חָלִילָה. Interjection (kholile): Gott bewahre.
82 USC-Video

Plötzlich hören wir eine Stimme aus dem Wald: „Genossen, warum rennt ihr? Kommt, setzt euch, ruht euch ein wenig aus!" Wir sehen drei Männer vor uns – auf der linken Seite, unter einem dichten grünen Busch – drei Russen. Sie fragen uns nach einem Stück Brot und einer Zigarette (*papiros*). Wir halten an und geben ihnen Brot und etwas Tabak. Sie fragen uns, wer wir sind und wohin wir gehen. Wir setzen uns neben sie ins Gras, und nach ein paar Minuten sind wir schon Freunde. Es sind die russischen Piloten, die ihr Flugzeug auf dem Flughafen Białystok verloren haben und jetzt zusammen mit allen Flüchtigen abziehen. Sie sagen, wenn wir mit ihnen kommen wollen, würden sie uns gerade wie in Luftlinie zum Ziel führen (*zey veln undz firn durkh a luftlinye*). Jeder von ihnen hat eine Karte, einen Kompass, dazu volle Rucksäcke, die jetzt unter ihren Köpfen im Gras liegen. Wir beschließen, uns ihnen anzuschließen. Erstens werden wir uns wohler (*heymlekher*) fühlen, und zweitens kennen sie den Weg gut, der nicht über Straßen führt, wo es jetzt wegen der häufigen Luftangriffe und des dichten Verkehrs von Lastwagen, Panzern und Motorrädern schwierig zu gehen ist. „Nun, Genossen, lasst uns losziehen und uns bewegen," befiehlt einer der Russen, ein Leutnant. Wir kennen bereits die Namen von allen. Wir sind jetzt insgesamt sieben Personen. Der Name des Leutnants ist Kuzin. Er hält eine kurze Rede: Wir sollten diszipliniert sein und etwas schneller gehen. Wir sollen uns gegenseitig schützen (*hitn*) und helfen. Wir müssen Dörfer und Bauern meiden, weil die Deutschen dort Fallschirmspringer landen ließen, verkleidet als Bauern und Soldaten. Der Leutnant sagt: "Los, Genossen, wir müssen rasch Minsk erreichen und dann die Beresina, weil sich dort die Front stellen wird." Wir marschieren gleich über die Felder mit Getreide und Kartoffeln. Wir kriechen zwischen den goldenen Ähren.

Mein Bruder wird müde und bittet mich, ein wenig auszuruhen. Aber um sich auszuruhen, muss der Leutnant einen Befehl geben, das können wir nicht einfach tun, weil die anderen nicht auf uns warten würden. Und wir wollen nicht wieder alleine bleiben wie bisher, denn wir sind jetzt irgendwo zwischen Feldern, Wald und Himmel. Wir wissen nicht, wo es ein Dorf oder eine Stadt gibt. Aber die Russen werden auch müde, und der Leutnant schlägt vor, dass wir uns hinsetzen und uns zehn Minuten ausruhen. Der Weg ist viel beschwerlicher als die Hauptstraße, aber er ist kürzer und jede Minute ist kostbar. Wir kommen zu einem kleinen Fluss, der ruhig zwischen den Feldern fließt, und stillen unseren Durst; der eine trinkt von oben, der andere direkt aus dem Fluss, mit der Nase im Wasser. Die Sonne geht bereits unter, und eine Brise kühlt unsere sonnenverbrannten Gesichter. „Vorwärts! Vorwärts!" ruft der Leutnant von Zeit zu Zeit, und die anderen unterstützen ihn. Einige von uns werden müde und ziehen bereits ihre Füße nach wie schwere Klötze (*kletser*). Wir ziehen unsere Schuhe wieder an wegen der scharfen Steine, die wie Nadeln in unsere Füße stechen. Das wird schnell von allen umgesetzt (*ongenumen*) – von uns Juden noch schneller, weil wir tatsächlich alle erschöpft waren. Jetzt merken wir die Folgen der ersten 20 Kilometer, die wir quasi geflogen sind, um unsere Stärke zu zeigen – die wir nun schon verloren haben. Wir liegen auf Feldern mit reifen Körnern. Der Leutnant nimmt die Karte und den Kompass heraus, und wir wissen sofort, wo auf der Welt wir uns befinden, nämlich in der Nähe von Slonim.[83] Wir sehen die Stadt auf dem Papier und ziehen eine Linie, um sie zu umgehen. Die Finsternis der Nacht hat uns umarmt und uns gleichsam mit einer schwarzen Flüssigkeit übergossen, die uns den weiteren Weg versperrt (*di nakht-fintsternish hot undz arumgenumen. s'hot zikh oyfgegosn a shvartse flisikeyt, vos farshtelt undz dem vayterdikn veg*). Aber der leuchtende Zeiger des Kompasses führt uns durch die Dunkelheit. Wir gehen jetzt mit langsamen Schritten, es gibt schon kein Rufen mehr „Vorwärts, schneller!" Wir verlassen das Getreidefeld und betreten ein großes Gebiet, in dem Kartoffeln wachsen. Und nach den Kartoffeln kommt ein Haferfeld. Hier sind wir in einem kleinen Wäldchen, und ab und zu stößt einer von uns gegen einen kleinen Baum, und beide „küssen sich".

Also gingen wir, bis ein heller, grauer Streifen am weiten, dunklen Horizont erschien, der langsam breiter und breiter wurde und immer mehr von der umgebenden Schwärze (*shvartskeyt*) wegdrückte. Der

---

83 Slonim: Stadt in der Hrodsenskaja Woblasz in Belarus

Leutnant warnt uns: „Genossen, ein sumpfiges Gebiet kommt, und jeder muss sehr vorsichtig sein, nicht im dicken Schlamm zu versinken." Der Himmel wird mit jeder Minute heller, und es erscheint ein roter Streifen, der sich von unten nach oben erstreckt. Wir machen weiter. Jeder hält seinen müden Kopf gesenkt. Wir gehen barfuß. Der schwarze Schlamm spritzt zwischen unseren Zehen und gegen unsere Hosen. Wir spritzen uns gegenseitig mit Schlamm voll. Der Leutnant befiehlt, dass wir unsere Hosen ausziehen und halbnackt weitermachen sollen; dies wird es erleichtern, über den sumpfigen Weg zu gehen, der sich noch lange hinzieht. Immer wieder denken wir, dass wir jetzt rauskommen, ins Trockene. Bald werden wir den Himmel erreichen, der über uns liegt, verschmolzen mit der Erde. Aber der Himmel spielt mit uns. Je näher wir ihm kommen, desto weiter rennt er von uns weg. Gerade jetzt steckt einer von uns den Fuß in eine schwarze Schlammgrube und kann sie nur wieder herausziehen, indem er seine letzten Kraftreserven aufbietet. Wir hören ein lautes Geräusch von Flugzeugen, die über unsere Köpfe in Richtung Minsk fliegen.[84] Der Leutnant befiehlt: „Alle hinlegen!" Wir werfen uns in den Sumpf, und ich stecke bis zu meinem Kopf im Schlamm. Drei Flugzeuge nähern sich. Sie fliegen sehr hoch. Wir liegen alle da, unsere Köpfe hintereinander versteckt. „Versteckt die weißen Säcke, sonst werden sie uns bemerken!", ruft der Leutnant. Jeder greift nach seinen Proviantsack und versteckt ihn unter sich oder im Schlamm. Die Flugzeuge sind in der Ferne (*vaytkeyt*) und aus unserem Sichtfeld verschwunden. Ihr Lärm hallt noch in der Stille rundum wider.

Alle marschieren mit langsamen Schritten, lautlos. Alle denken nur eines: Wann wird das enden? Wann kommen wir aus dem Sumpf und auf trockenen Boden, damit wir wieder fest und sicher treten können? Aber der Weg ist immer noch lang und schwierig. Viele werden dabei ihr Leben verlieren. Andere werden den trockenen Weg erreichen – und einen Weg der Freude und des Glücks. „Vorwärts, vorwärts, Genossen! Wir müssen heute Abend in Minsk sein. Morgen früh müssen

---

84 Etwa 1500 deutsche Kampf- und Jagdflugzeuge der Luftflotte 2 hatten lt. deutschem Wehrmachtsbericht die Luftherrschaft übernommen. (Nach Wikipedia)

wir an die Beresina[85] kommen!", motiviert uns der Leutnant, der selbst schon eine schwache Stimme hat. Er ist auch schon müde und kann kaum seine Füße heben, an denen schwere Schlammklumpen kleben, die nicht abfallen. Der eine tröstet den anderen: Bald erreichen wir trockenen Boden, dann können wir uns ein wenig ausruhen und weiter zum geplanten Ziel gehen. Ich gehe als Letzter und trete dorthin, wo ein anderer bereits seine Fußabdrücke hinterlassen hat. Ich laufe sozusagen auf einem ausgetretenen Pfad. Und jetzt spüre ich, wie mein Fuß tiefer und tiefer in den schwarzen Sumpf sinkt. Ich nehme all meine Kraft zusammen und möchte mich herausziehen, aber jetzt hat auch der zweite Fuß keinen festen Boden mehr unter sich, und ich versinke immer tiefer in den dichten, schwarzen Dreck. Meine Genossen sind vorausgeeilt und haben nicht bemerkt, wie ich, im Schlamm versinkend, allein zurückgeblieben bin. Gerade jetzt bin ich bis über die Knie im Sumpf und jetzt noch tiefer. Mit jedem Moment erreicht mich der Schlamm höher und höher. Alle meine Bemühungen sind vergeblich. Ich hänge schon bis zum Hals drin. Erst jetzt kann ich verzweifelt rufen: „Genossen, rettet mich!" Aber niemand antwortet. Alle sind schon weit weg, und ich sehe sie nicht mehr. Wieder versuche ich, mich zu befreien, indem ich meine ganze Kraft einsetze, aber vergeblich. Ich stecke schon bis zum Kinn drin, und jetzt kriecht die flüssige, schwarze Erde schon in meinen Mund. Ich versuche noch einmal zu rufen: „Genossen, rettet mich, rettet mich!" Ich höre das Echo der Stimmen meiner Genossen in der Stille ringsum: „Hey, hey, Alyosha, wo bist du?" Das sind der Leutnant und zwei Genossen, die zu mir rennen. Sie haben meine Situation erkannt, schnell haben die anderen Genossen, die angehalten haben, auf den Leutnant gewartet. Jetzt stehen alle schon neben mir, und alle versuchen, mich herauszuziehen, aber vergeblich. Sie versinken auch in der Tiefe des Sumpfes. „Gib mir das Schlauchboot (*gumene lodke*)!", ruft der Leutnant. Das Boot, das zusammengefaltet in einem der Rucksäcke lag, wird neben mir ausgebreitet. Zwei Genossen haben die Ärmel von vier Jacken genommen und sie zusammengebunden, um sie als Seil zu

---

85 Fluss in Belarus, rechter Nebenfluss des Dnepr

verwenden. Ich habe mich am Seil festgehalten, und die Genossen haben bereits angefangen zu ziehen. Nachdem dreimaligem weiteren Ziehen, begleitet von: „Raaz, dva, tri! (раз, два, три, 1,2,3)!", lag ich bereits auf dem Schlauchboot, das überall mit Schlamm bedeckt war. Sie haben meine Kleider ausgezogen und den Dreck mit einem Hemd weggewischt. Wir falten das Boot wieder und setzen unseren Weg fort. Jetzt gehe ich als Zweiter hinter dem Leutnant, und alle lachen und machen sich über mich lustig, weil ich so ein Pechvogel (*shlimazl*) bin. Die Erde beginnt unter unseren Füßen härter zu werden, bis wir völlig trockenen Boden erreichen. Jetzt können wir bereits mit festen Schritten marschieren. Wen kümmert es, dass wir von Kopf bis Fuß mit Schlamm bespritzt sind! Ich gehe in meiner Unterhose. Ich hatte meine langen Hosen weggeworfen, als ich den Sumpf betrat, und dort sind sie geblieben. Wir kommen in einen Wald, und alle fallen ins Gras, todmüde. So bleiben wir ganze zwei Stunden liegen. Bei jedem von uns sind die Beine schwer wie Klötze, und niemand möchte der Erste sein, der daran erinnert, dass wir weitermarschieren müssen. Die Sonne brütet. Wir sind alle hungrig und durstig. Wir schnappen uns unsere weißen Säcke, die jetzt alle schwarz vom Schlamm sind. Wir essen alle zusammen, aber wir haben nichts zu trinken. Wie auch immer, niemand will weggehen, um nach Wasser zu suchen. Der Leutnant ist bereits aufgestanden und sagt, dass wir weitermarschieren sollen. Einige von uns sind bereits eingeschlafen, aber der Leutnant weckt alle auf. Alle gähnen, ihre schläfrigen Augen noch halb geschlossen. „Nun, Genossen, lasst uns weitergehen! Jetzt wird es leichter sein", ermutigt uns der Leutnant. Jeder fragt, ob wir uns noch eine Minute hinlegen können, aber irgendwann müssen wir gehen. Wir stehen auf. Unsere Füße sind schwer und geschwollen, aber wir müssen weiter. Wir müssen unser Ziel erreichen, und die Zeit ist kostbar. Wir wissen nicht, was um uns herum lauert und marschieren mit langsamen Schritten (*aus dem Wald*) hinaus. Der Himmel ist tiefblau, die Sonne sinkt. Der Abend rückt immer näher, mit jedem Schritt, den wir machen. Die Nacht ist hereingebrochen. Wir haben den Wald verlassen und kommen zurück auf ein Feld mit hohen, halbreifen Ähren, wo wir unsere Schuhe an unsere geschwollenen Füße anziehen müssen, um über die Steine gehen zu können. Der Leutnant wirft einen Blick auf die Karte und den Kompass und sieht, dass wir nicht weit von Minsk entfernt sind. Insgesamt sind es noch 40 Kilometer. Wir haben bereits die alte polnische Grenze überquert und marschieren jetzt auf russischem Boden. Der Leutnant geht in das nahegelegene Dorf. Wir bleiben alle auf dem Feld zwischen den Kartoffeln. Nach zehn Minuten kommt er zurück und bringt einen vollen Holzeimer mit Wasser mit. Noch weit weg hat er bereits gewinkt, dass wir zu ihm kommen sollten. Wir rennen auf ihn zu und alle fragen: „Was ist los?" „Genossen", ruft er mit zitternder Stimme: „Deutsche!" „Was, Deutsche?", fragen alle erstaunt. „Deutsche, Deutsche, Fallschirmspringer", antwortet der Leutnant, „schneller, Genossen, schneller, sie sind hier in diesem Bereich. Nehmt alle eure Revolver heraus und steckt sie in die Tasche!" Mein Revolver liegt in dem kleinen Sack. Wir alle wischen den Schlamm von unseren Revolvern und laden sie. So geht es weiter, um uns herum Dunkelheit.

„Wir müssen hier raus, sofort. Die Deutschen sind uns sehr nahe." Bei jedem Geräusch, das wir hören, halten wir an – mit gezogenen Revolvern. Wir erreichen wieder eine lange, offene Wiese, bewachsen mit hohem grünem Gras. Das Gras ist kalt und nass. Wir ziehen unsere Schuhe wieder an. Wenn wir über das weite Feld schauen, sehen wir ein Dorf mit ein paar verstreuten Hütten auf einem kleinen Hügel. Wir beschließen, dass einer von uns ins Dorf gehen sollte, fragen sollte, was los ist, und Wasser für alle bringen sollte, deren Füße geschwollen sind, um sie einfach in Lumpen zu wickeln. Und so marschieren wir voran, wenn auch sehr langsam, weil wir vorsichtig sein müssen. Wir wissen nicht, was sich neben uns verbirgt. Der Leutnant informiert uns über einen Bauern, der ihm erzählte, dass heute Morgen dort auf dem Feld rund um das Dorf Fallschirmspringer landeten und auf jeden schossen, den sie antrafen, ob Zivilisten oder Soldaten. So würden auf der anderen Seite des Dorfes bereits viele tote Zivilisten und Soldaten liegen. Heute Morgen wurden sie plötzlich aus den Maisfeldern mit Maschinengewehren beschossen. Der Leutnant wählt einen sumpfigen Weg, auf dem wir uns auf den Weg nach Minsk oder irgendwo dahinter machen können. Wir biegen rechts ab und gehen, während der Leutnant uns führt. Ich gehe neben ihm her und mache mich mit der Karte und dem Kompass vertraut. Die dritte Nacht ist kalt. Ein feuchter Wind pfeift um uns herum, und wir marschieren wieder über ein Feld, auf dem der Fuß nicht auf das kleinste Stück fester Erde trifft. Wir sind vorsichtig und gehen wieder langsam, einer hinter dem anderen. Die Erde bewegt sich wie große Eisschollen im Frühling, die auf dem Wasser schwimmen. Der Leutnant wirft einen Blick auf den Kompass, zeigt mit der Hand in die Richtung, in die wir gehen müssen, und ruft erneut: „Vorwärts, vorwärts, Genossen! Wir müssen unser Ziel erreichen! Achtet nicht auf eure müden Füße! Wenn wir schneller vorankommen, erreichen wir das Ziel, das wir uns gesetzt haben." Der Leutnant rät, dass diejenigen, denen es zu schwerfällt, ihre Hosen oder Mäntel bei sich zu tragen, einfach alles wegwerfen sollten, damit sie leichter gehen können. Die Mehrheit von uns folgt ihm sofort und lässt alles fallen, was nur eine unnötige Last ist. „Vorwärts!", ertönt die Stimme in der Dunkelheit der Umgebung. Uns allen ist kalt, und es fällt uns schwer, den nächsten Schritt zu gehen. Aber der innere Schwung treibt uns an. Der drohende Tod jagt uns, unermüdlich wie ein Schatten. Jeder weiß, was ihn erwartet, wenn er in die Hände der Mörder fällt. So spürt niemand mehr, wie geschwollen und lahm seine Füße sind. Der Weg wird mit jedem Schritt schwerer und gefährlicher, aber wir halten nicht an. Gerade jetzt glauben wir, dass wir in den Weiten der Nacht einen Wald mit hohem Gras gesehen haben, wo wir uns hinsetzen könnten, aber als wir dort ankommen, sind wir enttäuscht: Was wir als Wald gesehen hatten, ist nur ein offenes Feld. Zwei der hintersten Kameraden werden schlaff und können nicht weiter. Aber es gibt kein einziges Stück trockene Erde, wo sie sich ausruhen und hinsetzen könnten. Es ist sehr gefährlich, weil wir uns nicht sicher sind, wer plötzlich aus der Dunkelheit kommen könnte. Zwei starke Kameraden nehmen die Schwächeren auf die Schultern und gehen mit ihnen, bis sie selbst zu müde werden und beide anderen übergeben müssen. Wir wollen keinen Kameraden in der dunklen Nacht im sumpfigen Gelände allein lassen. Schließlich haben wir uns gegenseitige Unterstützung versprochen, und wir beabsichtigen, das zu halten, bis wir unser Ziel erreicht haben. Der Himmel ist schwarz. Die Sterne funkeln und weisen uns den Weg. Der Schein der Mondsichel gibt uns Licht in der dunklen Umgebung. In einer Ecke am Rand des Himmels erscheint ein großer Streifen, der schnell in Länge und Breite in das umgebende Schwarz hineinwächst. Die funkelnden Sterne erlöschen langsam und hinterlassen dunkelgraue Flecken an ihrer Stelle. Eine kühle Brise weht vorbei und durchdringt unsere nassen, verschwitzten Knochen. Alle gehen schweigend, niemand spricht mit dem anderen, als ob sie völlig fremde Menschen wären. Jeder ist tief in seine Gedanken und Fantasien versunken, die uns die schönsten Errungenschaften (*dergreykhung*) malen – feste Erde unter den Füßen.

Wir hören wieder ein leises Geräusch von Flugzeugen, das näherkommt, und schon sehen wir in den tiefen, nebligen Wolken ganze Schwärme fliegender stählerner Vögel, die für gesunde, friedliche Menschen eine besondere Ladung tragen: Tod statt Brot! „Schneller, vorwärts! Wir müssen uns verstecken, die werden uns bemerken und mit Maschinengewehren beschießen", brüllt der Leutnant, winkt mit den Händen und stupst alle an, schneller zu gehen, und jetzt fangen wir alle an, in langen, schnellen Schritten zu gehen. Aber es ist uns unmöglich, den Flugzeugen zu entkommen, und der Leutnant befiehlt, sich auf das nasse, schlammige Gras zu legen, weil die Flugzeuge uns schon sehr nahe sind.

Sie fliegen im grauen Dunst, nebeneinander, kühn und stolz, als gehörte ihnen die Erde schon. Sie tragen eine schwere Last. Gleich werden sie mit Dynamit gefüllte Eisenstücke ausspucken – und Hunderte von Menschen werden tot sein. „Oh, wo ist mein Flugzeug?", ruft der jüngste Pilot, der jetzt grollend (*mit farkritste tseyn*) neben mir liegt, die Fäuste geballt, die Augen weit nach oben auf die fliegenden Flugzeuge gerichtet. Ein zweiter meldet sich zu Wort: „Bald bekommen wir Flugzeuge, und dann fliegen wir in Richtung Berlin." Der Ton wird leiser. Wir erheben uns und erhalten vom Leutnant einen strengen Befehl: „Genossen, schnell vorwärts! Es wird schon hell. Wir müssen schneller aus diesem Sumpfgebiet raus." Also muss der Wald bald kommen, dieser große alte Wald, der sich von Minsk bis Białystok erstreckt. „Lauft schneller, da ist der Wald!", ruft der Leutnant, der vorausgeht und den hintersten Kameraden zuwinkt. Seine Augen sind voller Freude. Ein großer Kiefernwald breitet sich vor uns aus, und schon haben wir den ersten Baum erreicht. Gleich fallen wir auf die Erde, die mit trockenen Nadeln und Blättern von Heidelbeersträuchern bedeckt ist. Oh, wie gut tut es, sich ein bisschen mit den Beinen an einen Baum zu legen, damit sich das Blut im ganzen Körper verteilen kann (*dos blut zol zikh tsegeyn ibern gantsn kerper*). Die Füße sind heiß und die Zehenspitzen brennen, als würden Nadeln sie stechen.

Alle schlafen sofort ein, noch bevor die Proviantsäcke geöffnet werden.

Die Kesselschlacht bei Białystok und Minsk begann am 22. Juni 1941.
Am 27. Juni übernahm die sowjetischen 13. Armee die Verteidigung der Stadt Minsk. ... Marschall Timoschenko befahl, Minsk unter allen Umständen zu halten und verbot eine selbständige Kapitulation, selbst wenn die Truppen vollständig eingekreist wären. ... Von 46 Divisionen der sowjetischen Westfront konnten 11 aus der Umschließung ausbrechen und sich über die Beresina absetzen – die Masse von 28 Divisionen und 7 Panzerdivisionen mit 325.000 Mann, 1.809 Geschützen und 3.332 Panzern wurden geschlagen oder großteils gefangen genommen. Auch die deutschen Verluste waren aufgrund zähen sowjetischen Widerstands beträchtlich. ... Die erste Kesselschlacht des Ostfeldzugs endete am 9. Juli 1941.[86]

Als wir aufwachen, herrscht um uns herum große Aufregung und Lärm. Der Waldrand ist von Soldaten der Roten Armee, Leutnants und höheren Offizieren besetzt und belegt. Alle sind besorgt und verärgert. Wir sehen viele Menschen ohne Waffen, aber andere, die zwei Gewehre oder Maschinengewehre tragen, mit Handgranaten beladen.

---

86 Deutsches Historisches Museum, Berlin und Wikipedia

Wir stehen auf. Unsere Beine sind geschwollen und schwer wie Eichenklötze. Der Leutnant fordert uns auf, alle noch vorhandenen Kräfte zu sammeln und uns auf den Weg nach Minsk zu machen. Wir seien bereits nicht mehr als 9 Kilometer von der Stadt entfernt. Der Leutnant fragt nicht nur, sondern hilft auch jedem von uns auf mit den Worten: „Genossen, die erste Hürde haben wir schon genommen. Und mit Mut und dem Glauben an unseren Sieg werden wir das Ziel erreichen." Wir machen die ersten Schritte in den Wald. Je weiter und tiefer wir in den Wald kommen, desto mehr Soldaten sind da. Einige liegen hungrig und übermüdet im Gras und schlafen, einige liegen verwundet und mit ausgetrockneten Lippen, und keiner leistet ihnen sanitäre Hilfe. Es gibt überhaupt keine Disziplin mehr, Soldaten folgen ihren Kommandeuren nicht mehr, Kommandanten nicht mehr ihren Leutnants, und so geht es weiter bis zum Oberst. Vor mir geht ein junger Soldat, auf sein Gewehr gestützt, seine Hose ist blutbefleckt und zerrissen, sein Gesicht ist bleich wie bei einem Toten. Seine Augen tief in ihren Höhlen. Ich frage ihn: „Genosse, was ist mit dir? Bist du verwundet?" „Mir wurde dreimal ins Bein geschossen, und meine Kameraden sind alle im Kampf gefallen. Die Deutschen sind über die ganze Länge und Breite des belarussischen Bodens verstreut", sagt er mit Tränen in den Augen und fragt mich, „hast du nicht etwas zu rauchen, Genosse?" Ich reiche ihm etwas Tabak, der sich noch in meiner Tasche versteckt hat, vermischt mit Brotstückchen. „Ich will noch eine Zigarette rauchen und dann – sterben", sagt mir der verwundete Soldat, als ich ihm den Tabak aus meiner Tasche in die Hand schütte. „Wo ist die Front, Genosse?", frage ich ihn. „Die Front ist überall", sagt er, „unsere Soldaten sind in einer schlimmen Lage. Wir müssen sehen, dass wir schneller nach Minsk kommen, denn die Deutschen können jeden Moment mit Fallschirmen aus der Luft kommen." Wir laufen jetzt wie geistesabwesend (*tsevorfn*) durch den Wald. An jedem Baum liegen Soldaten mit hängenden Köpfen (*mit aropgelozte kep*). Dort sehen wir einen Lastwagen, auf dem Oberste stehen und eine Karte studieren. Die Sonne brennt stark. Der Sand brennt unter unseren Füßen. Wir gehen jetzt zu einem Dorf, das am Rande des Waldes liegt. Das Dorf wird von Militärs aller Divisionen belagert. Man sieht russische Infanterie, Kavallerie, Panzerfahrer, Piloten und jede Menge Kosaken mit ihren großen Pelzmützen (*pelerines*), die auf ihren kleinen, mageren Pferden sitzen oder mit ihnen im Gras liegen. Neben ihnen standen kleine Pferde, die den Kopf tief auf den Boden gesenkt hielten. Auch das Pferd spürt die Gefahr, die sich jeden Moment nähert. Im Dorf gibt es einen mit grünem Moos bewachsenen Holzbrunnen, über dem ein langer Balken aus Eiche hängt An einem Ende des Balkens sind zwei schwere Steine befestigt. Am anderen Ende hängt ein schwerer Holzeimer. Soldaten und Zivilisten stehen um den Brunnen herum. Frauen mit kleinen Kindern auf dem Arm und verweinten Augen stehen daneben und bitten darum, etwas Wasser in eine Blechdose zu bekommen. Aber niemand achtet auf die Frauen mit ihren Kindern im Arm. Jeder ist mit sich beschäftigt, und allen brennt die Zunge wie glühende Kohlen, und alle wollen sie so schnell wie möglich abkühlen (*leshn*). Soldaten bilden eine Schlange, und jetzt stehen sie alle hintereinander und schauen auf den, der den Kopf in den Eimer hält und nicht aufhören will zu trinken oder gar den Kopf wieder aus dem Eimer zu ziehen. Auch wir aus unserer Gruppe stehen hintereinander in der Schlange.

Wir müssen auch sehr lange warten, bis der Eimer zu uns kommt; wer ohne Blechdose oder Schöpfkelle zum Eimer geht, muss den Kopf zusammen mit den Händen in den Eimer stecken, und das halbe Wasser strömt heraus auf die Füße. Dann gibt es heftige Streitereien, ein paar Mal auch Schlägereien und schließlich sogar, dass einer mit dem Revolver auf den anderen schießt. Viele hässliche und unanständige Worte sind zu hören. Sogar das Wort prodatel[87] wird verwendet. Danach gibt es einen hitzigen Streit, und es gibt niemanden, der die streitsüchtigen Leute trennt. Niemand stört sich an dem, was der andere tut. Vier Kameraden aus unserer Gruppe werden müde und verlassen die Schlange. Drei bleiben stehen, ich bin darunter. Vor mir steht ein Leutnant, der den Mund nicht halten kann. Er hört nicht auf zu schreien und zu schimpfen. Der Leutnant, ein großer, kräftiger junger Mann mit sonnenverbranntem Gesicht, aufgeknöpftem Hemd

---

[87] Продать (russisch): Verräter

(*bluze*), als käme er gerade von einem großen Schwertkampf. „Genossen", sagt er zu den Umstehenden, „wir können nicht mehr kämpfen. Wir haben den Krieg verloren. Die Deutschen sind bereits in Minsk. Lasst uns alle zusammen in die Gefangenschaft gehen, denn es hat keinen Sinn mehr zu kämpfen." Alle sehen sich zu dem Leutnant um, der jetzt zu den Soldaten spricht. Mit jedem Augenblick versammeln sich mehr Menschen um ihn. Von den Seiten sind Bestätigungen zu hören: „Es ist wahr, was uns der Genosse Leutnant sagt. Es macht eigentlich keinen Sinn mehr zu kämpfen." Unter den versammelten Soldaten steht ein jüngerer seitwärts, und seine Augen heften sich intensiv auf das Gesicht des Leutnants. Jetzt sehe ich, wie dieser kleine Soldat schnell die Gruppe verlässt und mit schnellen Schritten zur nächsten Scheune rennt, wo mehrere Oberste und Politkommissare stehen. Und im gleichen Moment sehe ich diesen Soldaten schon zurückkommen, hinter ihm zwei Soldaten des NKWD und ein Major. Sie bleiben neben der Ansammlung von Soldaten stehen, die mit offenem Mund den Worten ihres „Retters" lauschen, der sie in die Gefangenschaft führen will, „wo es viel zu essen und zu trinken gibt." Der Major bleibt neben dem Leutnant stehen. „Ausweis?" fragt er den Leutnant mit lauter Stimme. Der Leutnant ist nicht verlegen (*farlirt sikh nisht*), zückt mit einem angedeuteten Lächeln seinen Pass. „Von welchem Regiment?", fragt der Major weiter und winkt gleichzeitig den beiden Soldaten zu, die rechts und links vom Leutnant stehen. „Wer ist der Oberst Ihres Regiments?", fragt der Major weiter. Der Leutnant, der vorher ein so rotes Gesicht hatte, ist plötzlich weiß geworden wie ein Stück rotes Papier, das man mit weißer Farbe beschmiert. „Ich, ich habe den Namen des Obersten vergessen ... Ich erinnere mich nicht mehr so gut daran ... weil ... ich gerade von einer großen Schlacht kam und alles vergessen habe, Genosse Major." Der Major winkt den beiden Soldaten, und im selben Augenblick werden die Hände des dreisten Leutnants fest nach unten gedreht, und sie nehmen ihm sofort seinen Pass und seinen Page-Revolver, den (er) nicht in die Lederscheide gesteckt, sondern unter den Pass gestopft hatte, wo die Mehrheit diese Waffen trägt (*velkher iz nisht geven arayngeton in dem ledernem sheydl, nor farshtupt untern pas, vi di merhayt hot dan getrogn*). Ein lautes Geschrei ist vom Leutnant zu hören, der nun mit nach hinten gebundenen Händen abgeführt wird. Alle gehen ihm nach, wie in einem Trauerzug.

Er wurde den Hügel hinuntergeführt, wo sich die Scheune befindet, bei der viele Offiziere mit entfalteten Landkarten stehen. Sie achten überhaupt nicht auf den Vorfall. Dem rotgesichtigen Leutnant, der gerade noch so stolz war, werden die Fesseln abgenommen, und der Kommissar, der in der Mitte der Kartenstudierenden gestanden hat, nähert sich jetzt und zückt seinen Revolver. Wir hören einen Knall. Die Kugel traf den Kopf neben dem Hals, und der große, starke Mann fiel um wie eine gefällte Eiche (*an untergezegter demb*). Ein roter Blutstrom befleckte das grüne Gras. Ein Keuchen war zu hören, das gleich von einem letzten Todesstöhnen unterbrochen wird. Der Inspektor, der seine Pflicht getan hat, hat zwei Soldaten beauftragt, dem Toten die Kleider abzunehmen und alles gründlich zu durchsuchen. Unzählige Hände sind sofort mit dem Körper des Leutnants beschäftigt. Einer schleppt einen Stiefel an, der andere den Ärmel seines Hemdes. In wenigen Sekunden liegt der Erschossene bereits in seiner blutigen Unterwäsche, und jeder, der dort gestanden hat, gibt ihm einen Tritt mit dem Fuß, als würde man einen Ball treten, der in einer großen Schlammpfütze liegt. Der Kommissar und der Major stehen und lesen die Papiere, die aus den Taschen auf den Boden gefallen sind. Neben mir stehen zwei Soldaten, die jede Hosennaht betasten. Plötzlich ertönt der Schrei eines Soldaten, der ein Stück hartes Papier im Hosenrand ertastet hat. Sofort laufen der Kommissar und der Major zu ihm und lösen die Naht. Ein Stück gefaltetes, dünnes Papier ist herausgefallen. Alle schauen mit angestrengten Augen und wollen als Erste lesen, was draufsteht. Aber der Major ruft etwas aus und klopft gleichzeitig dem jungen Soldaten auf die Schulter, der vorher so still dagestanden und der schönen Rede des Leutnants gelauscht hat. „Genossen, er war ein deutscher Spion; ein Fallschirmspringer, der sich als Leutnant in russischer Uniform ausgegeben hat. Bravo, Genosse!" ruft der Kommissar und hält das Blatt in der Hand. Alle sind stehengeblieben und können einfach nicht glauben, dass der Leutnant, der Russisch so gut sprach wie ein echter Moskowiter, tatsächlich ein

Deutscher war. Wir versammeln uns wieder als Gruppe neben einem Baum, wo noch mehrere Soldaten mit geschwollenen Füßen liegen, und unser Leutnant sagt: „Genossen, wir müssen weiter. Wir sind schon etwas ausgeruht, und jetzt machen wir uns wieder auf den Weg." Einige Soldaten haben neben uns gesessen und den Worten des Leutnants zugehört. „Genossen, wohin geht ihr?", fragt uns einer der Soldaten, der da liegt, die Füße auf einen Baum gestützt. „Wir wollen nach Minsk und weiter Richtung Beresina", antwortet unser Leutnant. „Wie kommt ihr denn durch die Stadt? Alle Straßen sind gesperrt. Die Deutschen sind bereits mit **einem starken Einfall** (*a shtarkn desant*) in Minsk."

Als wir den Bericht der Soldaten hörten, saßen wir alle wie erstarrt da. „Wir müssen hier im Wald warten, bis die Nacht hereinbricht, dann wollen wir zum Angriff übergehen und uns durch die Stadt kämpfen. Im Moment können wir nicht gehen, weil die Luft von deutschen Flugzeugen beherrscht wird, die über unsere Köpfe hinwegfliegen, sobald wir aufs offene Feld hinausgehen." „Ist das wirklich so, Genosse?", fragt der Leutnant noch einmal, und wir alle lauschen gespannt, was der Soldat antworten könnte. „Ja, Genossen, es stimmt! Wir haben schon versucht, selbst weiterzugehen, aber das Feld, das nach Minsk führt, ist schon mit toten Soldaten bedeckt." „Genossen, steht auf! Wir gehen allein und sehen selbst", sagt der Leutnant zu uns, und schon sind wir auf dem Weg. Die Sonne geht schon unter. Ihre Abendstrahlen scheinen durch die dichten Nadelzweige in den dunklen Wald; der Himmel lugt zwischen den Zweigen hervor, tief im Wald marschieren wir alle in einer Reihe, der ganze Weg ist mit Soldaten bedeckt, der eine schläft, der andere sitzt und sucht etwas zwischen den Nähten seines Hemdes. „Wohin geht ihr, Genossen?" hören wir die Stimme eines liegenden Majors, der uns zu sich winkt. Wir gehen alle auf ihn zu und bleiben um ihn herum stehen. „Wir gehen über Minsk zur Beresina", antwortet ihm der Leutnant. „Weißt du nicht, dass die Straße gesperrt ist und niemand weitergehen kann?", sagt der Major kalt. Wir schweigen. Einer von uns sieht den anderen an, und unsere Augen fragen: „Was wird jetzt sein? Wohin sollen wir jetzt gehen?" „Bleibt hier, Genossen, bis ihr gerufen werdet, wenn es dunkel wird. Wir wollen alles tun, um einen Weg zu öffnen, damit wir an die Front auf der anderen Seite der Beresina gelangen können." Wir haben zugehört und wissen nicht, was wir tun sollen. Weiter geht es jetzt nicht mehr. Wir beschließen zu warten, bis es dunkel wird und die feindlichen Flugzeuge vom Himmel verschwinden. Dann wollen wir losziehen, um gegen die paar Dutzend Fallschirmspringer zu kämpfen. Wir setzen uns neben einen freien Baum und nehmen unsere fast leeren Provianttaschen mit. Im Wald treffen jeden Moment mehr Soldaten und Zivilisten ein. Alle bleiben auf dem Gras sitzen, und wir warten auf den Moment, um in die Schlacht zu ziehen. Plötzlich hören wir das laute Geräusch eines Flugzeugs, das sehr tief über die Bäume fliegt. „Feuer löschen", hören wir von allen Seiten Offiziere den am Feuer Sitzenden befehlen. Alle liegen, die Köpfe hintereinander versteckt. Eine Person rennt verwirrt von Baum zu Baum, ohne zu wissen, wo sie sich hinlegen und wo sie einen sicheren Platz finden soll. Einer der Soldaten, der nicht weit von uns entfernt ist, hat mit seinem Gewehr auf das Flugzeug geschossen, das über uns hinwegflog. Im selben Moment hat das Flugzeug eine weiße Rauchwolke ausgestoßen, die über unseren Köpfen über dem Wald hängt. „Schneller, Genossen, flieht! Sie sind dabei, den Wald zu bombardieren", ruft der Leutnant, der die Zeichen von Flugzeugbewegungen zu deuten versteht. Wir stehen auf und gehen gebückt hintereinander zum Dorf, das nicht weit entfernt ist. „Trach, trarach!" Erdbrocken und feurige Splitter explodieren und fliegen in die Luft, bis zu dem Ort, von dem wir gerade geflohen sind. Wieder „trach, trararach!", und zwischen den Bäumen und den liegenden Menschen schießen rote, feurige Splitter empor. Wir eilen schnell in Richtung des Dorfes. Teile von Ästen fallen auf uns, Erdbrocken mit Gras fallen auf unsere Köpfe und „verschütten" die Augen. Die Leute schreien. Ein weiterer Artillerieschuss; die Menschen, die erschrocken auf die Bäume geklettert sind, fallen einer nach dem anderen herunter. Dort sehen wir Teile von Wurzeln, Erde und zerrissenen Menschen. Und durch die Luft fliegen eine Hand, ein Kopf, ein Fuß, die immer noch in der Luft zappeln (*tsaplen*). Jetzt sind wir im Dorf. Das Schießen wird von Moment zu Moment stärker und kommt immer aus der gleichen Richtung. Es wird

aus schweren Kanonen abgefeuert, die die Deutschen den Russen abgenommen haben. Wir liegen in einem tiefen Steinkeller übereinander. Einer schreit: „Rettet mich, ich bin verwundet", aber niemand sieht sich nach ihm um. Alle liegen verwirrt mit verdrehten Körpern da. Jedes einzelne Glied zittert. Unsere ganze Gruppe ist hier. Niemand ist im Wald geblieben. Der Beschuss geht weiter. Gerade jetzt explodiert ein Artilleriegeschoss im Dorf. Geschrei ist zu hören (*es hert zikh a geshray*): „Hilfe, Hilfe!" Das Dorf brennt. Die Frauen, die bei uns sind, weinen und ringen die Hände. „Niemand verlässt den Keller!", ruft ein Oberst, der am Fenster liegt. Sein Gesicht ist blass, seine Hände zittern. Die Schießerei lässt nach, aber niemand will den Keller verlassen. Das Dorf brennt immer noch; das Feuer breitet sich mit jedem Augenblick weiter aus. Am Himmel sind große Wolkenfelder. Strohbündel schießen in den Himmel und fallen sofort auf ein zweites Strohdach, von dem bereits große Feuerzungen in den Himmel lodern. Das Schießen hat aufgehört. Einer nach dem anderen verlassen wir den Keller. Das ganze Dorf steht jetzt in Flammen. Wir hören die Schreie brennender Kühe und Schafe. Sie vermischen sich mit den Schreien aus dem Wald von verwundeten Soldaten und Zivilisten. Wir gehen zurück in den Wald. Niemand löscht das Feuer. Die Bauern aus dem Dorf, die aus den brennenden Häusern gerannt sind, laufen jetzt verwirrt umher und wissen nicht, was sie zuerst tun sollen. Da ist kein Wasser. Der einzige Brunnen ist jetzt von großen Flammen umgeben, und niemand kann ihn erreichen. Der Wald ist mit entwurzelten Bäumen bedeckt und sieht aus wie ein gepflügtes Feld. Menschen liegen unter Wurzeln und Ästen (*mentshn lign ayngehilt in vortslen un tsveygn*). Manche liegen ganz still da wie Holzstücke (*shtiker holts*). Zu hören ist nur ein Schrei, gemischt mit Tränen und Schmerz: „Genossen, rettet mich, rettet mich!" Aber niemand kommt, um zu helfen. Man weiß nicht, zu wem man zuerst gehen soll. Unter jedem Baum ist das gleiche Geschrei zu hören, alle rufen um Hilfe.
Es ist Nacht geworden. Wir machten uns daran, die Verwundeten zwischen den Ästen hervorzuziehen. Andere liegen unter der Erde begraben und jammern leise. Der Oberst, der mit uns im Keller war, geht zwischen den entwurzelten Bäumen spazieren, den Revolver in der

Hand, und erschießt die Soldaten, denen Hände und Füße abgerissen sind oder der Bauch aufgerissen wurde. Seine Augen glänzen feucht, und die Hand, in der er den Revolver hält, zittert nach jedem Schuss, der die Schläfe des Verwundeten trifft. Die Leichtverletzten werden herausgezogen und zur Seite gelegt. Mehrere Krankenschwestern stehen da und wissen nicht, wem sie zuerst helfen sollen. Jeden Moment treffen mehr und mehr Soldaten und Zivilisten ein, und die Rettungsaktionen intensivieren sich. Unsere Gruppe ist jetzt im ganzen Wald verstreut, und jeder arbeitet über seine Kräfte. Wir spüren den Schmerz in unseren Füßen nicht, die von der langen Wanderung noch geschwollen sind.
Unter den Menschen reitet ein Oberst auf einem Rappen und gibt jedem einen Befehl, was zu tun ist. Die Toten und die vom Oberst Erschossenen bleiben an ihren Plätzen. Alle sind sehr damit beschäftigt, die Verwundeten, denen noch geholfen werden kann, hinauszutragen. Es wird jetzt immer dunkler. Wir tragen die Verwundeten und müssen mit jedem Schritt über die umgestürzten Bäume und die Toten gehen. Mehrere Lastwagen sind angekommen, auf die wir die Verwundeten laden. Nach zwei Stunden harter Arbeit haben wir alle Verwundeten aus den Ästen gezogen und auf die Lastwagen verladen, die nun abgefahren sind, und keiner weiß wohin. Der Oberst auf dem Pferd reitet herum und ruft allen etwas zu. Wir sollen uns als Gruppe versammeln. Der Wald ist wieder schwarz von Soldaten und Zivilisten, immer wieder strömen neue dazu, aber alle sind apathisch und geistesabwesend. Bei uns allen herrscht die gleiche Stimmung: „Verloren, besiegt!"
Etliche Panzer tauchen auf und halten zwischen den ausgerissenen Bäumen. Es wird stockfinster. Wir sehen uns nicht mehr, aber wir dürfen kein Feuer machen. In der Dunkelheit hören wir nur Schreie. Alle versammeln sich an einem Ort, um eine Gruppe zu bilden. Wer sich dem Befehl widersetzt oder ihn missachtet, wird auf der Stelle erschossen. Und es beeindruckt niemanden mehr, dass auf der Erde, unter unseren Füßen, Menschen wie Holzstücke liegen. Ein paar Soldaten stehen noch bei manchen Toten, ziehen ihnen die Stiefel aus und suchen in allen Taschen nach Tabak oder irgendetwas anderem. Der Oberst, der auf seinem Pferd herumgeritten war, bleibt nun mitten in

der Menge stehen: „Genossen, wir müssen uns auf den Angriff vorbereiten", sagt er, steht nun auf dem Pferd und spricht zu den Soldaten. Eine halbe Stunde später stehen Tausende Soldaten zum Angriff bereit. Davor sind zwei oder drei Panzer. Die Leutnants und Offiziere stellen die Leute Seite an Seite auf, jeder mit einem Gewehr oder einer Granate in der Hand. Der Oberst ist vorausgeritten, mit einem glitzernden Schwert in der Hand, das ein Licht in die Dunkelheit wirft (*haltndik a blishtshendike shverd in hant, velkhe hot gevorfn a likht in der arumiker fintsternish*). Auch ich und meine Gruppe stehen nebeneinander, nicht weit von den Panzern entfernt, die schon lärmend und startklar sind. Der Himmel ist sternenklar, und ein Halbmond lächelt herunter. Der Wald duftet, ein kühler Wind weht uns ins Gesicht. Es ist still, nur das Geräusch der Panzer ist zu hören. „Genossen, macht euch bereit! Für unser Vaterland, vorwärts (*foroys*)!", ruft der Oberst, der schon vorausgeritten ist. Die ganze Menge hat sich in Bewegung gesetzt. Jeder hat die Granaten und Gewehre bereit. Jetzt sind wir schon neben den ersten Häusern von Minsk. Ringsum ist Stille. In langen Schritten gehen wir der Stadt entgegen. Plötzlich treffen ein Maschinengewehrfeuer und ein Granatenhagel von beiden Seiten der Straße und des Feldes die marschierende Menge. Wir werfen unsere Granaten zurück. Unter einem Gewehrfeuer von allen Seiten fallen uns Soldaten wie Fliegen zu Füßen. Wir laufen voraus. Jetzt sind wir schon in der Stadt, aber aus allen Häusern wird auf uns geschossen. Der Kampf wird stärker. Rote Feuer flackern in der Dunkelheit. Eine Kugel trifft unseren Leutnant in die Brust. Er fällt nach hinten. Leute überfahren ihn und eilen weiter. Der Feuerhagel von allen Seiten wird immer heftiger. Menschen liegen übereinander. Schreie ertönen: „Hurra, vorwärts!"
Unweit von mir schlägt eine Granate ein, und ein Splitter trifft mich im linken Bein. Ich falle zu Boden und spüre, wie mir heiß wird. Ich fühle die Wunde mit meiner Hand und spüre Schwäche und Schmerz in meinem Körper. Ich will wieder aufstehen, aber vergebens. Die restlichen Soldaten rennen zurück in den Wald. Noch mehr Feuer überall. Ich kann immer noch Schreie von Verwundeten hören, die neben mir liegen. Mit der Hand ziehe ich den Eisensplitter heraus (*drik*

aroys), der nicht tief in meinem Bein steckt. Ein stechender Schmerz unter meinem Herzen durchfährt mich. Ich schlage mit dem ganzen Körper auf den Boden, und dann weiß ich nicht mehr, was mit mir geschieht (*veys vayter nisht vos es geshet mit mir*).

In Gefangenschaft
Als ich meine Augen öffnete, war es schon hell. Um mich herum lagen Soldaten und Zivilisten, alle verwundet, der eine leichter, der andere schwerer. Ich zittere am ganzen Körper vor Kälte. Ich spüre starke Schmerzen in meinem Bein. Ich reiße ein Stück Leinen von meinem Hemd und binde es um die Wunde. Ich drücke einen Splitter heraus, wische das Blut mit meinem Hemd ab und wickle es um mein Bein.
Ich möchte aufstehen und strenge alle meine Kräfte an (*shtreng on ale kreftn*), aber ich kann nicht. Meine Füße sind geschwollen, und nach jeder Bewegung strahlt der Schmerz bis unter mein Herz aus, und es wird mir schwarz vor den Augen. Ich höre das Geräusch von Lastwagen, die gerade auf die am Boden liegenden Menschen zufahren. Russische Sanitäter stehen um die Lastwagen herum. Und plötzlich sehe ich Deutsche. Die Deutschen stehen da, ihre Gewehre auf die Sanitäter gerichtet, und ihre mörderischen Augen leuchten in alle Richtungen. Ich kann sie schreien hören: „Schneller, ihr verfluchten Schweine!" Und die Sanitäter schleppen die Verletzten auf die Lastwagen und fahren weg. Die Deutschen bleiben um uns herum stehen, Gewehre auf uns gerichtet.
Mit letzter Kraft will ich aufstehen, doch alle Mühe ist vergebens. Ich suche meinen Revolver und meine Granaten, aber nichts ist mehr da. Soldaten liegen immer noch um mich herum, jeder stöhnt von Zeit zu Zeit; man liegt ganz still da wie ein Baumstamm (*vi a klots*).
Die Lastwagen kehren zurück, und jetzt sind sie schon neben mir. Zwei Sanitäter kommen angerannt, legen mich auf eine Trage und tragen mich auf den Lastwagen. Einer von ihnen bleibt neben mir, wickelt einen Verband über die Wunde, wäscht das Blut ab und legt etwas Verbandsmull an. Wir sind auf ein offenes Feld zwischen zwei Wäldern gebracht worden. Das Gras ist nass. Deutsche mit

Maschinengewehren stehen herum, alle zwei Meter ein Deutscher. Das ganze Feld ist voll von Soldaten und Zivilisten. Nicht alle sind verwundet. Viele liegen gebrochen und mutlos im Gras. Soldaten liegen um mich herum, die Augen tief in den Höhlen, die Gesichter gelb, jeder sieht aus, als wäre er bereits gestorben. Ich weiß nicht, wo meine Genossen sind, wo ist mein Bruder, wo sind sie alle?
Ich suche unter den Soldatenmassen, aber ich kann niemanden finden. Jeder Soldat ist mutlos, niedergeschlagen. Keiner redet mit dem anderen. Jeder liegt mit dem Gesicht zum Boden im Gras und ist in Gedanken versunken.
Das ganze Gebiet, das meine Augen sehen können, ist voller Soldaten. Manche sitzen um ein Feuer, wo Papier und Lumpen brennen. Ich wickle meine Verbände ab und betrachte meine Wunde, die immer noch blutet. Mein Nachbar rät mir, ich solle grüne Blätter (*grine bleter podrozshnikes*) darauflegen, dann heilt die Wunde schnell, weil sie nicht tief ist. Er bringt mir mehrere Blätter und verbindet die Wunde. Ich fühle wie die Wunde abkühlte, die zuvor wie Feuer brannte. Ein Lastwagen kommt, auf dem m

Russische Kriegsgefangene im Kessel Bialystok-Minsk
bpk DHM Gronefeld

ehrere erschossene russische Pferde liegen, von denen schon von weitem ein Geruch (*reyekh*)[88] ausgeht.

Die Pferde liegen jetzt im Gras, und die Deutschen befehlen, sie zu essen. Ein paar Dutzend Russen gehen sofort mit Messern auf sie los und schneiden Stücke von den Pferden ab. Bald braten sie Fleischstücke auf dem Feuer und essen sie halb roh.

Der erste Tag ist vorbei. Die Nacht ist kalt, ein Regen nieselt und wir liegen unter freiem Himmel. Am zweiten Tag kommen sehr früh mehrere Lastwagen mit Deutschen, daneben steht ein schwarz gekleideter junger Mann mit einer Mappe in der Hand. Ein Deutscher spricht ihn an, und bald hört man Pfeifen und Rufe, dass alle sich an einem Ort versammeln sollen. Ich fühle mich schon deutlich besser als gestern. Die Blätter haben mir sehr geholfen, ich habe schon keine Schmerzen mehr. Ich setze meine ganze Kraft ein und versuche aufzustehen. Es geht! Ich kann schon stehen und einen Schritt nach vorne machen, aber keinen festen, wie mit meinem gesunden Bein. Ich gehe näher an die Lastwagen heran, wo jetzt schon fast das ganze Lager steht. Der Ort, an dem wir waren, war ein Sammellager[89], und von dort wurden Menschen in andere Lager gebracht.

Der Mann in Zivil steht jetzt auf dem Lastwagen und spricht mit den Gefangenen. Seine ersten Worte sind: „Alle Juden sollen sich getrennt anstellen, Russen auch, Tataren auch, Usbeken auch."

Sofort gibt es ein Stoßen und Fallen. Einer tritt auf den anderen. Es gibt Rufe: „Russen hier!", „Tataren hier und da!" Und da stehen mehrere Dutzend Juden und rufen: „Juden hier!"

Was soll ich jetzt tun? Soll ich zur Gruppe der Juden gehen? Nein, ich beschließe, ich gehe nicht zu den Juden. Ich weiß nur zu gut, was die Mörder ihnen antun werden. Unter den Juden sein, bedeutet Gefahr. Ich beschließe, mich zu den Tataren zu stellen, die den Juden ähnlich und auch beschnitten sind.

---

88 ריחות ֱ reykhes.
89 Im Lager in Minsk waren 100 000 Kriegsgefangene unter entsetzlichen Bedingungen zusammengepfercht waren (Christian Hartmann: Wehrmacht im Ostkrieg, Oldenburg 2010, S. 588)

Ich stehe schon in der letzten Reihe, zwischen den Tataren. Niemand achtet auf mich (*keyner varft oyf mir nit keyn erkzamkeyt*). Jeder ist nur mit sich selbst beschäftigt. Ich sehe zwei hochgewachsene Deutsche herumstehen und ihre betrunkenen (*farshikerte*) Augen betrachten die Gruppen, die abseitsstehen.

Gerade jetzt fallen ihre mörderischen Blicke auf mich. Sie gehen von Gruppe zu Gruppe und sehen sich jeden von Kopf bis Fuß an. Jetzt sind sie bei der jüdischen Gruppe.

Es gibt mir einen Stich ins Herz. Eine mörderische Stimme ist zu hören, ausgespuckt wie verätzte Bleistücke (*vi shtiker oysgebrent blay*): „Alle Juden auf die Lastwagen!"

Einer nach dem anderen rennen die jüdischen Soldaten, Offiziere, Kommissare und viele zivile ältere Menschen, angetrieben von den Deutschen, die mit ihren Gewehrkolben auf Kopf und Rücken der Flüchtenden einschlagen.

Mein letzter Blick fällt auf die verbliebenen jüdischen Kameraden, die nun abgeführt werden, keiner weiß wohin.

Gleich darauf kommen wieder dieselben Lastwagen, und jetzt rufen die Mörder auf Deutsch und der Mann mit dem schwarzen Anzug auf Russisch: „Alle Offiziere vom Oberleutnant bis zum Oberst müssen aus der Gruppe herauskommen! Alle Politkommissare sollen auch nach vorne kommen!"[90] Ein paar Dutzend Männer kamen heraus. Unter ihnen der Oberst, der als erster zu Pferd in die Schlacht gezogen war. Sofort folgt ein weiterer Befehl: „Alle auf die Lastwagen!", und sie fahren in unbekannte Richtung los, Staubwolken von den Rädern aufwirbelnd. Die Lastwagen verschwinden aus unserer Sicht in Richtung des dichten Kiefernwaldes.

---

90 Kurz nach dem Überfall auf die Sowjetunion erging der sog. Kommissarbefehl zur „Befriedung der zu besetzenden Gebiete". Darin heißt es u.a.: „Zu exekutieren sind alle Funktionäre des Komintern (wie überhaupt die Kommunistischen Berufspolitiker schlechthin), die höheren, mittleren und radikalen unteren Funktionäre der Partei, der Zentralkomitees, der Gau- und Gebietskomitees, Volkskommissare, Juden in Partei- und Staatsstellungen und sonstige radikale Elemente (Saboteure, Propagandeure, Heckenschützen, Attentäter, Hetzer usw.)."

Ein weiterer Tag ist vergangen, ich fühle einen starken Hunger und Durst. Ich habe seit drei Tagen nichts gegessen. Meine Lippen sind ausgetrocknet und rissig. Die Russen graben mit Löffeln in der Erde und ziehen ein wenig schmutziges Wasser heraus. Aber ein ganzes Loch zu graben, schaffen sie nicht.
Ich fühle mich schon viel besser als vorher. Der Schmerz ist weg. Jede Stunde wechsle ich die grünen Blätter auf der Wunde. Es gibt genug davon auf dem Feld.
Ich sehe einen Kirgisen, der sitzt und Fleischstücke brät, die auf einem langen, rostigen Draht aufgespießt sind. Er zieht ein Stück weißes Fleisch aus seiner Tasche und legt es ins Feuer.
Mein Hunger wird noch größer, als ich sehe, wie die Kirgisen mit den wässrigen kleinen Augen (*mit di fargosene, kleyne eygelekh*) gebratene Fleischstücke nehmen und in die Provianttasche hineinlegen.
„Genosse, gib mir ein Stück Fleisch! Ich habe seit drei Tagen nichts gegessen", sage ich zu dem Kirgisen. Er sieht mich mit seinen kleinen Augen an und antwortet dann näselnd (*redt unter der noz*): „Geh und bring mir Papier oder Holz, und ich gebe dir ein Stück Fleisch!" Ich bin aufgesprungen, einen Fuß etwas angehoben, und habe zwischen Menschen, Papierfetzen, Lumpen und alten, zerrissenen Schuhen gesucht. Nachdem ich ihm das alles gebracht habe, hat er ein Stück schwarzes Fleisch abgerissen, das nur an der Oberfläche etwas angebrannt, aber innen rot und knochenhart ist.
Aber ich akzeptiere es, und mit hungrigen Zähnen reiße ich Stücke von rohem Fleisch ab. „Nun, hat es dir geschmeckt?", fragt mich der Kirgise. „Ja sicher, jetzt schmeckt alles", antworte ich. „Wenn es dir gefällt, schenke ich dir noch ein Stück", sagt er zu mir.
Ich akzeptiere es und verstecke es für später. „Genosse, was ist das für ein Fleisch? Von einem Pferd oder einer Kuh?", frage ich ihn. „Es ist Menschenfleisch", antwortet er mir mit einem Lächeln. „Ich habe es von den Toten dort abgeschnitten." „Was? Menschenfleisch?", frage ich ihn noch einmal und spucke sofort den Biss aus, der schon der letzte des ersten Stücks ist. „Ja, ja, Genosse, das ist Menschenfleisch." Ich stehe wie eingefroren (*vi farglivert*). Ich habe Menschenfleisch

gegessen! Ich will alles wieder ausspucken, mitsamt den Eingeweiden aus meinem Bauch reißen.
„Aber ist das wirklich wahr, Genosse? Ist es wirklich Menschenfleisch?", frage ich noch einmal und denke, dass er mich nur zum Narren hält. „Ja, es ist Menschenfleisch", wiederholt er und lacht mich immer noch aus, weil ich so erschrocken bin und bleich werde.
„Komm schon, ich will dir zeigen, wo ich das abgeschnitten habe."
Wir näherten uns den Toten, die mitten auf dem Feld übereinander lagen, und jetzt sehe ich, wie der Kirgise mir etwas zuruft und mit der Hand auf einen Fuß zeigt: „Von dieser Polin habe ich ein Stück weiches Fleisch abgerissen." Mir wird es schwarz vor Augen (*es vert mir shvarts far di oygn*), als ich zusehe: Der Kirgise ist wieder bei den Toten und schneidet von einem zweiten Soldaten Fleischstücke ab.
Ich fiel mit dem Gesicht zu Boden ins Gras und große Tränen flossen auf das grüne Gras. „Heute schneiden sie Fleischstücke von einem Genossen und morgen von mir! Nein, ich will nicht mehr hierbleiben. Ich kann die Menschenfresser und die mörderischen Gesichter der betrunkenen Deutschen nicht mehr ertragen. Ich muss einen Ausweg finden, alles tun, um zu entkommen. Entweder von einer Kugel fallen oder frei sein!"

Die Flucht

Ich bin schon seit sechs Tagen im selben Feldlager. Jeder bekommt jetzt täglich 100 Gramm Brot und einen Liter mit Schwarzmehl vermischtes Wasser. Ich kann schon gut auf den Beinen stehen. Die Wunde wird jeden Tag besser. Der Mann, der bei den Deutschen stand und Russisch mit den Häftlingen sprach, ist den ganzen Tag im Lager. Sein Gesicht hat jüdische Züge (*dos ponim zayns iz epes vi a yidishes*). Ich beschließe, seine Bekanntschaft zu machen und habe ihn tatsächlich noch am selben Tag angehalten und ihn um ein Stück Brot gebeten. Er hat mir ein Stück Brot gegeben und wendet sich wieder seiner Arbeit zu. Später, schon gegen Abend, hat er mich neben der Küche getroffen. Er hat mich angehalten und gefragt, ob ich ein Stück Brot möchte. Ich habe ein Stück Brot von ihm genommen, und wir haben beide miteinander geredet. „Genosse, du musst sehr vorsichtig sein!

Ich weiß, wer du bist," sagt er zu mir. „Ich bin auch Jude, ich komme aus Minsk. Meine Familie ist in der Stadt, und hier arbeite ich als Dolmetscher."
Ich bin blass geworden, als ich seine Worte höre, dass er weiß und erkannt hat, dass ich Jude bin (*ikh bin blas gevorn oysherndik zayne reyd, az er veyst un derkent oyf mir az ikh bin a yid*).
„Du brauchst keine Angst vor mir zu haben. Ich werde dich nicht verraten. Ich werde dir helfen, wo immer ich kann." Ich sage nichts. Meine Zähne klappern (*mir varft a tson in a tson*). Was passiert, wenn ich denunziert (*masern*)[91] werde? Ich frage ihn mit Tränen in den Augen: „Wo sind die Lastwagen mit all den Juden hingebracht worden?" Er schaut sich um und antwortet mir: „Sie leben nicht mehr. Sie wurden alle im Wald erschossen." Ich habe also gewusst, was den erwartet, der sich selbst als Jude in deutsche Mordhände begibt.
„Genosse, wenn du willst, ich habe eine gute Arbeit für dich, wo du jeden Tag so viel Brot bekommst, bis du satt bist." „Was ist das für eine Arbeit?", frage ich. „Ich werde dir jeden Tag einen Sack Mehl geben, und du wirst mit mir zu uns nach Hause gehen. Meine Eltern, Schwestern und Brüder hungern, und ich kann das nicht alleine tragen." „Nun, was ist mit der Wache?", frage ich ihn und denke, er hält mich zum Narren. „Die Wache, das ist meine Sache. Ich habe schon mit einem Wärter vereinbart, dass er etwas von mir bekommt, und ich werde jeden Tag etwas aus der Küche mitnehmen, aber ich allein kann es nicht tragen. Außerdem muss ich eine Person aus dem Lager bei mir haben, für die ich verantwortlich bin. Wenn du willst, kannst du diese Person sein, nur musst du daran denken, dass ich für dich verantwortlich bin." „Ja, und wenn ich ergriffen werde, was soll ich sagen?" „Niemand wird dich ergreifen. Ich habe mich auch schon mit dem Offizier verabredet. Nur soll ich (den Sack) nicht selbst tragen." „Bekomme ich Brot dafür?" „Ja, du wirst Brot bekommen, und ich werde dir auch Tabak geben." „Okay, ich werde gehen", antworte ich. Wir vereinbaren, dass er mir in einer halben Stunde eine Tüte Mehl und Zucker bringen wird.

---

91 Masor (hebr.): Überbringer, Anzeiger

Wir sind drei Kilometer von der Stadt entfernt. Ja, ich werde gehen und sehen, einen Weg zu finden, nicht zurückzukommen.
Die halbe Stunde ist vorbei und der Dolmetscher kommt zu mir mit einem mit Mehl gefüllten Zementsack aus Papier entgegen.
„Nun, Genosse, du nimmst jetzt diesen Sack und gehst hinter mir her. Und alles wird gut."
Ich laufe mit dem Sack auf meiner Schulter, und meine Beine knicken ein. Und schon falle ich auf den Weg. Der Dolmetscher geht dreißig Meter vor mir. Gerade jetzt hat er schon neben dem Deutschen angehalten, der Wache mit einem Maschinengewehr. Ich mache kleinere Schritte, bis ich sehe, dass ich aufgefordert werde, vorwärts zu gehen. Und da stehe ich neben den stechenden Augen, die mich von Kopf bis Fuß prüfen. Ich tue so, als wäre ich gar nicht da.
Ich befinde mich bereits außerhalb des Lagers und laufe auf freiem Feld. Ein langer, schmaler Pfad liegt vor mir. Der Dolmetscher dreht sich jede Minute nach mir um und winkt mit der Hand, damit ich ihm schneller folge. Aber so wie ich gehen muss, kann ich das nicht. Meine Beine sind schwach, und die Wunde, aus der noch Blut rinnt, ist groß.
Jetzt sind wir schon zwischen den ersten Häusern von Minsk. Die Straßen sind leer, als würde dort niemand wohnen. Überall herrscht Totenstille. Lediglich der Lärm (*opklang*) schnell vorbeifahrender Fahrzeuge ist zu hören. Wir gehen in eine schmale Gasse. Ein hungriger Hund läuft vorbei und starrt mich an (*glotst zayne oygn oyf mir*).
Der Dolmetscher steht dreißig Meter vor mir. Ich beschließe, den Sack abzustellen und in den ersten Hof zu eilen. Aber da sieht er mich nur an und winkt, dass ich weitermachen soll.
Ich stelle den Sack auf den Boden und renne schnell mit letzter Kraft in den gegenüberliegenden Hof. Ich springe über den Zaun und finde mich in einem großen Garten wieder. Um mich herum ist es still.
Ich weiß nicht, ob der Dolmetscher schon gesehen hat, dass ich geflohen bin. Ich liege eine Weile auf dem Rasen des Gartens. Mein Herz schlägt wild, es springt gleich heraus. Schweiß läuft mir am ganzen Körper runter.

Ich laufe schnell auf einem Bein, nachdem ich einen starken Schmerz in meinem verletzten Bein gespürt habe. Durch ein offenes Fenster betrete ich einen steinernen Keller (*a shteynernem keler*). Jetzt liege ich schon auf dem Steinboden des Kellers. Es ist dunkel. Mein Herz rast (*tsaplt zikh*), und bei jedem Rascheln denke ich, dass ich zurück ins Lager gebracht und dem Tod überlassen werde; das Lager bedeutet mit Gewissheit auch Tod, nur einen längeren, durch Hunger.
Ich blieb die ganze Nacht im Keller. Große Mäuse sprangen über meine Füße, und ich schlief die ganze Nacht nicht. Als ich mich etwas beruhigt hatte, überlegte ich, ob ich wirklich frei bin. Verschiedene Bilder tauchten vor meinen Augen auf: Dort sehe ich meine Genossen und meinen Bruder, die sich auf der anderen Seite der Beresina befinden und sich darauf vorbereiten, in den Kampf zu ziehen, um unsere Familien zu befreien, die unter der mörderischen Knechtschaft leiden. Es jagte mir Schauer über den Rücken, als ich an den kleinen Kirgisen dachte, der mit seinem stumpfen, rostigen Messer Menschenfleisch abtrennte und seine Taschen voller gebratenem Menschenfleisch hatte. Menschen, die gestern noch unter den Lebenden waren. Menschen, die für die Freiheit gekämpft hatten und als Helden im Kampf gefallen waren. Ich habe auch von diesem Fleisch gegessen. In meinem Magen sind noch unverdaute Menschenfleischstücke. Ein Schauer geht durch meinen Körper. Ich spucke aus (*ikh shpay oys*) und reinige ständig meine Zunge, falls da noch ein Stück Menschenfleisch zurückgeblieben ist.
Ich liege auf dem nassen Beton, und meine Augen sind auf das kleine offene Fenster gerichtet, aus dem ein dünner grauer Lichtstreifen hereinkommt und neben mich fällt. Meine Hose ist nass und mit Blut befleckt. Meine Jacke ist zerrissen. Zuerst muss ich mich um Kleidung kümmern, damit ich hier wegkann. Auf dem Zementboden liegend habe ich einen Plan ausgearbeitet: Ich muss in den Wald fliehen, und dort werde ich frei sein wie ein Vogel. Die Jacke (*marinarke*) ist zerrissen.
Es gibt Waffen im Wald, und mit einer Waffe werde ich alles bekommen und mich dreister und mutiger fühlen. Der große Streifen wird

immer heller. Es ist bereits Tag. Die Straße ist totenstill. Die letzten Sterne verglimmen. Ein Hahn hat gekräht – und bald ein zweiter.
Ich stehe auf und versuche, zum Fenster zu gehen. Mein Blick fällt auf den taubedeckten Garten. Als ich mich umsehe, sehe ich schwarze Kleider in einer Ecke hängen, an der Kellerwand, auf die jetzt der Lichtstreifen durch das Fenster fällt. Ja, Kleidung! Kleidung eines Eisenbahners mit Messingknöpfen. Alles ist vorhanden: Hose, Hemd und Mantel; ein Hut liegt auf dem Boden. Der Mantel ist vom weißen Kalk der Wand etwas verschmiert (*der mantl iz abisl oysgeshmirt mitn veysn kalekh fun der vant*).
Ich putze ihn und kleide mich wie ein Eisenbahner.
Jetzt beschließe ich, dass ich, wenn es später wird, gegen 8 Uhr morgens, von hier weg zum Bahnhof gehe, an dem der Wald ganz nah ist. Ich bin schon fertig zum Hinausgehen, aber meine Schuhe sind zerrissen und sehr schmutzig. Es ist nichts vorhanden womit ich sie reinigen kann. Ich reibe den Schlamm mit meiner abgelegten Hose ab. Jetzt gehe ich zum Fenster und schaue in den Garten.
Ringsum ist es still; von der Straße sind nur fahrende Lastwagen zu hören. Aus dem Sonnenstand schließe ich, dass es bereits etwa acht Uhr morgens ist. Jetzt ist der richtige Zeitpunkt, um rauszugehen. Es wird nicht auffallen, wenn ich zur Eisenbahn gehe.
Ich stehe schon im Garten, auf der anderen Seite des Fensters. Ein Sprung über den Zaun und schon bin ich auf der Straße. Es ist still. Mehrere alte Frauen mit Kopftüchern (*fatsheyles*) laufen herum und tuscheln (*murmlen*) miteinander.
Ich bin im Begriff zu gehen, mein Blick ist nach vorne gerichtet. Jetzt bin ich auf dem breiten Weg angelangt, der zur Eisenbahn führt. Mehrere Eisenbahner gehen mit schnellen Schritten in die gleiche Richtung wie ich. Niemand beachtet mich. Ich mache lange Schritte (*ikh shtel lange trit*). Ich spüre das kranke Bein überhaupt nicht. Dort sehe ich schon den Bahnhof und links davon den Wald, auf den mein Blick gerichtet ist. Ich will so schnell wie möglich in seine Arme, denn dann bin ich gerettet. Ich biege links ab und lasse den Bahnhof hinter mir. Noch ein paar schnelle Schritte und ich habe den Wald erreicht. Ich gehe zwischen den hohen Kiefern (*sosne-beymer*). Der Weg ist übersät

mit Gewehren. Lastwagen liegen mit hochgefahrenen Rädern herum, um sie herum leere und volle Benzinfässer, leere und volle Munitionskisten. Es gibt einen Panzer mit einem dünnen Kupferdraht darum herum. Niemand kommt auf mich zu. Der Wald ist verlassen; nur der süße Gesang eines Vogels und das Rauschen der Bäume sind zu hören.

Wo soll ich hin? In welche Richtung? Ich weiß nicht. Ich gehe dorthin, wohin mich die Augen führen, irgendwo weiter weg von der Stadt und tiefer in den Wald hinein. Ich weiß, dass der Wald sehr groß ist. Es erstreckt sich über 300 Kilometer von Minsk bis Białystok. So bin ich zwei Stunden gelaufen, bis ich einen starken Schmerz im Bein und einen zunehmenden Hunger spüre.

Ich habe schon den zweiten Tag nichts gegessen, fühle mich schwach und beschließe, nach einem „dichten" Platz (*gedikht plats*) zu suchen, wo ich mich verstecken und bis morgen bleiben kann. Dann werde ich sehen, was ich als nächstes mache. Als ich meine Augen öffnete, war es schon dunkel um mich herum. Der Wald hat mir Angst gemacht. Bei jedem Rauschen der Äste dachte ich, dass sich jemand nähert. Die ganze Nacht saß ich an einem Ort. Die Kälte kroch mir in die Knochen, und ich konnte nicht einschlafen. Verschiedene Bilder kamen mir in den Sinn, als ich an einen Baum gelehnt saß und meine Augen im Dunkeln herumschweifen ließ.

Die Nacht kam mir so lang vor. Ich dachte schon, dass sie eine Ewigkeit dauere, und ich würde für immer an den Baum gelehnt sitzen. Ich weiß nicht, wie spät es ist, weil ich keine Uhr habe und die Sonne jetzt nicht sichtbar ist. Tagsüber schätze ich die Zeit nach dem Stand der Sonne.

Ein grauer Streifen zog sich über den Wald und wurde mit jeder Minute heller bis ich die Umgebung gut sehen konnte (*biz ikh hob shoyn gut gezen arum*).

Vögel sind aus dem Schlaf erwacht, tanzen und singen fröhlich und fliegen von Ast zu Ast. Dort sehe ich ein Eichhörnchen, das von Baum zu Baum springt und einem zweiten zuquiekt (*pistshet tsu a tsveyter*), das sich auf dem gegenüberliegenden Baum befindet.

Der Hunger hat mich jetzt in der frühmorgendlichen Waldluft übermannt, und ich habe schwarze Streifen vor meinen Augen. Brot. Ein Stück Brot, das ist meine einzige Bitte. Ich will aufstehen, aber die Beine sind schwach, und in meinem Kopf dreht sich alles. Alles dreht sich vor meinen Augen. Mit jedem Moment, der vergeht, fühle ich mich schlechter und schlechter.
Jetzt werde ich ohnmächtig, und bald werde ich zugrunde gehen. Nein! Verzweifle nicht!
Aufstehen! Ich rede mit mir selbst, mache mir Mut. Mit letzter Kraft stehe ich auf und stehe auf meinen wackligen Beinen, die meinen Körper nicht halten können. Es zieht mich zu Boden. Ich falle und mache aber schnell noch einen Schritt. Ein wenig (*auf*) den auseinander geworfenen Kisten ruhen. Ich setze mich auf eine Kiste, und kalter Schweiß bedeckt mich am ganzen Körper (*ot gib ikh a fal un shtel nokh a trot. vayter abisl lign fanandergevorfn kestlekh. ikh zets zikh oyf a kestl un a kalter shveys nemt arum mayn gantsn kerper*).
Ein Vogel ist heruntergeflogen und steht vor mir. „Oh Vogel, oh Vogel, bring mir ein Stück Brot", flüstere ich dem Vogel zu, der mich bemerkt hat und verschwunden ist – zurück ins dichte Laub.
Nicht weit von mir steht eine große zerbrochene Kiste, daneben liegen kleine Blechdosen. Ich lege mich ins Gras und krieche mit dem ganzen Körper nach vorne zu der Kiste.
Oh, vielleicht, vielleicht gibt es dort etwas zu essen, um den Hunger zu stillen, um am Leben zu bleiben. Jetzt bin ich neben der Kiste. Ich nehme eine der Dosen in die Hand, auf der auf Russisch „myasa"[92] steht. Und da liegt eine offene Dose. Mit den Fingernägeln reibe ich Fleischstücke ab und stopfe sie mir mit beiden Händen in den Mund. Nachdem ich die erste Dose ausgegessen hatte, habe ich mich ins Gras gelegt, meine Augen richten sich auf das Stück Blau, das sich zwischen den Zweigen zeigt. Ich fühle mich besser, und der Hunger ist gestillt. Ich kann schon aufstehen.
Jetzt muss ich mir eine Waffe besorgen. Ein Gewehr oder einen Revolver, um mich zu verteidigen, falls sie versuchen, mich zu fangen.

---

[92] мясо (russ.): Fleisch

Gewehre und Granaten liegen um jeden Baum herum, aber alle sind
ohne Schlösser[93] (*on shleser*). Die Schlösser waren rechtzeitig von
den Russen herausgenommen worden. Ich nehme ein Maschinengewehr in die Hand und denke: Das wird mein Kamerad, aber wo bekomme ich ein Schloss her? Viele Kugeln sind im Wald verstreut,
aber die Hauptsache fehlt : ein Schloss.
Ich beschließe, in Richtung Baranovitsh[94] zu gehen. Ich gehe nur
nachts. Tagsüber liege ich besser gut versteckt und schlafe.
Am dritten Tag fand ich neben einem Benzintank (*tsisterne*) einen toten russischen Soldaten sitzend, der das Schloss (*dos redl*) in der Hand
hielt, mit einem tiefen Loch in der Brust. Neben ihm ist ein Maschinengewehr und ein Sack mit Patronen (*an oytomat un zeyer a sakh
koyln*). Ich nahm das Maschinengewehr und ging schnell zwischen
den dichten Bäumen davon.
Jetzt bin ich schon fröhlicher und fühle mich mutiger, das Gewehr in
der Hand haltend, mit dem ich mich verteidigen und um mein Überleben kämpfen werde. Ich habe das Schloss gründlich gereinigt und ein
volles Patronenmagazin eingelegt. Ich habe auch meine Taschen mit
Patronen gefüllt. In einen Militärsack habe ich mehrere Dosen Fleisch
gepackt.
Jetzt bin ich satt, und habe einen Kameraden in der Hand, der mir
Kraft zum Leben und Kämpfen gibt. Ich suche mir einen gut versteckten Ort, an dem ich schlafen kann.
Schon am Abend bin ich aufgewacht. Bei jedem Schritt falle ich mit
dem ganzen Körper auf einen Baum und schlage mir die Nase auf.
Der Himmel ist mit Sternen bedeckt. Ein kühler Wind bewegt die Äste
und Blätter fallen auf die Erde. Ich gehe und fühle mich jetzt kühner
(*dreyster*) und mutiger. Mein einziges Ziel ist es, eine Gruppe von
Partisanen zu finden und gemeinsam mit ihnen zu kämpfen. Es ist die
dritte Nacht, in der ich im Wald bin. Aber jetzt macht mir die Dunkelheit keine Angst mehr.

---

93 Das Schloss ist der Mechanismus zur Anzündung der Treibladung einer Feuer-
waffe (Wikipedia).
94 Baranavichy: Stadt in Belarus

Ich fühle mich mutiger und mutiger. Bei jedem Rascheln, das ich höre, halte ich das Maschinengewehr bereit, den Finger am Abzug. Am selben frühen Morgen sehe ich einen erschrockenen Hasen vorbeihumpeln. Sofort habe ich das Maschinengewehr genommen, gezielt und getroffen. Der Hase lag da mit aufgerissenem Bauch. Das war der erste Schuss in meinem Leben, den ich auf ein Lebewesen abgegeben habe.
Ich ging also langsam voran durch den Wald, und wenn ich einen Trampelpfad oder einen Weg bemerkte, wo Pferde mit Wagen gelaufen waren, entfernte ich mich schnell von ihm.
Mein Weg führte nur zwischen dichten Bäumen, wo es keinen Pfad gab (*nit keyn veg un nit keyn stezshke*). Tagsüber liege ich versteckt und marschiere nachts.
Am sechsten Tag fand ich einen toten russischen Soldaten, der schon schwarz war wie ein „Glovnye"[95] und von dem ein starker Geruch ausging.
Ich ging auf ihn zu und hielt mir die Hand vor die Nase. Neben dem Soldaten liegt ein Stück verschimmeltes Brot, auf dem gelbe Fliegen kriechen. Zuerst nahm ich das Brot und fing dann an, in den Taschen des toten Soldaten zu suchen. Ich suchte Feuer und Tabak. Ich fand ein Feuerzeug (*tsapaltnishke/tsind-mashinke*), aber das Benzin war bereits ausgetrocknet (*geven oysgetriknt*). Ich zog seine Stiefel aus, die sich mit großem Widerstand von seinen Füßen lösten. Erst nach heftigen Bemühungen gelang es mir, sie abzuziehen. Ich ließ meine zerschlissenen Schuhe neben dem toten Soldaten liegen. Seine Stiefel passten mir gut.
Jetzt wurde mir an den Füßen wärmer. Ich habe auch eine Decke im Wald gefunden. Und das alles war mein aktuelles Inventar. Von nun an war mein Ziel, Benzin zu beschaffen, um ein Feuer zu machen. Man konnte nur Feuer machen, wenn es sehr neblig war, sodass der Rauch nicht gesehen wurde. Die Vormittage waren sehr häufig sehr neblig gewesen, und es mangelte nicht an Holz und Papier. Es fehlte

---

95 głowacz (polnisch): Fischkopf

nur die Hauptsache, Feuer! Ein Feuerzeug habe ich schon, aber ich musste noch Benzin besorgen.

Am nächsten frühen Morgen fand ich ein Fässchen Benzin (*a fesl benzin*), von dem ich etwas in eine Militärflasche schüttete, die ich auch an diesem Morgen fand. Der ganze Weg war mit diversem Militärzubehör übersät, was mir sehr nützlich gewesen war. Ich fand Tabak und Papier, und in der Zeit, in der ich nicht schlafen wollte, rauchte ich und putzte meinen „Genossen" (*khaver*), den ich wie Gold hütete.

Oft habe ich Vögel geschossen und sie auf dem Feuer geröstet, und bin dann mit vollem Bauch eingeschlafen. Normalerweise fand ich Wasser in Flaschen oder ich trank Regenwasser. Manchmal war der Durst so groß, dass ich schon bei einem kleinen Regenschauer mit offenem Mund dastehe – mit der Folge, dass mich die wenigen Wassertropfen eher noch durstiger machen. Ich packte auch einen Helm ein, der mir als Topf zum Kochen diente. Normalerweise fand ich Schnecken und Frösche in einem Bach. Die habe ich gebraten oder roh gegessen.

Brot hingegen hatte ich sehr wenig, meine einzige Nahrung war Fleisch. Ich habe keine Kartoffeln gesehen. So gewöhnte ich mich an die Einsamkeit und glaubte fast, mein ganzes Leben lang unter Vögeln im Wald gewesen zu sein, getrennt (*opgerisn*) von Menschen, von Städten und Dörfern.

Einmal, nachdem ich drei Wochen im Wald gelebt hatte, ging ich sehr früh am Morgen los, um nach Wasser zu suchen. Meine Zunge erschien mir wie ein Brett, und es war mehrere Tage her, dass mir das Wasser ausgegangen war und kein Regen gefallen war. Plötzlich bemerkte ich ein offenes Feld, auf dem Getreide gesät wurde. Ich zitterte am ganzen Körper: „Das heißt, ich bin in der Nähe eines Dorfes und muss den Ort schnell verlassen."

Aber der Gedanke, dass ich auf der anderen Seite Wasser finden könnte, verleitete mich dazu, durch das hohe Korn zu gehen.

Das Feld war zwischen dem Wald. Ein starker Geruch nach verfaultem Pferd steigt mir in die Nase. Ich betrete das Maisfeld und bemerke einen großen weißen Fallschirm, daneben liegt ein Deutscher mit dem Gesicht zur Sonne. Er ist schwarz wie Kohle und sein Gesicht ist mit gelben Fliegen bedeckt. Neben ihm liegt ein Maschinengewehr und zwei Granaten hängen an seinem Gürtel. Auch ein Revolver hängt an seiner Seite.

Ich halte mir die Nase zu mit meiner Hand. Der Geruch ist so stark, dass mir von der ersten Minute an übel wird. Sein Körper ist geschwollen. Er sieht aus, als läge dort ein Haufen Steinkohle.

An einer Hand, die fast vollständig unter den Körper liegt, entdecke ich eine Uhr (*zeygerl*). Das Armband hat sich tief ins Fleisch eingegraben. Ich versuche, es herauszuziehen, aber ich kann nicht. Das Fleisch um den Lederstreifen herum ist verfault.

Ich nahm den Revolver von seinem Gürtel und stopfte das Rädchen (*redl*) unter seine Uhr. Dabei fiel es vom Lederband ab. Auf der anderen Seite hatte er einen großen Kompass, dessen Anblick mir ein breites Lächeln entlockte. Ich nahm schnell den Kompass ab und rannte voller Freude zurück in den Wald.

Das war der erste Deutsche, den ich mit durchschossenem Kopf liegen sah. Das hat mich sehr zufrieden und glücklich gemacht. Erstens, weil ich einen Deutschen sah, der verwest dalag und von großen Fliegen genüsslich gefressen wurde, und zweitens, weil ich einen guten Revolver und einen Kompass mit Uhr bekam. Die Uhr und der Kompass funktionierten gut. Ich stelle die Zeit nach der Sonne ein.

Ich hatte bereits eine Karte und wusste jetzt genau, wo ich war und wohin ich als nächstes gehen sollte. Meine Freude über den Sieg war so groß, dass ich sogar meinen Durst vergaß.

Mein weiterer Plan war, in Richtung Białystok zu gehen, weil dort Partisanen sein mussten. Mein einziges Ziel war, sie zu treffen. Ich hatte mich an den Wald, die Dunkelheit und die Einsamkeit gewöhnt, als ob ich schon seit Jahren dort gewesen wäre und dort gelebt hätte. Manchmal, wenn ich dalag und meine Augen zum blauen Himmel gerichtet waren, kamen mir verschiedene Gedanken und Bilder. Da sehe ich meine Mutter, meinen Vater und die ganze Familie dasitzen, trauern und weinen um mich, als ob ich schon unter den Toten wäre (*az ikh gefin zikh shoyn tsvishn di toyte*). Und da sehe ich meinen Bruder, erschossen in der Nähe von Minsk liegen, und Fliegen fressen ihn wie diesen Deutschen. Aber ich sehe auch andere schreckliche Bilder: In

unserem Shtetl sind die Juden in Lagern eingesperrt und warten auf den Tag ihrer Befreiung. Und da sehe ich unser Shtetl mit seiner frohen, stolzen Jugend, am Sabbat zum Shalker Wald spazieren und das Tsholent (*Sabbateintopf*) zu sich nehmen. Das alles kommt mir jetzt wie ein Traum vor, als hätte es das alles nie gegeben, als wäre auch ich aus einem Stein geboren, ohne Mutter und ohne Heimat. Manchmal, wenn der Regen mich schon bis auf die Knochen durchnässt hat und der Wind durch meine Knochen fegt, kommt der Gedanke (*onkhapn a gedank*), meinem Leben ein Ende zu bereiten: Revolver an die Schläfe (*tsu der shleyf*) halten, abdrücken und fertig! Denn was soll ich weiter so einsam leben, ohne ein Morgen, ohne zu wissen, was noch passieren wird?
„Nein, ich will noch einen Tag warten, vielleicht finde ich einen Kameraden, dann kann ich meine Trauer (*umetikeyt*) mit ihm teilen", so rede ich immer mit mir selbst, um mich zu überzeugen, noch einen Tag zu warten.
An einem Tag, an dem die Sonne wieder aufging, die nassen Kleider trockneten und die Glieder (*beyner*) sich wieder spannten, dachte ich immer:
„Diese Welt ist so schön, mit ihrer strahlenden Sonne, mit ihrem freien Wald. Und du willst deinem Leben selbst ein Ende setzen und die Welt für immer verlassen, der Welt keinen Nutzen bringen? Das will ich nicht. Erst der Kampf für das Leben." Aber nach einigen Tagen, wenn mich Durst oder Hunger quälten, kam der Gedanke wieder: „Ende und aus (*a sof un oys*)!"
Ein Tag nach dem anderen verging, und ich bewegte mich langsam vorwärts, ohne mein Ziel zu kennen und zu wissen, wo ich anhalten sollte. So schleppe ich mich fünfeinhalb Wochen herum. Meinem Bein ging es schon deutlich besser. Jeden Tag legte ich Blätter (*auf die Wunde*), und sie halfen zu heilen.
Ich habe mein „Inventar" immer bei mir, während ich schlafe. Ich habe oft das Maschinengewehr und die Kugeln (*koyln*) direkt unter meinen Kopf gelegt, und manchmal, wenn ich aus einem bösen Traum aufwache, dass jemand neben mir steht und mir das Maschinengewehr

unter dem Kopf wegziehen will, greife ich schnell nach ihm und sehe mich mit schläfrigen Augen um.

Als ich unter einem Baum lag, auf dem gerade viele Vögel waren, hatte ich Lust, ein paar zu schießen und auf Nebel zu warten, damit ich sie braten (*opbrotn*) konnte. Ich schieße in den Vogelschwarm. Der Schuss hat laut widergehallt, und zwei Vögel fallen zu Boden. Beide wurden von derselben Kugel getroffen und haben zerrissene Bäuche. Es war jetzt Abend. Ich habe die Vögel gerupft und für morgen früh versteckt; vielleicht wäre es neblig, und ich könnte ein Feuer machen. Tatsächlich, als ob Gott selbst mit mir wäre (*take vi got aleyn volt geven mit mir*), legte sich am nächsten Morgen ein dichter Nebel, und ich machte ein Feuer, briet die Vögel und kochte etwas Regenwasser, das sich in der Nacht tropfenweise gesammelt hatte. Ich setzte mich mit gutem Appetit, trank Wasser zum Essen. In einem Baum sang ein Vogel für mich, und ich war froh, dass alles so gut gelaufen war. Hauptsache ich hatte genug zu essen und zu trinken. Auch wenn das Fleisch ungesalzen und halb roh war, fand ich das gut.

Denn sehr oft habe ich etwas komplett Rohes gegessen. Jetzt hatte ich gute Laune. Nach dem Essen drehte ich mir eine Zigarette und nahm einen tiefen Zug, als hätte ich gerade zu Hause zu Mittag gegessen. Als ich dort an einen Baum gelehnt sitze, kommt mir meine Familie in den Sinn, die alle hungrig dasitzen und nach einem Stück Brot suchen. Ich sehe Mama sitzen und um mich und meinen älteren Bruder weinen, der Soldat in Russland ist. Oh, wenn nur die Vögel, die so zahlreich um mich herum sind, einen Brief an meine Mutter überbringen würden, dass ich am Leben bin, um das Überleben kämpfe, und dass ich gesund bin und mich frei fühle, wirklich so frei wie die Vögel um mich herum. So beschließe ich, mich unserem Shtetl zu nähern und bei Nacht in unser Haus zu gehen, und meinen Vater mit einigen Kameraden hinauszuführen. Dann werden wir zusammen im Wald sein und zusammen kämpfen.

Nach dem Studium der Karte muss ich mich jetzt im Gebiet zwischen Wołkowysk[96] und Zelva[97] befinden. Es ist nicht weit von meiner Geburtsstadt Krynki entfernt, nur etwa 40 Kilometer. Ich werde in fünf oder sechs Tagen dort sein und dann einen Plan ausarbeiten, wie ich hineingehen oder mich anderweitig mit Familie und Genossen verbinden kann.

Ich bin seit sechs Wochen im Wald und habe schon all das durchgemacht:

Ich war schon in den Händen der mörderischen Hitleristen, ich habe einen toten Deutschen gesehen, und ich war sechs Wochen lang zwischen Wald, Luft und Himmel. Während ich so daliege, mache ich mir in Gedanken verschiedene Pläne, wie ich in der Nacht in unser Haus komme und dann schnell wieder zurückgehe, die Jugend des Shtetl mitnehmend. Dann kämpfen wir um unser Überleben und gegen die mörderischen Banditen, die uns Juden zum Tode verurteilt haben.

In dieser Nacht ist es regnerisch, und ein starker Wind lässt die Bäume erzittern (*treyslt*). Ich sitze gerade eingehüllt in die Decke, die schon nass ist. Plötzlich höre ich Schritte. Ich stehe schnell auf und halte das Maschinengewehr schussbereit.

Um mich herum ist dichte Dunkelheit. Ich kann meine Hände nicht vor den Augen sehen. An einen Baum gelehnt höre ich Schritte. Kleine Zweige brechen unter jedem Schritt. An den Baum gelehnt, knie ich mich hin und schaue in die Richtung, aus der die Schritte kommen. Ich höre jemanden auf mich zukommen. Ich frage auf Russisch: „Wer ist da?" „Parol!" antwortet mir jemand auf Russisch. „Wer bist du? Was machst du da?", höre ich wieder eine Stimme. „Ich bin einer von euch (*an eygener*)!" „Aus welcher Stadt?" „Ich komme aus Krynki." „Kennst du Levit?" „Levit! Levit!", rufe ich laut mit freudiger Stimme, natürlich kannte ich ihn. „Nun, das bin ich. Ich bin Levit." Die Stimme antwortet mir, und die Person nähert sich.

---

96 Waukawysk (russisch Волковыск Wolkowysk, polnisch Wołkowysk): Stadt in Belarus.
97 Zelwa: Dorf im Landkreis Gmina Giby im Bezirk Sejny in der Woiwodschaft Podlachien im Nordosten Polens nahe der Grenze zu Belarus und Litauen.

Nachdem er neben mir angekommen war und eine Lampe (*fonar*) angezündet hatte, fiel er auf mich und wir küssten uns wie Brüder. Das war Levit – der Techniker aus der Fabrik, in der wir zusammengearbeitet hatten.

Wir setzen uns neben einen Baum, und ich erzähle ihm von meinem Weg, wie ich hierhergekommen und wie ich aus dem Lager geflohen bin. Ich erzähle ihm alles im Detail (*podrobne*), wie die Juden auf Lastwagen in den Wald zur Erschießung gebracht wurden und so weiter. Levit erzählt mir von seinen Erlebnissen und dass er jetzt mit einer Gruppe Genossen im Wald ist.

Es sind 32; viele sind ehemalige Angestellte der Verwaltungsinstitutionen (*makht-organen*) von Krynki, wie der Sekretär des Raykos (*Parteikomitees*), der Vorsitzende des NKWD und der Direktor unserer Lederfabrik, Fridman. Meine ersten Worte an ihn waren: „Genosse Levit, du musst mich in eure Gruppe aufnehmen!"

„Ich kann das nicht alleine entscheiden. Wir haben einen Kommandanten, und er wird darüber entscheiden. Ich und Fridman werden dafür sorgen, dass du in unsere Gruppe aufgenommen wirst. Wir sind hier, in diesem Gebiet. Warte bis morgen um die gleiche Zeit, und ich werde dir Antwort geben (*zogn entfer*). Jetzt muss ich gehen, weil es schon spät ist, und ich muss um 5 Uhr wieder im Bunker sein."

Wir verabschiedeten uns bis zum nächsten Tag (*mir hobn zikh gezegnt*). Der Tag kam mir wie ein Jahr vor. Jeden Moment schaute ich auf die Uhr und fand keine Ruhe. Schließlich wurde es Nacht, und zur ausgemachten Stunde erschien Levit in der Dunkelheit und sagte seine Parole, die wir gestern (*nekhtn*) festgelegt hatten. „Genosse Aljoscha, du wirst bei uns sein", waren seine ersten Worte, als wir uns trafen. Meine Freude war so groß, dass ich wie ein Kind tanzte.

Levit klopfte mir auf die Schulter (*iber der pleytse*), und nach einer halben Stunde standen wir schon am Bunkereingang – einem ausgehöhlten Baum.

Als wir eintraten, waren zehn Augenpaare auf mich gerichtet. Ich stellte mich sofort allen vor. Ich legte mein ganzes „Inventar" auf die Erde und setzte mich auf eine Kiste (*kestl*) voller Minen, Granaten und Revolver.

Der Kommandant, ein alter Mann von 60 Jahren mit scharfem Blick, hatte ein faltiges, ernstes und strenges Gesicht mit einem kurz rasierten roten Bart. Von der Statur her war er groß und etwas gebeugt (*abisele ayngeboygn*).
Der Rest sind junge Leute; der Jüngste ist 18 Jahre alt. Alle sitzen auf dem Boden, wo über Moos einige Bettdecken ausgebreitet sind (*oysgeshpreyt etlekhe koldres*). Es sind zehn Leute hier, der Rest ist verteilt auf zwei weitere Bunker mit jeweils 11 Personen. Der Bunker ist zwei Meter hoch. Mehrere Decken hängen über den Köpfen, um zu verhindern, dass Erde auf unsere Gesichter fällt. Es gibt zwei Lagerstätten (*gelegers*) nebeneinander in einer Reihe; verschiedene Kleidungsstücke, zivil und militärisch, liegen zusammengewürfelt herum. An der Seite, beim Eingang, steht ein mit Wasser gefülltes Benzinfass. In der anderen Ecke steht ein zweites Fass, das als Herd dient. Der Rauch entweicht irgendwo unter der Erde, weit weg vom Bunker. Die Luft ist stickig. Die ersten paar Minuten, nachdem ich hereingekommen war, fühlte ich mich sehr schlecht. Mir fehlte die Luft. Aber später gewöhnte ich mich daran, wie an alles andere.
Die Tätigkeit der Kameraden bestand darin, Karten zu spielen, die Gewehre zu reinigen und an den Minen und Granaten herumzuwerkeln (*putsn di biksn un maystereven arum mines un granatn*), die durch den Regen im Wald verrostet waren.
Tief in der Erde vergraben lag ein Fass voller Fleisch mit Salz und Zwiebeln (*bashotn mit zalts un tsibeles*). Das Licht kam von einem benzinbetriebenen Generator (*benzinmashinke*), der auf dem Ofen stand und dessen beißender Geruch in den Augen brannte. Außer mir hat das niemanden mehr gestört. Meine Augen tränten, und wenn ich mich nicht geschämt hätte, hätte ich darum gebeten, nach draußen an die frische Luft geführt zu werden.
Aber am zweiten und dritten Tag konnte ich es schon deutlich besser aushalten. Das Essen war gut; es gab auch Brot. Woher das alles kam, wusste ich nicht, weil ich noch ein „Grüner" (*griner*) war.
Der Kommandant erklärte mir das Reglement (*reglament*) der Gruppe. Es gab eine strenge Disziplin, viel strenger als beim Militär. Ich durfte keine Minute aus dem Bunker.

Darin befand sich auch ein Fass, die Paroshka (Парошка), in das sich alle „erleichtert" (*derleydikt*) haben. Und wenn es voll war, wurde der Inhalt mit einem Eimer zum Fluss getragen, der drei Kilometer vom Bunker entfernt war. In der ersten Woche saß ich drinnen am Feuer und erzählte alles über die Deutschen, die die Gefangenen im Lager ermordeten.

Meine erste Tätigkeit war, abends zusammen mit einem Kameraden die Paroshka zum Fluss zu tragen.

In der ersten Woche brachen die anderen Kameraden mehrmals um „12 Uhr" (Mitternacht) auf und kehrten im Morgengrauen zurück, wobei sie verschiedene Lebensmittel, Kleidung und Tabak mitbrachten. Der Bunker wurde die ganze Nacht bewacht, und nachts schlief jeder oder erzählte Geschichten und Witze. Der Kommandant hielt oft politische Reden oder bastelte (*maystreven*) an Granaten und Minen.

Sie mochten meinen Revolver sehr, und der Kommandant nahm ihn und spielte damit herum. Es lagen viele Revolver herum, aber alle waren verrostet oder hatten schlechte Schlösser.

Es gab auch viele Granaten und Minenwerfer sowie Gewehre, zwei für jede Person. Jedes Gewehr wurde separat gelagert und sehr gut bewacht, gereinigt und geschmiert. Nach zehn Tagen wurde ich schon zur Bunkerwache abkommandiert und kannte mich schon besser aus (*mer heymisher*).

Eigentlich hatte ich mich selbst akklimatisiert (*oysgegrint*). Ich wurde schon in die Dörfer zur Arbeit gebracht, was mir sehr gefiel.

Einmal haben wir ein ganzes Dorf so sehr erschreckt, dass sich niemand getraut hat, einen Schritt hinauszugehen (*az keyner flegt nisht vagn aroystsugeyn a trot*). Dreißig von uns gingen zur Arbeit. Drei blieben da, um die Bunker zu bewachen.

Unsere Gruppe war noch mit niemandem in Kontakt. Wir haben alles in Eigenregie gemacht (*oyf eygener hant*). Unser Ziel war es, zuerst viele Lebensmittelvorräte für den Winter zu sammeln und dann den Feind anzugreifen, indem wir die Eisenbahn, die Brücken sprengen (*oyfraysn*). Zu den Dörfern, die zehn bis zwölf Kilometer von uns entfernt waren, gingen wir alle von Kopf bis Fuß gut bewaffnet.

Anfangs marschierten wir nachts um 10 Uhr los und kehrten um drei Uhr morgens voll beladen zurück. In den Dörfern waren wir die Bosse (*balebatim*).

Meistens nehmen wir von den reichen, schlechten Bauern, oder wir nehmen, was der Dorfvorsteher (*saltis fun dorf*) für die Deutschen gesammelt hat.

Anfangs kamen wir gut mit den Bauern aus und stießen meistens auf keinen Widerstand, nur auf Stöhnen (*geveynerayen*). Uns schreckt das nicht ab. Wir handeln konkret, mutig und schnell. Die Bauern melden den Deutschen nichts, weil wir ihnen streng sagen: „Wenn du es meldest, legen wir das ganze Dorf in Schutt und Asche (*aveklozn mit roykh*)!"

Ein paar Mal stoßen wir auf sehr gutes Essen zum Mitnehmen, aber es ist meist sehr anstrengend, bis wir das alles in den Bunker geschleppt haben.

Mit dem Erdaushub gehen wir sehr sorgsam um. Wenn wir im Bunker eine Grube ausheben, um Essen zu verstecken, tragen wir alles Erdreich in einem Beutel zum Fluss und vermischen es dort mit Wasser. Diese Arbeit wird immer von denen erledigt, die Wache gestanden haben.

Jedes Gewehr, das wir im Wald finden, ist für uns ein Schatz (*oytser*). Der Kommandant kümmert sich darum, es zu reinigen und für den späteren Gebrauch in Ordnung zu bringen. Mit jedem Tag wird unser Bestand größer und umfangreicher. Wir kochen nur einmal am Tag, weil der Rauch im Bunker sehr stark ist und wir sonst nicht hätten schlafen können; unsere Augen würden tränen und brennen.

So lebten wir zwei Monate zusammen, und mir kam es vor, als wären es zwei Jahre gewesen.

Levit war mein persönlicher Kamerad. Wir haben uns daran erinnert, wie wir zusammengearbeitet haben, und wie er mir Vorträge gehalten hat. Levit bat den Kommandanten um Erlaubnis, nach Krynki zu gehen und die Lederfabrik zu sprengen (*oyfraysn*). Aber jeden Tag weigerte sich der Kommandant aufs Neue, es zu genehmigen.

Wir waren etwa 30 bis 40 Kilometer von meinem Geburtsshtetl entfernt. Ich redete immer wieder mit Levit, dass wir nach Krynki gehen müssten, um die Jugend herauszuholen, aber der Kommandant hat es nicht zugelassen. Er wollte nicht, dass unsere Gruppe größer wurde, weil wir noch keine Kampfaktivitäten (*kamfarbet*) durchführten. Wir bereiteten uns gerade erst darauf vor. Zunächst wollte der Kommandant mit dem Partisanenstab Kontakt aufnehmen und dann planmäßig Aktionen durchführen. So sollte es mehr Erfolg bringen.

Einmal, gegen zehn Uhr, gingen wir alle dreißig in ein Dorf, in dem wir noch nie zuvor gewesen waren. Aber die Bauern der Dörfer, in denen wir vorher waren, hatten uns darauf hingewiesen, dass dieses Dorf sehr reich sei und keine Deutschen dort seien.

Es dauerte mehr als zwei Stunden, um dorthin zu gelangen. Zuerst gingen wir meistens um das Dorf herum, um zu sehen, ob jemand herauskam, und dann gingen wir zum ersten Bauern, meist einem armen, und fragten ihn nach allem: „Wo wohnt der Dorfvorsteher? Hat er Lebensmittel für die Deutschen gesammelt?" und „Wie ist seine Beziehung zu den Bauern?" Und so weiter.

Diesmal stand ich im Dorf Wache. Der Rest der Kameraden war gegangen, und nach einer halben Stunde war ein Revolverschuss zu hören. Danach war es wieder ruhig. Diese Nacht war sehr hell. Der Mond schien, und man konnte gut sehen.

Nach einer Stunde kamen die Kameraden zurück und brachten einen Karren mit einem vorgespannten Pferd. In dem Karren waren verschiedene Dinge, und der Kommandant brachte die Wachen weg. Mit schnellen Schritten gingen wir zum Bunker.

Als wir auf dem Weg zum Wald abbiegen mussten, hielt das Pferd mit dem Wagen an. Wir haben alles abgeladen, und jeder hat etwas mitgenommen. Allerdings konnten wir nicht alle Sachen packen, also ließen wir den Rest und tarnten ihn ein wenig mit Ästen. Wir lenkten das Pferd mit dem Wagen in Richtung Dorf und ließen es laufen, damit es dorthin zurückgeht, wo es

hergekommen war. Der Weg war sehr schwierig zu gehen, die Bäume standen sehr dicht beieinander. Wir erreichten den Bunker, stellten erstmal alles ab, und der Kommandant befahl uns, schnell wieder aufzubrechen und die restlichen Sachen zu holen. Also sind alle dreißig gegangen, und als wir an der Stelle ankamen, war es wirklich hell, ungefähr um 4 Uhr morgens.

Plötzlich hören wir das Klappern von Hufen. Wir spitzen die Ohren, und das Geräusch nähert sich. Der Kommandant trug eine „Lorgnette" (*eine Art Fernglas*), und nach seinem ersten Blick kam der Befehl: „Alle hoch in die Bäume! Drei bis vier Männer auf einen Baum!" Schnell waren wir alle zwischen den Zweigen (*tsvishn di tsvaygn*), alle an einem Ort. Der Kommandant saß mir gegenüber auf dem Baum. „Granaten bereithalten!" Wir sitzen alle da und halten die Granaten und Revolver in unseren Händen.

„Da sind Deutsche auf Pferden", hören wir die Stimme des Kommandanten, „wartet auf meinen Befehl! Wenn ich ´Feuer´ rufe, greift an!" Und während er zu uns spricht, blicken die Augen des Kommandanten angestrengt durch die Lorgnette.

Hundert Meter von uns entfernt hielten die Deutschen an und banden ihre Pferde an die Bäume. Wir sehen, wie sie sich von Baum zu Baum schieben (*sharn*) und dann eine blinde Schießerei im Wald beginnen. Nur der deutsche Leutnant reitet noch auf seinem Pferd und ruft denen, die von Baum zu Baum rennen, etwas zu. Plötzlich bemerkt einer von ihnen einen Sack Mehl, und sofort laufen fast alle um den Sack herum, und der Leutnant ruft laut:

„Die Banditen müssen hier sein. Feuert kräftig auf jeden Baum!" Wir sitzen angestrengt, an die Äste geschmiegt (*tsugetulyet*), alle halten die Granaten bereit. Dort hören wir einen Schrei: „Ogon! (Огонь: Feuer)" Durch die Luft fallen Granaten auf die Deutschen. Schwarzer Rauch steigt zum Himmel auf. Die Pferde wiehern, Schüsse aus Maschinengewehren kommen in unsere Richtung. Wir springen schnell von den Bäumen herunter. Unser Kommandant rennt als erster in Richtung des schwarzen Rauchs – und wir alle hinter ihm her. Jeder wirft eine Granate und gibt Schüsse aus den Revolvern und Maschinengewehren (*oytomatn*) ab. Nach 50 Metern, die wir nach vorne gelaufen sind, halten wir an. Die Deutschen haben sich zerstreut und haben ihre an die Bäume gebundenen Pferde zurückgelassen. Sofort gibt der Kommandant den Befehl, die Pferde und alle verwundeten Deutschen zu erschießen.

Wir nehmen schnell unsere drei verwundeten Kameraden und lassen fünf Tote zurück.
Der Kampf hat uns acht Kameraden gekostet, und die deutschen Mörder haben 18 Tote und Verwundete. Ihre Verwundeten töteten wir sofort und nahmen ihnen ihre Waffen ab, die sie zurückgelassen hatten. Und mit schnellen Schritten rennen wir zum Bunker, ohne das Essen (*shpayz*), aber mit vielen deutschen Gewehren, Maschinengewehren und Kleidung.
Alle waren schweißgebadet. Als wir bei den Bunkern ankamen, war es bereits neun Uhr. Sofort verwischten wir alle Spuren und machten uns auf den Weg zu den Bunkern. Alle fielen müde auf die Betten. Die Verwundeten schrien und baten, erschossen zu werden. Zwei wurden leicht und einer schwer verletzt, dieser wurde noch am selben Tag erschossen. Er blieb zusammen mit uns im Bunker liegen.
Wir hatten bereits sechs Kameraden verloren. Wir waren in trauriger Stimmung, die Schreie der Verwundeten wurden lauter, aber wir hatten nichts, womit wir ihre Wunden behandeln könnten. Unter uns war ein Militärarzt, aber mit leeren Händen konnte auch er nicht helfen.
Vier Tage lang haben wir den Bunker nicht verlassen. Der Arzt bat um verschiedene Medikamente und schlug vor, zwei Personen in Zivil in die Stadt zu schicken, um dort von einem Arzt verschiedene medizinische und pharmazeutische Artikel zu holen.
Der Kommandant bestimmte, dass ich und Levit gehen sollten. Wir stimmten zu und beschlossen, nach Krynki zu gehen. Dort kannte ich Ärzte, von denen ich alles Nötige bekommen könnte. Auch zog es mich dorthin, um meine Familie zu sehen und Informationen über sie zu bekommen.
Wir nahmen zwei Revolver und machten uns auf den Weg. Wir brauchten zwei Tage, um den Shalker Wald zu erreichen. Hier sollte Levit einen ganzen Tag auf mich warten, bis ich am Abend zurückkäme. Ich gab Levit meinen Revolver und wir verabschiedeten uns voneinander.
Ich war mit einer Gruppe dort, wir waren etwa 16 Personen. ....

Es gab einen Verwundeten, der in den Bunker gebracht wurde, wir hatten einen Bunker dort im Wald, der mit Ästen bedeckt war. Sie schickten mich, weil ich aus Krynki bin, nach Krynki, um Medizin zu holen: Watte, Alkohol, einige Dinge, die die Apotheke vielleicht hatte. Aber als ich im Ghetto war, musste ich dortbleiben, weil ich nicht mehr raus konnte, es war unmöglich rauszukommen. [98]

Zurück im Ghetto

Ich traf einen Bauern, den ich gut kannte, und fragte ihn alles über die Krynkier Juden, wo sie jetzt seien, wo sie arbeiten und bekam eine Menge Informationen. Alle Juden lebten inzwischen im Ghetto, ihre Lage war sehr schlecht. Sehr viele Juden waren von den deutschen Mördern erschossen worden. Der Bauer erzählte von einem Juden, Berl Tevel, der mit 20 anderen erschossen werden sollte. Die Kugel durchschlug seine Lunge und trat unter seinem Arm wieder heraus. Er stand auf und ging mit schwankenden Schritten zurück ins erste Haus des Shtetl. Und jetzt ist er im Ghetto.

Zusammen mit den Fabrikarbeitern, die immer gemeinsam von und zu der Arbeit gingen, kam ich ins Ghetto. Als ich unsere Haustür öffnete, fiel meine Mutter auf die Erde (*iz mayn mame gefaln oyf der erd*). Meine Schwestern weinten. Ich erkannte meinen Vater und meine Mutter kaum wieder, so hatten sie sich verändert. Als mein Vater mich sah, weinte er leise vor Freude. Ich erzählte niemandem, wo ich gewesen bin und wo ich jetzt war. Das war ein Geheimnis, das nicht einmal meine Eltern kennen (*visn*) durften. Ich erfuhr viel über Freunde und Genossen, die von den Mördern erschossen worden waren; auch dass 50 Juden an der Straße arbeiteten. Alle meine Freunde kamen. Sie dachten, ich sei tot. Meine Kusine Libe Jelinowitch erzählte, wie sie gequält worden war, als sie ins Ghetto kam. Die Mörder fotografierten sie mit einem Besen in der Hand und zerzaustem Haar und befahlen ihr, sich auf dem Boden zu wälzen, während sie fotografierten. Juden mit Bärten wurden in unterschiedlicher Weise gequält.

---

98 USC-Video

An diesem Tag konnte ich das Ghetto nicht verlassen. Ich hatte alles, was der Arzt bei den Partisanen aufgeschrieben hatte von einem jüdischen Arzt namens Lichtenstein bekommen und wollte das Ghetto am nächsten Morgen verlassen, ohne es jemandem zu sagen, nur meinem Vater, weil er mich gefragt hatte, warum ich nicht bei den Partisanen geblieben sei. Ich sagte ihm nicht alles, beschloss aber, ihm meine aktuelle Lage zu erklären und ihm zu sagen, dass ich zurück in den Wald ginge. Ich hatte die Medizin gut versteckt und einen Plan, wie ich das Ghetto verlassen würde, ohne durch das Tor zu gehen.

In unserem Haus traf ich meinen jüngeren Bruder Peretz. Er war mit zwei Genossen von Minsk zurückgekehrt, und jetzt musste sich seine Gruppe zurückziehen, weil es unmöglich war, durch die Stadt zu kommen. Er erzählte mir, wie er mich verloren hatte in der Gewissheit, dass ich im Kampf gefallen sei. An dem Tag im Ghetto fühlte ich mich wie ein Vogel im Käfig. Den ganzen Tag blieb unsere Türe offen, weil viele neugierige Leute kamen, um mich zu sehen und um zu erfahren, wo ich die ganze Zeit gewesen war. Jeder fragte mich nach seinen Kindern oder nach denen, die zusammen mit der Armee geflohen waren. Ich sagte, ich wisse nichts, da ich in Grodno im Krankenhaus gelegen sei. Die Stunde nahte, und ich beschloss, mich auf den Weg zu meinen Genossen zu machen, die mit großer Ungeduld auf meine Ankunft warteten. Auch hörte ich die Schreie der verwundeten Genossen (*ot her ikh nokh di geshrayen fun di farvundete khaveyrim*), die darum baten, erschossen zu werden ebenso wie die klare Befehlsstimme des Kommandanten, dass wir nicht zu spät kommen, sondern so schnell wie möglich zurückkehren sollten, weil wir die wichtige Mission hatten, drei Kameraden zu retten. Ich sagte meinem Vater, dass ich in den Wald gehen würde und dass ich in einigen Wochen zurückkommen würde, um viele Leute aus dem Ghetto zu holen. Niemand bemerkte es, als ich ging. Es war ruhig im Ghetto; die Straßen und Höfe waren in einen Mantel der Traurigkeit gehüllt.

Ich nehme meinen Rucksack, den ich unter der Treppe versteckt hatte, und gehe zum Zaun des Ghettos gegenüber der christlichen Kirche. Ich werfe einen Blick auf die andere Seite; es ist ruhig, die schmale Straße ist leer. Schnell springe ich über den Zaun und laufe geradewegs über das Feld in den Shalker Wald, wo Levit ungeduldig auf mich wartet. Ich verlasse seitlich die Elektrownia (*Elektrizitätswerk*) und gehe mit schnellen Schritten in den Wald. Plötzlich höre ich das Geräusch eines Motorrads. Ich lasse mich zu Boden fallen, und gleichzeitig pfeift mir eine Kugel über den Kopf. Ich habe meinen Rucksack beiseite geworfen. Ich höre einen deutschen Schrei: „Halt!" Das Motorrad ist stehen geblieben, und schwere Schritte kommen auf mich zu. Ich liege angespannt, mit dem Gesicht zum Boden. „Hände hoch!" Ich höre eine kalte Stimme und bekomme einen Tritt mit dem Stiefel in die Seite. Blass stehe ich auf (*ikh shtey oyf a blaser*) und habe schon die Hände hochgenommen. „Was machst du da, du verfluchter Jude?" Ein weiterer Stiefeltritt in meinem Bauch (*vos makhstu, du farflukhter yid? vider a klap mitn shtivl in boykh*). Zuerst bin ich zu verwirrt (*tsetumlt*), um zu wissen, was ich antworten soll. Plötzlich nimmt der Gendarm (*zshandarm*) eine Kette heraus, und sofort werden meine Hände gefesselt. Es folgt ein Tritt in den Rücken und ein Schrei. Doch schon bald bemerkt er den Rucksack und packt ihn mit beiden Händen. „Oh, ich weiß schon, warum du dich versteckt hast, du verfluchter Jude."

Verhaftung, Verurteilung, Rettung

Das Motorrad war ein Zweisitzer, ausgestattet mit einem Beiwagen (*der mototsikl iz geven a tsveyiker, mit a tsugetshepeter „vane"*). Ich wurde sofort in den Beiwagen geworfen und in die Gendarmerie gebracht. Dort wurde ich in einen Keller geworfen, wo es sehr dunkel und nass war. Ich fiel auf den nassen Beton und verstand nicht, was los war. Ich fummele an meiner Tasche herum (*ikh tap an di keshene*) und suche nach meinem Revolver. Wo ist mein Revolver? Levit wartet auf mich, und ich liege da, in den mörderischen Händen der Deutschen. Im ersten Moment weiß ich überhaupt nicht, was mit mir passiert. Was soll ich ihnen sagen, für wen das Medikament ist? Oder soll ich sagen, dass der Rucksack nicht von mir ist? Nein, ich werde sagen, dass es für die Juden ist, die auf der Straße arbeiten, und dass ich auch dort arbeite. Das wird die beste Ausrede sein. Ich höre das Klappern der Schlüssel an der Eisentür. Sie öffnet sich, und zwei große Mörder

erscheinen am Eingang, mit Waffen in der Hand. Beide sind betrunken (*shiker*) und fast nicht in der Lage, sich aufrecht zu halten. „Steh auf, verfluchter Jude, Donnerwetter!" Ich stehe auf und bleibe stehen, mein Blick wendet sich den beiden roten Gesichtern mit ihren tränenden Augen zu. „Vorwärts, zur Verwaltung (*kantselarye*), schnell!" Und ein Stoß in meine Seite mit dem Gewehrkolben folgt.
Als ich das Büro betrat, blieben die beiden Begleiter neben der Tür stehen, und ich in der Mitte des Raumes. Am Fenster an der Seite saß ein großer Leutnant und sah mich an. Sein Blick durchbohrte mich bis ins Herz. Er hatte seine große Brille auf die Stirn geschoben. Papierstapel lagen auf dem Schreibtisch. Ich beschließe, meinen richtigen Namen nicht zu nennen. Ich werde den Namen meines Bruders nennen, der in Russland ist.
„Wie heißt du?" „Osher Soyfer." „Für wen hast du die Medikamente geholt?" „Für die Juden, die an der Straße arbeiten." Da sehe ich, wie er meinen Rucksack unter dem Tisch hervorzieht und alles auf den Tisch wirft. „Von wem hast du das alles bekommen?" Ich bleibe nachdenklich (*fartrakht*) stehen und weiß nicht, was ich antworten soll. Plötzlich ein wilder Schrei und ein Schlag auf dem Tisch, so dass alles in die Luft springt. „Wer hat dir das gegeben, verfluchter, schmutziger Jude? Zum Donnerwetter nochmal! Der Judenrat, oder? Der Judenrat! Nun, das werden wir sehen." Er nahm den Hörer ab, und nach zehn Minuten kam der Judenälteste Yosl Goltz herein. Er war blass, blieb stehen und warf erschrockene Blicke sowohl auf mich als auch auf den Gendarmen, der jetzt eine dicke Zigarre rauchte. „Kennst du diesen Mann? Hast du ihm Medizin für die Juden gegeben, die am Straßenbau arbeiten?" Der Judenälteste stand mit weit geöffneten Augen da und wusste nicht, was er antworten sollte. Mein Herz begann stärker zu schlagen; ich hätte gerne gerufen: „Sag´ dass ja, sag es und rette damit mein Leben!" Aber er hob nur die Schultern, schüttelte den Kopf, und in der Luft war ein leises Nein zu hören, das von Tod und Leben durchdrungen war. „Oh, jetzt merke ich schon, für wen du das geholt hast", und schwere Schritte kamen auf mich zu. „Jetzt weiß ich genau, wer du bist. Sag mir schnell, wer sind deine Kameraden, diese Banditen, die Partisanen?" Und eine schwere, behaarte Hand fiel mir

ins Gesicht. Ich sah nur schwarze Punkte vor meinen Augen, und meine Beine gaben nach. Ein zweiter, heftiger Schlag in der Nähe meines Herzens raubte mir das Bewusstsein, und mir brach kalter Schweiß aus.

Ich weiß nicht, was danach mit mir passiert ist. Als ich meine Augen öffnete, lag ich durchnässt da, mit einem geschwollenen Gesicht und Flecken von getrocknetem Blut auf meinem Hemd. Mein ganzer Körper fühlte sich an, als wäre er durchlöchert. Jedes einzelne Glied tat mir weh. Mein Körper fühlte sich geschwollen an, blaue Flecken, die heiß wie Feuer waren (*arum hob ikh gefilt geshvolene, bloye shtiklekh fleysh*). Ich wachte auf wie aus einem Traum. „Wohin bin ich gekommen? Wo sind meine Genossen? Wo ist mein Revolver? War alles nur ein Traum?"

So lag ich dort einen ganzen Tag und eine ganze Nacht. Ein kleines quadratisches Fenster mit einem Eisengitter befand sich in einer Wand des kleinen Raumes, der die Größe einer Treppenstufe (*vos iz a shpan di groys*) hatte. In einer Ecke lag meine Jacke, nass und blutbespritzt. Es war schwierig für mich, einen Fuß oder eine Hand zu bewegen. Meine Füße fühlten sich an wie schwere Eichenblöcke. So lag ich zwei Tage und Nächte. Am dritten Tag kamen die beiden Mörder und befahlen mir aufzustehen. Das ist mir nicht gelungen. Dann stießen sie mich mit ihren Stiefeln in beide Seiten, lachten frech und beobachteten ihr Opfer, das auf dem nassen Zement lag, sich windete und nicht aufstehen konnte. Ich sprach ein stilles Gebet: „Schießt, schießt, erschießt mich!" Ein kaltes Lachen war die Antwort: „Dich zu erschießen wäre viel zu wenig, du schmutziger Jude! Wir werden weiterhin Stücke aus deinem Fleisch schneiden, bis du uns sagst, wo die Banditen sind, für wen du die Medizin geholt hast!"

Ein Stoß mit dem Stiefel in die Seite, den ich nicht mehr gespürt habe. Jedes Stück Fleisch an meinem Körper war bereits eine schmerzende Wunde. „Wenn du uns sagst, wo die Partisanenbanditen sind, werden wir dich freilassen." Ich antworte nicht und halte meine Augen geschlossen, um nicht in diese mörderischen roten Gesichter sehen zu müssen. „Wenn du nichts sagst, erschießen wir dich wie einen Hund." Ich antworte nicht und warte auf die Kugel, mit der sie mir gerade gedroht haben. Oh, wenn sie mich jetzt nur erschießen würden. Das wäre gut, endlich aufzuhören, sich wie eine Schlange auf dem nassen Zement zu winden. Sie spucken mich an, ich werde getreten und während sie „Judenschwein" rufen, gehen sie. Ich höre, wie die Tür zugeschlagen wird. Meine Zunge brennt, meine Lippen sind ausgetrocknet. Ich habe kein bisschen Speichel mehr im Mund. Ich lecke den nassen Zement mit meiner Zunge, die sich wie ein Brett anfühlt.

Am selben Tag brachte mir der Wärter einem Blechnapf mit ein wenig Wasser und einem Stück schimmeligem Brot darin. Ich war nicht in der Lage, das Brot in den Mund zu bekommen. Jeder Muskel meines Gaumens stach wie mit Nadeln. Das Wasser trank ich in einem Zug. Ich wusste nicht, welcher Wochentag war oder ob es Tag oder Nacht war. Nachdem ich am nächsten Tag das bisschen Wasser getrunken hatte, konnte ich schon einen Fuß und eine Hand bewegen. Ich schaute auch zum Fenster und sah ein Stück blauen Himmels. Am selben Tag konnte ich bereits auf den Knien an die Wand rutschen und meine Jacke nehmen. In ihrer Tasche befand sich ein Taschentuch, mit dem ich etwas von dem Schweiß und dem getrockneten Blut aus meinem Gesicht wischen konnte.

Ich habe versucht, an die Wand zu klopfen, vielleicht würde mir jemand von der anderen Seite antworten. Aber überall um mich herum war Totenstille. Ich wusste genau, wie das Urteil aussehen würde und wartete nur darauf, dass es so schnell wie möglich vollstreckt wird. Mein einziger Wunsch war, dass ich einfach meinen Vater im Ghetto informieren und ihn oder meinen Bruder zu meinem Platz (*bei den Partisanen*) und Levit schicken könnte (*shikn oyf mayn ort*).

Am Abend desselben Tages wurde mir etwas Wasser und ein Stück Brot gebracht. Ich fragte den Wärter, einen Polen, welcher Tag es sei. Er antwortete, dass es Freitag sei. Ich bat ihn, sie im Ghetto über meine Situation zu informieren, aber er weigerte sich.

Am Sabbatmorgen kam Yakov Kozalchik, der damalige Kommandant der jüdischen Polizei, zu dem kleinen Türfenster und rief mir zu: „Hab keine Angst, ich werde dich retten!" Jetzt war ich mir sicher, dass sie zu Hause bereits von meiner verzweifelten Situation wussten. Oh,

warum habe ich mich nicht von meiner Mutter und dem Rest meiner Familie verabschiedet! Das war Gottes Strafe dafür.
Ich spüre die unerträglichen Schmerzen in meinen Knochen viel mehr als gestern und am Tag zuvor. „Woher bekomme ich einen Revolver?", ist mein einziger Gedanke. Ich will im Kampf sterben, zusammen mit einem deutschen Mörder. Ich weiß sehr gut, was auf mich wartet, aber ich bin im Frieden mit mir selbst, weil ich Kraft und Mut genug hatte, die schrecklichen Schläge zu ertragen und zu schweigen. Lasst sie mit mir machen, was sie wollen, der Kampf für die Freiheit wird weitergehen. Und zwar mit noch mehr Entschlossenheit und noch mehr Loyalität (*trayshaft*). Für jedes Opfer werden diese kalten, räuberischen (*gazlonishe*) Mörder teuer bezahlen! Und in diesem Bewusstsein fällt es mir leichter zu sterben.
Ich lag vier Tage im dunklen Haftraum. Ohne das kleine Fenster wäre ich nicht in der Lage gewesen, Tag und Nacht zu unterscheiden. Auf dem nassen, kalten Beton liegend, kommen verschiedene Bilder vor meine Augen. Gerade sehe ich unsere Gruppe, alle im Schneidersitz (*di fis unter zikh*) und Karten spielend. Der alte, graue Kommandant sitzt neben dem Ofen und reinigt eine verrostete Granate. Und jetzt sehe ich die deutschen Mörder mit offenem Mund und zerrissenen Körpern daliegen, uns mit weit geöffneten Augen anstarren und um Gnade betteln. Und dort höre ich die Schreie unserer verwundeten Genossen, wie sie darum baten: "Erschießt uns!"
War alles nur ein Traum? Als ob keines dieser Dinge auf der Welt wirklich passiert wäre? Diese Gedanken gehen mir jetzt durch den Kopf, während ich blutend und gebrochen daliege, denn so lange, so lange lebe ich jetzt in der feuchten Dunkelheit. Bei jedem Rascheln, das von der anderen Seite der Eisentür zu hören ist, sehe ich ihre roten Gesichter, höre ihr kaltes, stählernes (*shtolenem*) Gelächter, das durch mein Herz und meinen ganzen Körper dringt.
Heute ist Sabbat. Ich erinnere mich an Sabbattage von früher, als wir glücklich zusammensaßen und im Sand spielten oder lustig waren, als wir Verstecken spielten. Und später, nach dem Tsholent-Essen am Sabbat, gingen wir gekämmt und mit polierten Schuhen auf den Markt und drehten unsere Runden durch die Läden, gingen hinter den

Mädchen her, die voraus gingen und die Straße mit fröhlichem Lachen erfüllten. Sommerzeit, Sabbatabend, wir laufen auf der Autostraße hinter dem Shtetl, Jungen und Mädchen. Unsere Klänge ziehen über die grünen Felder, die mit einem feuchten Schleier überzogen sind (*undzere tener tsegisn zikh iber di grine felder, velkhe zaynen ibergetsoygn mit a nasn shleyer*).

Mir fallen immer mehr Bilder von jenen Sabbattagen und den Feiertagen ein, als unsere stolze, heldenhafte Jugend so kühn und tapfer durch Felder und Wälder marschierte, in blauen Hemden und roten Krawatten, und alle waren vereint unter der roten Fahne, die in weiten, blauen Höhen wehte. Ich bin noch so jung, und mitten in meiner Blüte bin ich von den saftigen Wurzeln des Lebens (*lebn-vortslen*) weggerissen. Heute ich und morgen andere. Die Zukunft ist für alle ungewiss (*far alemen a gepasknte*), aber es gibt einen Ausweg: zu kämpfen und wie Helden im Kampf zu fallen. So wurde es uns beigebracht. Ich werde zu den Eisenstangen (*ayzerne grates*) der Fenster gehen und all dies in den Himmel schreien, vielleicht wird ein kleiner Vogel meinen Ruf zu denen tragen, die morgen in der gleichen Situation sein werden wie ich heute. Der Himmel, der ins Fenster scheint, wird immer dunkler. Ich liege mit meinen Augen, die die Dunkelheit verwandelt.

Plötzlich nähern sich wieder schwere Schritte der Tür, und Eisenschlüssel klappern. Die Tür hat sich geöffnet und zwei deutsche Mörder sind eingetreten. „Steh auf, verdammter Jude!" Ein Tritt in den Rücken mit einem Stiefel.

Ich versuche, meine letztes bisschen Kraft anzustrengen und stehe mit zitternden Beinen auf. Mein Körper schwankt nach rechts und links. Beinahe falle ich neben die Tür. Nein, Kraft schöpfen! Nicht fallen!

Mit mehreren Stößen wurde ich in die Verwaltung geführt, wo meine Beine sofort unter mir nachgaben. Ein strenger, durchdringender Blick des Leutnants, der am Schreibtisch saß und ein großes Blatt Papier in der Hand hielt, traf mich. „Steh auf für das Urteil! Hör zu!". Ich wende wieder all meine letzten Kräfte auf und stehe auf, an die Wand gelehnt. Ich höre, wie er das Urteil verliest: „Im Namen des Gesetzes wird der Jude Soyfer Osher vom deutschen Militärgericht zum Tod durch das Erschießungskommando verurteilt. Das Urteil wird an diesem und diesem Datum (*dizer un dizer datum*) vollstreckt. Verstehst du?" Ich antworte nicht, und große, schwarze Kugeln nähern sich meinen Augen. Ich falle auf die Erde. Als ich meine Augen wieder öffne, liege ich wieder auf dem nassen Zement in meiner dunklen Zelle.

Am nächsten Tag, Sonntag, lag ich den ganzen Tag da, mit meinen Augen auf diesen Fleck blauen Himmels gerichtet, und meine Gedanken flogen weit, weit hinaus. Mein einziger Gedanke war, dass ich nicht wie ein Lämmchen (*lemele*) sterben wollte, ich wollte Widerstand leisten, obwohl ich nichts in meinen Händen hatte. das Klappern von Schlüsseln und schwere Schritte waren am Abend zu hören und. Die Tür öffnete sich, und zwei Gendarmen traten mit ihren Gewehren ein. „Steh auf!", ist die betrunkene Stimme eines von ihnen zu hören. Mit letzter Kraft stehe ich mit meinen zitternden Beinen auf. „Raus aus dem Karzer, du verfluchter Schweinehund (*aroys fun kartser, farflukhter shveynhunt*)!" Ein Stoß auf den Rücken folgt. Mit zitternden Beinen ging ich in den Hof, unter den freien Himmel. Ein kühler Abendwind wehte über mein Gesicht. Ich blieb stehen, als wäre ich betrunken von der frischen Luft und der Helligkeit. Die beiden Gendarmen brachten mir einen Spaten und befahlen mir, ihn auf die Schulter zu nehmen. Das Tor öffnet sich, und die breite, leere Kościelna-Gasse lag vor mir. Ich gehe mit wackeligen Schritten auf das Friedhofsgelände zu, wohin mich die Gendarmen führen. Mein Blick fällt auf die Fensterläden, die aussehen, als wären sie in einen Totenschleier gehüllt. Als ich weitergehe, denke ich, dass ich falle, meine Beine knicken nach jedem Schritt ein. Jetzt sehe ich, wie ein Vorhang an einem schiefen Fenster aufgerissen wird und sehe den spitzen Kopf einer Person, die auf die Straße blickt. Jeder Schritt der genagelten Stiefel hallt in der stillen Umgebung wider. Wir gehen die Mühlengasse (*mil gas*) hinunter in Richtung des polnischen Friedhofs. Auf der einen Seite befindet sich der Zaun des Ghettos, auf der anderen Seite Ruinen von Häusern. Als wir die Brücke überqueren, habe ich das Gefühl, dass ich jeden Moment auf den

Bürgersteig fallen werde (*ot zaynen mir ibergegangen di brik un ikh fil, az bald bald vel ikh faln oyfn bruk*).
Plötzlich höre ich schwere Schritte hinter mir. Sie kommen mit jedem Moment näher und näher. Ich drehe den Kopf und sehe Yakov, den Ghettokommandanten, keuchend und verschwitzt, mit geweiteten, großen Augen. Er geht zwischen den beiden Gendarmen und spricht mit ihnen in einer Mischung aus Jiddisch und Deutsch. Mir brummt der Kopf. Meine Schläfen pochen wie schwere Hämmer, und ich verstehe kein Wort, von dem, was sie reden (*mir tumlt in kop. di shleyfn hakn vi mit shvere hamers un ikh her nisht keyn vort vegn vos zey reydn*). Ich mache noch kleinere Schritte. Die Gendarmen jagen mich nicht mehr, wie sie es vorher getan haben, und mein Blick ist auf die herausgerissenen Steine der Straße gerichtet. Gerade da rennt ein verängstigtes Huhn an mir vorbei und schaut mich mit einem barmherzigen (*rakhmonesfuln*) Blick an. Es fühlt meinen Schmerz. Ich drehe mich nach hinten um und sehe, dass Yakov etwas in der Hand hält, das die Gendarmen aufmerksam betrachten. Ich weiß nicht, was da geschieht. Vielleicht geht es um meine Leiche, dass sie nicht auf dem polnischen (*christlichen*) Friedhof liegen soll, oder geht es um etwas anderes? Ich sehe schon die Steinmauer des Friedhofsgeländes. Die grünen Bäume stehen da und schauen auf den gequälten jüdischen Jungen, der so still und allein ist, dass er dort sterben wird. Als wir noch näher herankommen, schwebt eine schwarze Wolke fliegender Krähen über dem Friedhof, als wolle sie mich mit einem Trauertanz begleiten. Da höre ich Schreie: „Links abbiegen! (*links zikh farnemen!*)" Ich betrete das grüne Gras neben der Steinmauer. Einer der Gendarmen hat auf dem Weg angehalten, und der andere kommt zusammen mit Yakov auf mich zugelaufen und schnappt sich meinen Spaten. Neben mir hat sich eine kleine Grube (*grub*) gebildet, in die Yakov und der Gendarm ein paar große Steine von der Wand geworfen haben, und ich höre Yakov rufen: „Du bist gerettet!" Ein Schuss (*shos*) prallt auf einen kleinen Hügel aus frisch gegrabener Erde, der sich zwischen dem grünen Gras befindet. Der Himmel ist voll von schwarzen Krähen, die Luft ist voll mit Pulver (*di luft iz ongefilt mit pulver*).

Ich weiß nicht, was dort gerade passiert ist. Als ich an der Wand stehe, weiß ich nicht, ob ich am Leben bin oder ob ich unter dem frisch gegrabenen Hügel liege. Die beiden Gendarmen haben auf dem Weg angehalten; Yakov hat mir befohlen, mich bis 12 Uhr Mitternacht zwischen den Kreuzen zu verstecken. Dann komme eine Person mit Pferd und Wagen und bringe mich nach Grodno. Ich darf mich in Krynki nicht als "Lebender" zeigen (*ikh tor zikh nisht vayzn in Krinik a lebediker*).

Yakov und die beiden Gendarmen gingen in die Stadt, und ich blieb wie in Agonie (*hinterplet*) liegen, mit meinem Kopf im Gras und darauf wartend, dass die Person kommt und mich holt. Es war unmöglich für mich, alleine aufzustehen und in den Wald zu gehen.

Der Schmerz in meinem ganzen Körper war nun viel stärker geworden als zuvor. Ich konnte nicht einschlafen. Bei jedem Rascheln eines Vogels oder eines Astes schien es mir, als kämen die mörderischen Deutschen wieder zu mir. Plötzlich, in der nächtlichen Stille, habe ich das Klopfen von Rädern und Pferdehufen gehört. Neben dem Friedhofsgelände hat das Pferd angehalten, und in der Dunkelheit ist ein Ruf zu hören: „Avroheml!" Ich lag im Gras, und zuerst hatte ich Angst, den Kopf zu heben, aber später entspannte ich mich und antwortete. Der Fuhrmann (*balegole*) war ein alter Jude, Yitzchok Brevde. Ich stieg in den Wagen, und wir fuhren davon. Die Nacht streichelte meinen schmerzenden Körper. Unser Weg führte durch die Felder, was mein Herz langsam beruhigte. Wir kamen im Grodnoer Ghetto an.[99] Dort wohnte ich bei meiner Verwandten, einer älteren Frau, die in den ersten Kriegstagen einen ihrer Söhne verloren hatte. Ich war bettlägerig (*ikh bin gelegn tsu bet*). Das Leben der alten, kranken Frau war sehr schwierig. Sie hatte bereits ihre letzten Kissen und Kleider für ein Stück Brot verkauft, und jetzt musste sie sich auch noch um mich kümmern. Der Judenrat teilte kein Brot für mich zu. Später schaffte

---

99 Von Grodno nach Auschwitz kamen: am 20.1.1943 Harry Liskowski, am 21.1.1943 Mendel Druckier und Motel und Leib Zaly/Sali, am 22.1.1943 Lipa Jasinowski und am 23.1.1943 Hennoch Chaskielewicz.

sie es mit Tränen, 100 Gramm Brot pro Tag für mich zu erbetteln. Es gab weder Kartoffeln noch Holz. So wurden bereits alte, zerbrochene Möbelstücke verbrannt, die verschimmelnd auf dem Dachboden gestanden hatten. Jeden Tag wurde es schlimmer. In den ersten Tagen lag ich einfach da und konnte mich nicht auf die andere Seite drehen. Jeder einzelne Schlag (*den ich erhalten hatte*) tat mir jetzt besonders weh. Einmal besuchte mich der Arzt und verschrieb mir kalte Kompressen. Nach zwei Wochen im Bett ging es mir besser, und ich konnte bereits mit zitternden Schritten durch das Zimmer (*shtibl*) gehen. Jeden Tag gab es einen anderen Vorfall im Ghetto. Sowohl die Deutschen als auch der Ghettokommissar forderten immer mehr.

Jeden Tag erlebte die Bevölkerung Minuten und Stunden, in denen sie zu Tode erschrocken war. Heute müssen die Mädchen zur Arbeit und niemand weiß, wohin sie geschickt werden. Und morgen werden vom Judenrat Gold, Pelz und andere Dinge verlangt. Es gab kein Genug für diese Banditen. Aus der Lederfabrik von Krynki kam oft ein Lastwagen, um spezielle Materialien für die Arbeit zu besorgen und Dinge für den Kommissar mitzunehmen.
Meine Familie wusste, wo ich war. Immer, wenn ein Lastwagen kam, bekam ich einen Brief von meinen Eltern. Die Lage im Ghetto von Grodno wurde täglich schlechter. Plötzlich gab es Plakate (*tsetlen*): Alle sollen sich beim Judenrat melden. Mir war klar, was das bedeutet. Ich schrieb einen Brief nach Hause und fragte, was ich als nächstes tun solle. In den Wald zurück zu gehen, wäre sehr hart gewesen. Es war inzwischen kalt geworden, und bei meinem derzeitigen Zustand hätte ich das nicht lange ausgehalten. Ich bekam die Antwort, ich solle mit dem Fabrik-LKW ins Krynkier Ghetto kommen und zwar unter einem anderen Namen als dem, den ich bei der Polizei angegeben hatte. Ich versteckte mich gut auf dem LKW zwischen den Säcken (*tsvishn di zek fun ekstrakt*) und kam in der Fabrik an. Von dort ging ich zusammen mit den Arbeitern ins Ghetto. Die erste Begegnung mit

meiner Mutter wird mir immer in Erinnerung bleiben. Mütterliche Verzweiflung, gemischt mit tragischer Freude, die aus ihren guten, ausgeweinten Augen strahlte (*muterlekhe fartsveyflung, gemisht mit tragisher freyd, hobn geshpritst fun ire gute, oysgeveynte oygn*). Schon vor dieser Zeit hatte sich mein Aussehen sehr verändert. Ich war anämisch geworden, meine Augen saßen tief in ihren Höhlen, und meine Kleider waren zerrissen. Mein jüngerer Bruder war zusammen mit anderen Jungen und Mädchen beauftragt worden, Torf zu graben.

Ghetto Krynki[100]

The Germans also demanded that the Jews immediately establish the Judenrat. This entity, allegedly formed for purposes of self-government, was in fact intended to mediate between the community and the authorities. Its main role, in practice, was to recruit men aged 14-60 and women no older than 55 for forced labor. The groups thus formed were sent daily to perform hard physical work. They were employed, among other things, in paving roads, as well as gathering bodies and burying them. The Judenrat was also required to collect ransoms, valuables, furniture, clothing, and furs. The plunder was to be handed over to the Germans. ... The number of Judenrat members was reduced to seven. It was headed by Yisrael Kalinovitch. The Jewish Police was charged with keeping the order in the ghetto. It numbered 25 policemen. These were headed by our acquaintance, Yakov Kozalchik. His deputy was Yossele Mostovliansky. The ultimate ruler of the ghetto was the German commander, the town's governor. (Amir Haskel, S.40 f.)

Wie in Grodno hatte sich auch in Krynki die Lage verschlechtert. Es gab neue Bestimmungen und jeden Tag neue Leiden.

Die Juden liefen herum wie Schatten und wurden täglich schwächer und kränker. Der Judenrat bestand aus diesen Personen: Israel Kalinovitch, Yosl Goltz, Tale Goldshmid, Yankl Levi (der Blonde), Yankl Grosman, Mair Kaplan, Notke Mastovl(y)anski, Yosl Mastovl(y)anski (stellvertretender Kommandant) und Yankl Kozalchik.

Das Ghetto erstreckte sich über einen Teil des Shtetls, beginnend von einer Seite der Mühlengasse, einschließlich der zweiten (*Seite der?*) Mühlengasse und Badgasse (*bad gas*), die als Sackgasse am Fluss endete, wo der Ghettozaun stand, oben mit Stacheldraht. Außerdem gab es im Ghetto die Garbarska-Gasse, über die eine Brücke führte, um beide Hälften des Ghettos zu verbinden. Die Brücke befand sich neben den Backsteinhäusern von Yoshke Garber und Alter Kugel. Weiter war der Hof der *Shul*, den die Nazis für die Reparatur ihrer Panzer besetzt hatten. Die Gemina-Gasse führte durch das Ghetto hinauf zu Grosmans Fabrik; der Ghetto-Zaun verlief über die gesamte Länge bis zum Kraftwerk. Die „Tsverke" (*russisch-orthodoxe Kapelle*) stand vor dem Ghetto. Der Zaun des Ghettos verlief in der Nähe von Shteiners Park. Sowohl die Tserkovne-Gasse als auch eine halbe Seite der Amdurer Gasse befanden sich im Ghetto. Das war das Gebiet, das das Ghetto einnahm. Die andere Seite des Shtetls war zerstört worden. Der Ghettokommissar und der „Amtskommissar" pflegten einige Male am Tag ihre „Spaziergänge" durch das Ghetto zu machen, und dann starben die wenigen engen Gassen aus, als ob es dort keine lebenden Menschen gäbe.

Die Häuser waren überfüllt mit Menschen. Ein Quadratmeter pro Person war vorgeschrieben. In jedem Haus lebten drei bis vier Familien. Drei oder vier Frauen standen an den Kaminen (*Herden*), und während sie in sie hineinbliesen (*um das Feuer zu entfachen*), liefen Tränen aus ihren Augen, sowohl vom bitteren Rauch als auch von ihrem bitteren, harten Leben. Und trotz der Enge wurden immer mehr jüdische Familien aus den umliegenden Shtetln geholt. *Shul* und *Bote-Medroshim* waren überfüllt mit Menschen, und man kann sich vorstellen, wie deprimierend (*khoyshekhdik*) die sanitären Bedingungen im Ghetto waren. Es gab auch ein Krankenhaus im Ghetto, aber auch das war überfüllt. Das Essen bestand jeweils aus 100 Gramm

Brot und Kartoffeln pro Person. Niemand sah Fett, außer denen, die außerhalb des Ghettos arbeiteten. Und diese Personen schmuggelten mit großer Mühe ein Stück Butter herein, eingewickelt in einen Besen oder in die Haare von Frauen. Wehe dem, der sich an diesen Aktivitäten beteiligte. Vor den Toren standen die bestechlichen polnischen Polizisten zusammen mit einem Gendarmen. Und an der Seite stand ein jüdischer Polizist mit einem Stock in der Hand und verlangte seinen Anteil an den eingeschmuggelten Gütern. Der Judenrat wurde zu einer vollwertigen Regierung (*a gantse yidishe regirung*) mit einem Präsidenten, einer Polizei und sogar einem eigenen Gefängnis, in das die gebracht wurden, die die strenge Disziplin des Ghettos brachen oder sich weigerten, zur Arbeit zu gehen. Die Kinder und Freunde der Judenratsbeamten gingen nicht zur Arbeit. Dafür hatte der Befehlshaber, der die diktatorische Macht über den Judenrat innehatte, einen harten Kampf geführt (*gefirt a shtarkn kamf*). Oft brachen Schlägereien aus.

> In June 1942 the German commander decided to build his men a swimming pool. Thousands of men, women, and children were forced to remove from the site earth. Polish policemen urged the laborers on with whips. One day, when the quota of laborers had not been filled, all members of the Judenrat were taken to work. (Amit Haskel, S. 44 f.)

Eine besondere Geschichte handelt von einem Schwimmbad (*stav, baseyn*), das der Kommissar für sich und seine Clique (*klike*) bauen ließ. Jeden Tag wurden Tausende von Frauen, Männern und Kindern zu diesem Bad gefahren. Es war eine Knochenmühle (*mil fun beyner*). Die Menschen fielen immer wieder hin, während sie die Erde trugen, und Lederpeitschen (*nagayke*) schlugen von allen Seiten auf sie nieder, meist von der käuflichen, banditenhaften polnischen Polizei. Auch Fabrikarbeiter wurden nach Beendigung ihres harten Arbeitstages wieder zur Arbeit gezwungen. Am Tor des Ghettos warteten die Banditen bereits zusammen mit dem Ghettokommissar. Anstatt die Arbeiter ins Ghetto zu lassen, wurden sie mit vorgehaltener Waffe zum Bad gebracht. Und da spürten sie wirklich, was es bedeutete, unter Zwang zu arbeiten. Die völlig erschöpften Arbeiter schafften es kaum, sich zurück zu einem leeren Topf (*top*) und nichts Essbarem auf dem Tisch nach Hause zu schleppen, wo die kleinen Kinder mit Tränen in den Augen bettelten: „Papa, Mama, Brot!", nur um hungrig einzuschlafen. Im Ghetto wusste man von den täglichen Nachrichten von der Front, aber nur einzelne Personen kannten sie (*in geto hot men gevust di teglekhe nayes fun di frontn, ober dos flegn visn nor eyntslene perzonen*). Nochem Blachers Sohn Simche hatte in seinem Keller ein Radio in ein leeres Fass eingebaut, und jeden Tag blieb Bome Fridman dort, um die Nachrichten aus London, Moskau und Berlin zu hören. Dafür wurde Hunderten von Menschen die Todesstrafe angedroht, und deshalb war das streng konspirativ. Meistens wurde die Jugend aufgeteilt, um verschiedene Arbeiten zu verrichten. Ein paar Dutzend wurden geschickt, um Torf in Padbonike (?) zu graben, und andere, um Holz im Wald zu sägen. Es gab einen Vorfall: Die Partisanen im Wald nahmen die Spitzhacken und Sägen von dieser Gruppe mit und schickten die Gruppe zurück ins Ghetto, weil sie sie nicht mitnehmen wollten. Wenn die Partisanen der Gegend einen Juden im Wald trafen, nahmen sie ihm im Allgemeinen alles ab und sagten ihm, er solle dorthin zurückkehren, wo er herkam. Der Grund dafür war, dass die Deutschen ihre Spione, verkleidet als Juden mit gelben Flecken auf dem Rücken, in den Wald schickten. Diese gaben später bekannt, wo sich die Bunker befanden. Bei denen, die Torf gruben, kam es vor, dass sie von Partisanen besucht wurden. Einige junge Leute, darunter mein Bruder, wollten mit ihnen in den Wald gehen, aber die Partisanen verboten es strikt und drohten, dass sie sie erschießen würden. Die Deutschen verbreiteten große Angst unter der christlichen Bevölkerung. Es war ihnen verboten, den Juden auch nur die geringste Unterstützung zu geben. Die Juden, die das Ghetto verließen, um zur Arbeit zu gehen, wurden von der Polizei und den Gendarmen streng bewacht. Diejenigen, die am Leben geblieben sind, werden sich für immer an das Wort „Feldwebel" (*feldvebl*) erinnern. Dieser Mann flößte allen Angst ein. Er war ein großer, grober Deutscher mit großen, durchdringenden Augen. Seine Aufgabe war es, die Hauptstraße nach Białystok sauber zu halten. Zu diesem Zweck besuchte er oft das Ghetto, und die Juden mussten dann die Schläge seiner Peitsche auf ihrem Rücken spüren. Die schlimmste Zeit war im Winter, wenn die Hauptstraße mit hohen Schneeverwehungen bedeckt war und die Juden diese so schnell wie möglich entfernen mussten. Der Feldwe-

Polizeibataillon 91, „Bandenkrieg".
LAV NRW, Abt. W, Slg. Primavesi, Nr. 282

bel fuhr mit seinem Lastwagen ins Ghetto und trieb mehrere hundert Juden heraus. Sie rannten dann voraus, und er fuhr hinterher und stieß sie mit seinem Schlagstock. Er machte keinen Unterschied, sondern zwang alle, Frauen, Männer und sogar alte Menschen, zur Arbeit. Einmal ging er betrunken hinein, und obwohl er meist betrunken war, schien er diesmal wirklich wie ein wildes Tier zu sein. Zuerst schoss er in die Fenster, dann rannte er in die Häuser, nahm

mehrere Dutzend Mädchen heraus, die noch in ihren Betten lagen (es war 4 Uhr morgens) und trieb sie in ihren Nachthemden durch das Ghetto zur Hauptstraße. Am Abend brachte er die Mädchen zurück. Alle hatten gefrorene Füße und Hände. Der Sadist hatte mehrere Mädchen vergewaltigt und sie, halb tot, mit seinem Lastwagen zurück ins Ghetto gebracht. Bei der Ausführung seiner sadistischen und brutalen Pläne, wie bei der Vertreibung mehrerer hundert Menschen aus dem Ghetto, wurde er von der Banditenpolizei unterstützt. Die Produktion von Leder und Schuhen floss ausschließlich an die Deutschen.
Es geschah am Tag vor Pessach, 1942.[101]

„Die abscheulichste Tat begingen Angehörige der 3. Kompanie im Frühsommer 1942 im Ghetto von Krynki, wo sie alte und kranke Juden ermordeten. Die 3. Kompanie unter Führung von Ahrens[102] soll den Befehl erhalten haben, das Ghetto Krynki einer Razzia zu unterziehen und dabei Wertsachen sicherzustellen sowie alte und kranke Menschen zu erschießen. Wie bei der „Aktion" der 1. Kompanie in Chotimsk wurden einige Juden in ihren Häusern und auf der Straße erschossen, andere wurden in eine kleine Synagoge am Marktplatz getrieben und dort mithilfe eines Sprengsatzes, der in die Synagoge geworfen wurden, ermordet. … Bei der „Aktion" vom 1. April 1942 … waren etwa 39 alte und gebrechliche Juden im Ghetto Krynki in Polen erschossen worden. Das Tatgeschehen an sich wurde vom Gericht

---

101 Die Ereignisse sind dokumentiert im Yizkor book "Krynica Wieś", https://digitalcollections.nypl.org/items/30129f40-7525-0133-6825-00505686d14e unter dem Titel "der blutiker Freytik".
102 Das Bataillon war 1941 in den Bereich Grodno verlegt worden. „Wilhelm Ahrens was sentenced by a Soviet military tribunal in 1950 to 25 years in prison. He returned to West Germany under an amnesty in 1955. He was tried in Düsseldorf, together with two other members of Police Battalion 91, for the murders in Krynki on April 1, 1942. The three men, in 1973, were acquitted on legal grounds, as no "base motives" could be found for the killings." (USHMM Encyclopedia Volume II Part A S. 911.)

(24.1.1974) als Mord bewertet, Hitler, Himmler, Heydrich und in diesem Fall auch Göring als Haupttäter benannt, obwohl nicht bekannt war, ob es für diesen Einsatz einen Befehl gegeben hatte.

Das Mordmerkmal Grausamkeit wurde im Urteil bestritten. Es beschrieb den Tatvorgang u.a. wie folgt: 8 Uhr Eintreffen in Krynki, Absitzen am Marktplatz in der Nähe des Ghettos. Die Polizisten erhielten Kaffee oder Tee mit Rum. MG-Schütze K. erhielt den Befehl, am Ghettoausgang Stellung zu beziehen. Anschließend hielt Hauptmann Wilhelm Ahrens eine Ansprache, teilte den Zugführern ihre Befehle mit. Die ganze Kompanie erfuhr den Zweck des Einsatzes, die Erschießung von alten und kranken Juden. Zugführer Willy K. habe seinen Leuten mitgeteilt, sie könnten machen, was sie wollten, die Juden seien „unnütze Brotesser". Zwischen 8.30 Uhr und 9 Uhr marschierte die 3. Kompanie in geschlossener Formation ins Ghetto ein. Die Trupps schwärmten aus. Die Menschen im Ghetto gerieten in Panik. ... Ein Mann wurde bei der „Aktion" in seinem Haus in seinem Bett liegend erschossen. Polizisten erschossen einen Juden auf der Toilette. ... Um 12 Uhr nachmittags endete das Töten. Auch ein 10-jähriger kranker Junge befand sich unter den Opfern. ...

Heimtücke als Mordmotiv entfiel für das Gericht, weil Juden bereits nach Einmarsch der Polizeieinheit ins Ghetto in Panik gerieten. Niedrige Beweggründe entfielen ebenfalls. Angeblich hatten die Mordschützen keinen eigenen Täterwillen, keine niedrigen Beweggründe gehabt. Die Ermordung der Juden von Krynki wurde als Beihilfe zum Mord ohne eigene persönliche Merkmale gewertet. Das bedeutet, dass die Taten verjährt waren. Die sechs Angeklagten wurden freigesprochen. ... Der Hauptbeschuldigte des Prozesses, Wilhelm Ahrens, war Polizeirat und Leiter der Schutzpolizei bei der Bezirksregierung Köln. Ein sowjetisches Militärtribunal hatte ihn 1950 zu 25 Jahren

Zwangsarbeit verurteilt. 1955 wurde er amnestiert, kehrte nach Westdeutschland zurück und wurde im September 1956 bei der Kreispolizeibehörde Bochum als Hauptkommissar eingestellt. Als 1964 das Ermittlungsverfahren startete, wurde er in den Ruhestand versetzt."[103]

"Early in the morning of April 1, 1942, one day before the start of Passover, the 3rd Company of Police Battalion 91, under the command of Wilhelm Ahrens, arrived in Krynki. at 8:00 a.m., on the market square, Ahrens ordered his men to search the ghetto for concealed weapons, food, leather, and metal goods and to kill Jews too sick or too old for work. The police searched the houses in the ghetto and ordered confiscated items brought near the large synagogue. Soon, the police started shooting Jews. By the time the company departed Krynki at midday, the policemen had murdered 39 mostly elderly men and women, including Reb Leib Segal."[104]

Es war ein düsterer (*khmurne*) Tag und der Wind wehte über das Ghetto. Wie jeden Tag standen die Arbeitsgruppen früh am Morgen vor dem Tor und warteten auf die Erlaubnis der Ghettoverwaltung, hinaus zu marschieren. Diesmal standen sowohl der Ghettokommissar als auch der Amtskommissar am Tor und hinderten ältere Juden daran, das Ghetto zu verlassen. Niemand verstand den Sinn dieser Maßnahme; jeder vermutete etwas anderes (*yederer hot epes andersh vegn dem zikh aroysgezogt*).
Auf Anordnung des Ghettokommissars befahl die jüdische Polizei allen Jugendlichen, zur Arbeit zu gehen. Ich ging dann am ersten Tag zusammen mit den Lederarbeitern.
Um zehn Uhr wurde das Ghettotor geöffnet und einhundertfünfzig deutsche Mörder, von Kopf bis Fuß bewaffnet, betraten das Ghetto

---

103 Stefan Klemp: „Nicht ermittelt" Polizeibataillone und die Nachkriegszeit, S. 263 ff.
104 USHMM Encyclopedia Volume II Part A S. 911

und sangen das Horst Wessel-Lied: „Wenn das Judenblut vom Messer spritzt"[105]. Sie zerstreuten sich in den Ghettohäusern, und es wurde geschossen, gemischt mit Weinen und Schreien. Yakov rannte über die Straßen, sein Hemd aufgeknöpft, die Augen voller Tränen. Er schrie ohne Unterlass: „Juden, versteckt euch. Sie werden euch erschießen!" Er flehte die Deutschen an, dass sie nicht schießen sollen (*er hot geshlept di daytshn far di arbl, az zey zoln nit shisn*), aber das Schießen hörte nicht auf. Zur gleichen Zeit hat der Judenrat mit dem mörderischen Offizier der Todesschwadron (*toytn-grupe*) verhandelt: Der Offizier forderte 300 Juden auf, ihre Wertsachen herzugeben. Nach einer Stunde Verhandlungen und für den Preis einer großen Menge Gold, Leder und anderen Wertgegenständen gelang es dem Judenrat, die Forderung herunter zu handeln (*aroptsudingen*): Nur diejenigen mit Bärten sollten erschossen werden, mehrere Dutzend Juden. Das Massaker dauerte zwei Stunden bis 12.00 Uhr. Bis zum (*frühen*) Abend konnte die Zahl der Erschossenen noch nicht geklärt werden, da die Opfer an verschiedenen Orten versteckt waren.

Am (späteren) Abend wurden 33 Personen erschossen, darunter die hier aufgeführten Personen: Leib Segal, Munye Levin, Moshe Lapate, Muntshik Wolf (der Enkel des Schmieds), Yankele Wolf, Motl Kravyetski (Bashke Spodvilers Sohn), Moshe Lev (der Bäcker, der sich heldenhaft gegen die Mörder wehrte, um nicht erschossen zu werden), Motke Levi Arbultshik (der Schneider), Henoch Nogidman (Israel-Hertzskes Sohn), der blonde Moyre-Hoyroe (Lehrer) des chassidischen Shtibl, Blak, Mones Fitshebutzki, Alter „Hahn"), Veirokh, Natovitsh, Rabkin Sender Shapir, Abraham Brevde, Pinye Gendler (Pinye Munye Feigl Yehoshua). Von den Frauen: Shoshke Lasher (Yisroel Hertzkes Frau Nagdimon), Akon (mit einem Schwert im Bett erstochen) Ilin, (*Eylin*?), die Frau des alten Mendl. Es war nicht mehr

---

[105] Eine Verwechslung: NS-Version mit Textteilen des „Sturmsoldaten"-Liedes. Das Horst Wessel-Lied beginnt bekanntlich so: „Die Fahne hoch, die Reihen dicht geschlossen."

erlaubt, die Toten auf den jüdischen Friedhof zu bringen; alle mussten im Ghetto, neben Linas Ha´Tzedek, in einem Gemeinschaftsgrab begraben werden. Dem chassidischen Moyre-Hoyroe, genannt „der Blonde", verbrannte man den Bart bei lebendigem Leib, dann wurde er an die Wand des chassidischen Shtibl genagelt. Das gesamte Ghetto umgab Trauer. Ringsum herrschte Totenstille. Der Ghettokommissar verbot uns, die Toten zu beklagen. Sie wurden mit ihrer Kleidung in Anwesenheit des Ghettokommissars und des Amtskommissars bei-gesetzt. Der Sederabend 1942 (*Anfang April*) war Zerstörung, Trauer und Qual.

רייבקע סענגאל, מוניע ליזויון, משה לאפאטע, מונטשיק וואלף (דער שמיד) זיין אייניקל ∙ יאנקעלע וואלף, מאטל ידראיועצקי (באשקע ספאד-וויליערדס זין) משה ליזון דער בעקער, וועלבער האט זיך העלדיש קענגגע-שטעלט די מערדער זיך ניט לאזנדיק דערשיסן, מאטקע ליזון ארביל-טשיק דער שניידער, העגאך נאגדימאן (ישראל-הערצקעס זון) דער געלער מורה הוראה פון חסידים-שטיבל, ביאק, מאגעס פיטשעבוצקי, איטע דער האן, ווייראך, נאטאוויטש, ראבקין, סענדער שאפיר, אברהם ברעווע, פייע נעדעו (איגיע מוניע פייע יחשועס);

פרויען: שאשקע לאשער, ישראל הערצקעס פרוי – נאגדימאן, אקון ד-רבנעשטאבן נעוואדן אופן בעל בית א שוועדן, איין ∙ דעם אלט מענדיק פרוי.

Liste der Ermordeten Q: Sofer

Das Ghetto war in zwei Teile geteilt, die durch eine große Brücke miteinander verbunden waren. Bis 9 Uhr abends konnte man von einem Teil des Ghettos zum anderen gehen. Das materielle Leben wurde täglich schlechter, alle Vorräte waren erschöpft. Die Menschen wurden blasser und schwächer. Die Sterblichkeit stieg enorm, so dass das Feld neben Linas Ha´Tzedek bereits voller Gräber war. Der Hunger breitete sich mit jedem Tag mehr und mehr aus. Sehr wenig konnte ins Ghetto geschmuggelt werden. Die Mehrheit lebte mit der Hoffnung, dass es bis zur Befreiung nicht mehr lange dauern würde. Als Leute wie Yudl

Kaplan, Isaiah Glezer und mein Vater kamen und die Meinung vertraten, dass wir allein den Weg zu unserer Befreiung suchen müssten und dass wir mit dem Gewehr in der Hand in den Wald gehen müssten, um den Feind zu bekämpfen, kamen andere, wie Zeidl Filippski, und predigten, dass wir im Ghetto bleiben und warten müssten, bis der *Amalek vet hobn dem sof fun Hamenen*[106].
Die Tage vergingen. Ich arbeitete in der Fabrik, weil keiner der Gesunden im Ghetto ohne Arbeit bleiben durfte. Für eine Rückkehr in den Wald war es zu früh, weil ich mich nach dem Erlebten immer noch zu schwach fühlte; außerdem kannte ich nicht den genauen Ort, an dem sich meine Genossen jetzt aufhielten. Der Wald war groß, und ich hatte kein Gewehr. Also beschloss ich zu warten und später das Ghetto zusammen mit meinem Bruder in Richtung Wald zu verlassen. Der Winter nahte, und die Mehrheit im Ghetto hatte kein Holz. Es kam das Gerücht auf, dass die Krynkier Juden in ein anderes Ghetto verlegt werden. Die Leute packten bereits ihre Koffer und bereiteten sich auf den Umzug vor.
Im November 1942 kam der schwarze Tag für das Ghetto. Die Christen erzählten, dass ihnen befohlen worden war, mit ihren Pferden und Wagen auf den Marktplatz zu kommen. Sofort wurde das Ghetto extrem streng bewacht, sodass es fast unmöglich war, es zu verlassen. Die Arbeitergruppen, die an den Hauptstraßen in den umliegenden Dörfern arbeiteten, wurden ins Ghetto gebracht. Jeder wusste bereits, dass das Ghetto in eine andere Stadt verlegt werden würde. Allerdings wusste niemand wohin. Es gab nur Vermutungen. Selbst der Judenrat kannte nicht die Wahrheit. Und so sammelten sich schwere, schwarze Wolken über unseren schmerzerfüllten Köpfen. Der Herbst nahte. Die Situation im Ghetto wurde immer schlimmer und verzweifelter. Zwanzig Metzger wurden inhaftiert, weil sie eine Kuh ins Ghetto geschmuggelt hatten. Sie kamen in das Gefängnis in Białystok. Niemand wusste, was mit ihnen geschah, und es gab verschiedene Gerüchte

---

106 Amalek steht hier vielleicht für die Nazis und Haman für Hitler.

über ihr Schicksal. Unter den Metzgern befand sich auch ein Mitglied des Judenrates. Nach einigen Wochen wurde bestätigt, dass alle erschossen worden waren.
Der Ghettokommissar versprach, die Bevölkerung im Winter mit genügend Kartoffeln und Holz zu versorgen.

In der Zwischenzeit hatte ich auch Informationen über den traurigen Tag erhalten, als die Deutschen die Stadt bombardierten. Zu dieser Zeit waren alle Leute auf das Feld gerannt. Die deutschen Flugzeuge warfen Flugblätter ab, die die Bevölkerung auf weiße Kopftücher legen sollten. Also taten sie es. Alle Juden saßen zusammen an einem Ort des Feldes, und das ganze Shtetl stand in Flammen. Nach der Bombardierung rannten ein paar Juden los, um nach ihren Häusern zu sehen. Am Abend flog plötzlich ein Flugzeug über ihnen und ließ einen weißen Rauchstreifen (*a vaysyn pas raykh*) los. Im selben Moment war ein Abfeuern von Kanonen (*harmatn*) zu hören, und die Artilleriegeschosse trafen die versammelten Juden. Nach zwei Salven (*shosn*) gab es 76 Tote und viele Verletzte. Ganze Familien wurden getötet, weil sie zusammen an einem Platz gesessen hatten. Die Leute wurden verrückt (*meshuge*) und rannten über das Feld. Das erste Opfer war Herr Leibl Zak mit seiner Frau. Außerdem: Hershl Borowski, die Familie von Israel Kirzner (außer dem Vater), (Aber) Shloime, Chane, Neche und so weiter. Der Apotheker Zhuchowski kam mit seinen beiden Kindern Roza und Tanya ums Leben, und seine Frau verlor den Verstand. Die Tage vergingen.
In Virians Hof war das Schwimmbad bereits fertig. Jetzt gingen alle zur Arbeit in die Ruinen/Hütten (*khurves*). Der Wirtschaftskommissar eröffnete eine Schneider- und Kürschnerwerkstatt. Die Arbeit wurde hier ausschließlich für die Deutschen geleistet, die jeden Tag mit ihren geplünderten Gütern nach Deutschland fuhren. So lebten und warteten alle auf den Tag der Befreiung. Der 2. November 1942 kam.

Die Auflösung des Ghettos

Two days later the ghetto was enveloped by intense fear. This happened after Yakov Kozalchik, commander of the Jewish Police, said that the Germans were planning on liquidating the ghetto the next morning. He claimed that the secret had been revealed to him by a German guard. Indeed, in the afternoon the ghetto gates were locked. German forces equipped with machine guns were posted around the fence. The market square was full of gendarmes and wagons. All that night, the Jews of Krynki engaged in preparations to leave the ghetto and abandon their beloved town. The next day, November 2, at 6 am, the commander of the ghetto instructed all Jews to leave its limits within an hour. He warned that anyone daring to hide would be caught and executed. At 6:30 am the Gestapo began urging everyone to leave the ghetto. Later on, survivors told of a great tumult. Cries of anguish and weeping were heard everywhere. These increased when German and local Polish bullies beat up the wretched Jews. German officers stood around the courtyard. They photographed the uproar and occasionally burst out laughing. Gendarmes and several Gestapo officers held an initial selection. They separated about 350 people from the masses. Of these, 170 expert tanners, tailors, shoemakers, Judenrat, and several laborers were left to clean up the ghetto. The rest of the group was sent, under heavy guard, to the Kalbasin camp, some five kilometers from the city of Grodno. The men marched on foot. Women and children were taken in wagons. On January 17, 1943, two and a half months after liquidation of the ghetto, an order was given to "clean" Krynki of Jews. The next morning the remainder were taken to the market square. At the square they were met by sleds. Polish coachmen took them to the train station at Sokolka. Each of those leaving was permitted to take one backpack. Money and valuables were collected by the Germans. On January 23 the remainder of Krynki's Jews were included in a transport of some 1,200 Jews headed south. They were sure that they were being taken to Treblinka. At that time they already knew that Treblinka meant death. [107]

Die Lage im Ghetto wurde schlechter und verzweifelter. Am 1. November (*1942*) wurde es von mit Maschinenpistolen Bewaffneten eingekreist. Eine Flucht war nun unmöglich. Der Ghettokommissar und die anderen Deutschen entzogen den Juden ihre Arbeitsmöglichkeiten in den Fabriken. Niemand ging mehr zur Arbeit. Am Abend zirkulierte das Gerücht, dass alle Juden in eine andere Stadt gebracht werden sollen. In der Nacht packten alle ihre Rucksäcke und bereiteten sich auf die bevorstehende Reise vor.
Um 6 Uhr früh erklärte der Ghetto-Kommissar, dass in etwa einer Stunde alle Juden das Ghetto verlassen müssten. Die vorbereiteten Bauernwagen standen schon auf dem Marktplatz. Um 6.30 kamen bewaffnete Deutsche zusammen mit Gestapo-Offizieren ins Ghetto. Zehn Minuten später standen hunderte Junge und Alte mit ihrem Rucksack bereit. Beim Verlassen des Ghettos jagte ihnen der deutsche und polnische Mob nach, schlug sie mit Prügeln auf Kopf und Rücken.
Leute fielen blutend aufs Pflaster, Kinder weinten. Das Pflaster war mit Bettfedern bedeckt. Die ganze Garbaska-Gasse war bedeckt mit Rucksäcken und verletzten Menschen. Kinder verloren im Tumult ihre Eltern und liefen zwischen den Beinen der Mörder, die ständig riefen: „Schneller, raus!"
Die Offiziere standen mit ihrer Fotoausrüstung da, machten Fotos und lachten.
Plötzlich kam ein Befehl vom Mörder-Direktor der Lederfabrik, alle Arbeiter sollten auf den Synagogenplatz kommen. Die übrigen Juden gingen zum Marktplatz, wo die Wagen warteten.
Das Geräusch der Wagenräder betäubte sie. Der Direktor selektierte zusammen mit dem Judenältesten Yankel Schneider die übrigen Juden. Die aus der Reihe Genommenen rannen zum Marktplatz und suchten nach ihren Familien. 170 Lederarbeiter, alles Handwerker,

---

107 Haskel S. 46 und 48.

wurden zurückgehalten, und mit ihnen der Judenrat, die besten Schuhmacher, Schneider und Näherinnen, insgesamt 350 Personen.
In Fünferreihen wurden wir wieder zurück in die Fabrik geführt. Einige blutende Ältere lagen immer noch auf der Straße. Im Ghetto tödliche Stille. Nur die schweren Schritte der Mörder waren zu hören. Die Ghetto-Tore blieben offen.
Wir marschierten mit hängenden Köpfen hinunter zu Tarlovkys Fabrik, die Schuhmacher und Schneider zu Grosmans Fabrik, die im Ghetto lag. Die übrigen Gerber standen auf dem nassen Zement, vergruben ihre Gesichter in ihren Händen und weinten.
Schreie und Schluchzen waren zu hören: „Warum bin ich nicht mitgegangen? Warum habe ich die Familie allein gelassen?" Die Atmosphäre war, als kämen wir gerade von einer Beerdigung.
Die Schneider und Schuhmacher wurden in eine zweite Fabrik Grosmans im Ghetto Krynki gebracht. Wir in der Lederfabrik waren 70 Leute, darunter etliche Mädchen und Frauen zum Kochen, alle anderen waren Profis, die die Fabrik dringend brauchte.
Es blieben keine Kinder übrig, außer Zeidl Filipkis Tochter, die als einziges (zweijähriges) Kind im Fabriklager blieb. Zeidl, wollte sich nicht von Frau und Kind trennen, und da er einer der besten Schlosser und Spezialisten für Wasserleitungstechnik war, musste der Direktor Filipskis Wunsch erfüllen.
Doch noch ein anderer Grund zwang den mörderischen Direktor: Er brauchte Zeidl, um sein Wohnhaus fertig zu bekommen. Das zweite Lager, wo Schuster, Schneider, Quilter und ein paar andere Fachkräfte gebraucht wurden und untergebracht waren, hieß „Grosmans Fabrik-Lager". Jede Art von Kommunikation zwischen den beiden Lagern war streng verboten. Es gab auch einige Mitglieder des Judenrates, die bei ihren Familien blieben, zum Beispiel der Vorsitzende des Judenrates, Josl Goltz mit seiner Frau, aber ihre drei Kinder wurden zusammen mit den anderen deportiert.
Denn es wurde umgesetzt, was zuvor angekündigt worden war: dass alle Juden das Ghetto verlassen müssen. Aber damals wusste noch niemand, dass die oben genannten Leute doch bleiben würden. Deshalb hatte Yosl Goltz bereits ein gutes Versteck in einer Doppelwand

vorbereitet. Dort war er mit seiner ganzen Familie bis zwei Uhr morgens geblieben, dann aber hinausgegangen, um sich über Neuigkeiten zu informieren. Aber als er auf der Straße auftauchte, wurde er gefasst und zur Gendarmerie gebracht.

Seine Frau wartete mit ihren Kindern und wurde unruhig, als der Vater nicht kam. Um 5 Uhr morgens beschloss sie, hinauszugehen und nach ihm zu sehen. Aber sobald sie auf der Straße war, hörte sie die schweren Schritte der deutschen Wachen. Also rannte sie in einen Keller, um sich zu verstecken. Die Kinder warteten noch eine Stunde, aber als ihre Eltern nicht kamen, beschlossen sie, auf die Straße zu gehen, um nach ihnen zu suchen. Als sie nach draußen gegangen waren, wurden sie sofort eingefangen und mit einem Lastwagen dorthin gebracht, wo alle Pferdekarren mit den anderen Leuten hingefahren waren.

Ihr Vater wurde morgens ins Fabriklager gebracht, und seine Frau blieb bis spät in der Nacht im Keller. Als sie auf die Straße kam, wurde sie sofort gefasst und am nächsten Morgen auch ins Fabriklager gebracht. Beide waren völlig außer sich, als sie nach zwei Tagen vom Schicksal ihrer drei verlorenen Kinder erfuhren.

Die Fabrik, in der wir uns befanden, war eingezäunt und streng bewacht. Der Direktor besuchte das Lager oft und führte eine strenge Disziplin ein. Der Kommandant des Lagers war Yakov Kozalchik, der allein geblieben war. Seine Frau und drei Kinder waren zusammen mit den anderen Juden aus dem Ghetto transportiert worden. Nach einigen Tagen erfuhren wir, dass unsere Familien in ein Lager für ehemalige Kriegsgefangene bei Grodno, nach Kiełbasin[108], gebracht worden waren.

Dort hatten 15 000 Russen gelebt, und nach kurzer Zeit waren sie alle getötet worden. An ihrer Stelle brachten sie nun die Juden aus Krynki und den umliegenden Shtetln. Die Menschen lebten dort in Lehmhütten unter sehr ärmlichen Bedingungen. Es war für Außenstehende unmöglich, mit den Menschen in diesem schrecklichen Todeslager in Kontakt zu kommen. Dort nahm die Sterblichkeit mit jeder Stunde zu,

---

108 Ort in der Provinz Hrodzyenskaya Voblasts (Belarus), s. u.

und die Toten durften nicht aus dem Lager geholt werden. Wir hatten etliche Bauern geschickt, um Brot dorthin zu bringen und einen Gruß zu überbringen. Aber alles war umsonst. Das Lager war von der Außenwelt abgeschnitten.

„Kurz nach dem Überfall des Dritten Reiches auf die Sowjetunion im Juni 1941 richteten die Deutschen ein Kriegsgefangenenlager in Kielbecken ein, das heute ein Vorort der Stadt Grodno ist. Vor dem Krieg befand sich hier ein Ausbildungszentrum der zionistischen Organisation Hehalutz Hamizrachi, wo jüdische Jugendliche auf die Landarbeit vorbereitet wurden. Ein 50 ha großes Areal war mit einem doppelten Stacheldrahtzaun mit Wachtürmen umgeben. Sowjetische Kriegsgefangene wurden in 96 primitiven und in Eile gebauten Unterständen untergebracht, 6 Meter lang, 25 Meter breit und 3 Meter hoch.
Ab November 1942 diente die Einrichtung als Durchgangslager für Juden. Die Deutschen brachten hierher vertriebene Juden aus Dąbrowa, Druskienniki, Grodno, Indura, Krynki, Kuźnica, Łunna, Nowy Dwór, Ostrynia, Poręcz, Sokółka, Sopoćkinia und anderen Orten. …
In seinem Bericht von 1946 lieferte Abram Lipcer eine Beschreibung der Zustände im Lager: 'Sie gaben uns täglich 150 Gramm Brot und einen Liter Suppe aus ungeschälten Kartoffeln. Schon das kleinste Vergehen wurde mit dem Tod durch Erschießen bestraft. ... Die Unterstände, die ihre Häuser waren, waren so überfüllt, dass es unmöglich war, zu schlafen; man konnte entweder stehen oder sitzen. … Man konnte nicht entkommen – der Stacheldrahtzaun war 4m hoch. Überall Gestapo, die Nacht war taghell (Strom und Suchscheinwerfer).'"[109]

„Physically and spiritually broken, we arrived in Kielbasin. We were put in long subterranean shelter like buildings that were left over from a Russian prisoner camp. Conditions in the camp

---

109 https://sztetl.org.pl/en/towns/g/1057-grodno

were absolutely inhumane. In the camp ruled filth, hunger and cold. The food was starvation food on the order of "a little bread and a little water". The main source of nutrition was frozen, unpeeled potatoes, and the worst type of barley, mixed with sand. We barely had enough wood for fires for warmth, let alone for cooking food. Family representatives were designated as cooks. Many of us didn't have the strength to endure to hellish conditions and the number of dead was great. Dead bodies were piled up in a special barrack.

We were held in the Kielbasin ghetto for approximately six weeks and from there we were transported to the last stop, the Grodno Ghetto. From Kielbasin to Grodno we walked barefoot, starving, exhausted, shadows of human beings marching in a singing procession. The Gendarmerie made us go faster and made us sing: "Aidel/Shmerel mitn Fidl"[110]…we will never forget this procession of the dead."[111]

Sie [die Wehrmacht] holte die Juden ab, sie brachte sie nach Grodno [Hrodna].... Und sie [die Christen] fuhren mit Pferdewagen nach Grodno, und der Christ, der Junge, brachte uns die Nachricht, dass es in der Nähe von Grodno ein Lager ehemaliger russischer Kriegsgefangener namens Kiełbasin gab, und dort sammelte sie [die Wehrmacht] alle Juden aus Grodno, aus Krynki, aus Amdur, aus allen Dörfern um Lyde (Lida/Лида, Weißrussland), aus allen Dörfern der Region Weißrussland, sie sammelte sie dort und erschoss jeden Tag Abertausende von Personen.

Diejenigen, die nicht gehen konnten, wurden erschossen, und diejenigen, die gehen konnten, wurden zum Zug gebracht und entweder nach Auschwitz oder Treblinka gebracht, man weiß es nicht genau. Man weiß genau, dass sie [die Wehrmacht] am 2.

---

110 Das jiddische Lied *Tsen brider*
111 Die Brüder Motel und Leib Zaly/Sali in: Mall, Die Häftlinge, S. 525

November 1942 alle Familien, alle jüdischen Einwohner von Krynki erschossen hat. [112]

Der Winter nahte. Die Fröste brachten Temperaturen von bis zu 35 Grad unter null. Jeder Fluchtversuch in den Wald war zum Scheitern verurteilt. Ein paar Jugendliche liefen davon und nahmen Spitzhacken und Schaufeln mit. Aber zwei Tage später kamen sie alle zurück, mit erfrorenen Händen und Füßen.

Da wir wussten, dass wir nicht lange im Fabriklager bleiben würden, gaben wir Fluchtpläne auf oder versteckten uns in einem Bunker.

Nach einiger Überlegung wurde ein Ort auf dem jüdischen Friedhof in einer Zementgrube ausgewählt, in der Sheymes[113] aufbewahrt wurden. Nur wenige wussten davon. Unsere Arbeit musste streng geheim bleiben. Die Initiatoren unserer folgenden Aktivität waren Shepsl Kushner und Yudl Kaplan.

Jede Nacht gegen 2 Uhr bestachen wir den Polizisten, indem wir ihm sagten, dass wir Brot oder andere Lebensmittel ins Lager tragen würden. Dann sind wir zum Friedhof gegangen und haben dort alles vorbereitet. Jedes Mal gingen zwei Leute und nahmen, was sie konnten: Zwieback, Fleisch, Wasser und andere Lebensmittel.

Im Bunker musste Platz für 20 Personen sein. Yakov, der Kommandant, wusste von unserem Plan und hat uns sehr geholfen. Wir mussten sehr vorsichtig sein und gingen nur bei starkem Schneefall, damit unsere Fußspuren wieder verdeckt wurden. Ich bin auch mehrmals dorthin gegangen, zusammen mit Yudl Kaplan, und als wir uns in die Grube hinabgelassen haben, konnten wir dort die mit Zwieback und diversem Kochgeschirr gefüllten Säcke sehen.

Alles hat sehr gut geklappt. Die Grube war groß, mit viel Luft; sie sollte über einen Grabstein (*matseyvel*) betreten werden. Unsere Aktivitäten wurden nachts durchgeführt, wenn der Wind pfiff, und wir versanken bis zu den Knien im Schnee. Alles war fast fertig. Auch eine Frau sollte bei uns sein, um das Essen zuzubereiten. Als einmal zwei

---

112 USC-Video
113 sheymes, שמות: Herausgerissene Seiten aus religiösen Büchern

Kameraden an den Ort kamen, fanden sie die Grube leer. Alles war herausgenommen. Wie wir später erfuhren, waren es kleine nichtjüdische Lausbuben (*shkotsimlekh*) gewesen, die sehr früh am Morgen menschliche Fußspuren im Schnee gefunden hatten.
Unsere harte Arbeit war also umsonst. Wir fingen an, neue Pläne zu schmieden und entschieden, dass, falls unser Lager in Krynki bleiben würde, eine Gruppe von uns in den Wald fliehen würde. Nach sechs Wochen erreichte uns die traurige Nachricht über das Schicksal unserer Familien: Sie waren in die Hölle von Treblinka deportiert worden. Und jetzt wussten auch wir genau, was uns erwartete. Auch im zweiten Lager, wo die Schuster und Schneider waren, hatte sich eine Gruppe zur Flucht bereit gemacht. Unter ihnen war ein sehr energischer junger Russe namens Mair. Es wurde auch hier geplant und studiert, wo man sich aufhalten könnte in der Zeit, bis die Restlichen weggebracht würden (*geplanevet un shtudirt vu zikh tsu bahaltn in der tsayt fun aroysshikn di reshtlekh*). Ein paar Leute richteten dann in einem Kessel im Bad (*in bod kesl*) einen Platz für 6 Personen ein, wo sich später tatsächlich sechs Personen versteckten: Chaim-Mair und Yosl Goltz mit seiner Frau, Soreke, Mair und Chaimke Gendler.
Einige von uns versuchten, in ein Dorf zu einem bekannten Bauern zu gehen und dort nach einem zukünftigen Versteck zu fragen. Aber die Bauern kannten niemanden und wollten auch kein Versteck anbieten, denn die Machthaber (*di makht*) gingen energisch gegen diejenigen vor, die Juden helfen wollten, und drohten sogar, sie zu erschießen.
Einmal abends, als wir schon am Eingang der Fabrik standen und auf den Pfiff warteten, ging plötzlich die Tür auf, und der Direktor kam herein. In diesem Moment rauchte ich gerade eine Zigarette. Dies war strengstens verboten und bedeutete Sabotage. Sofort rannte ich durch die Hintertür davon und verschwand im Hof. Da es in der Fabrik bereits dunkel war, hatte der Direktor mein Gesicht nicht erkennen können. Gleich darauf ertönte der Pfiff (*fayf*) und alle gingen zurück ins Lager. Allerdings kam gleichzeitig der Direktor außer Atem hergerannt und wollte den Namen der geflüchteten Person wissen, die geraucht hat. Wenn nicht, würde er die Gestapo anrufen und darauf bestehen, dass 20 Menschen erschossen werden. Bevor er ging, gab er

10 Minuten Aufschub. Ich meldete Yakov, dem Kommandanten, dass ich es war. Wir gingen sofort zum Direktor, und Yakov machte einen solchen Krach (*tuml*) und Geschrei, dass der Direktor ganz verwirrt wurde. Er rief: „Ich habe es ihm schon zurückgezahlt!" und im selben Moment gab er mir eine leichte Ohrfeige. Aber dann stand der Direktor vom Stuhl auf und ging zu mir. Beim ersten Schlag, den er mir versetzte, bildete sich sofort eine Blutlache auf dem Boden. Das genügte. Dann verkündete er sein Urteil: Ich durfte nicht mehr in der Fabrik arbeiten; ich war fortan ein „Strafgefangener" (*shtrofheftling*), der ganz allein die schwerste Arbeit im Lager zu verrichten hatte. Dies verbesserte meine Situation in zweierlei Hinsicht: Erstens musste ich nicht mehr so früh aufstehen wie alle anderen, und zweitens hatte ich genug Zeit, um etwas zu tun, um unsere Pläne zu verwirklichen, die wir noch im Kopf hatten. Der Direktor hatte es jedoch immer auf mich abgesehen. Sobald er das Lager betrat, rief er: „Wo ist der Holzsäger?" (Er nannte mich so, weil das Sägen von Holz als die härteste Arbeit galt). Der Direktor war ein alter Deutscher, ein Wütender (*ayarst*). Wir nannten ihn **Malakh Pyatsh**. Das war der Name des bösen Engels.

Das neue Jahr rückte näher und gingen schon hinein in 1943 (*un un mir zaynen shoyn arayn in 1943*). Die Fröste ließen nicht nach, und die Stimmung unter den älteren Arbeitern war sehr gedrückt. Die meisten von ihnen lagen nächtelang wach und weinten.

Zeidl Filipski veranstaltete jeden Freitagabend religiöse Vorträge und bewies uns anhand von Zahlen und „Fakten", dass wir der „Erlösung" bereits nahe seien und der Messias in Kürze auf seinem weißen Pferd kommen würde, um uns zu befreien.

Während der Vorlesungen kam es zu Streitigkeiten (*rayserayen*) mit den jungen Leuten, die sich energisch gegen eine solch schädliche Propaganda wehrten. Der Redner pflegte auch Beispiele von Jona, dem Propheten, zu bringen, der von einem Fisch verschluckt wurde. Nachdem er in seinen Bauch gebetet hatte, spuckte ihn der Fisch unversehrt wieder aus. Dies bedeutete, dass auch wir genauso unversehrt aus der Situation herauskommen würden, wenn wir uns genauso verhalten würden. Daher saßen einige Arbeiter die ganze Nacht da und rezitierten Psalmen.

Das Essen in beiden Lagern war gut, in unserem und dem der Schuster und Schneider. Alle im Ghetto verbliebenen Lebensmittel waren in die Lager transportiert worden. Mehrere Frauen arbeiteten mit den ausrangierten (*opgeshtelte*) Kleidungsstücken, die im BeshaMedresh gesammelt worden waren. Die besseren Sachen schickte der Ghettokommissar, der „der Herr über alles" war (*velkher iz geven der gantser balebos*), nach Deutschland. Die Reste verkaufte er an die Bauern, die täglich aus den umliegenden Dörfern kamen. Sie standen Schlange, um mit unserem Blut besprizte jüdische Habseligkeiten zu ergattern, die waren. Die Mädchen, die als Sortiererinnen arbeiteten, mussten zusehen, wie Kleidung und Kissen ihrer Familien und geliebten Angehörigen verkauft wurden.

Eine Gruppe von Juden arbeitete daran, den Ghettozaun niederzureißen, und tatsächlich hatten sich bereits Christen aus den Dörfern in einigen jüdischen Häusern niedergelassen. In den ersten Tagen nach der Deportation aus dem Ghetto waren einige Christen in die leeren Ghettohäuser hineingegangen und stahlen alles. Ein Gendarm namens Gaver (Naver?) bemerkte es und erschoss mehrere dieser Christen.

Während der ganzen Zeit im (*Gerber-*)Lager konnte ich zweimal ins Schusterlager gehen. Außerdem wohnten mein Vetter und meine Base (*mume*) mit ihren zwei Kindern dort. Als ich dort ankam, weinte meine Base sehr, sich an ihre anderen Schwestern und Familien erinnernd. Sie bat mich inbrünstig, bei ihnen zu bleiben, damit, was auch immer käme, wenigstens wir zusammen wären.

Mein Vetter Yisralke war jedoch anderer Meinung. Er argumentierte immer, dass wir uns organisieren und Waffen besorgen müssten. Wir müssten um jeden Preis in den Wald fliehen. Obwohl Yisralke zwei kleine Kinder hatte, hatte er den Mut, in den Wald zu fliehen. Aber der Frost erschwerte jeden Versuch, in den Wald zu gehen (*kegn yedn pruv tsum avekgeyn in vald arayn*).

Wir hofften nun, bis Pessach durchzuhalten und dann im Wald zu kämpfen. Aber die Machthaber schliefen nicht und hatten bereits den

Tag unserer Deportation geplant. Am 17. Januar wurde der Befehl erlassen: „Krynki muss judenrein werden!"
Gleich am Morgen des 18. Januar waren unsere beiden Lager von Polizisten und der Gendarmerie eingekreist (*arumgeringlt*). In der Nacht vom 17. auf den 18. Januar flohen einige Menschen sowohl aus unserem Lager als auch aus dem anderen Lager.
Von uns flohen 18 Männer und Frauen. Der ehemalige Vorsitzende des Judenrates, Yosl Goltz, floh zusammen mit seinem Bruder Chaim-Mair. Sie versteckten sich im Kessel (*kesl*) des Bades.
Die 18 Geflüchteten waren:
Peretz und Yoshe Pruzhanski, Velvl Wolf, Yitzhak Zutz, Moishele Kagan, Abrahaml Vacht, Kushn(y)er, Mair Gendler, Chaim Veiner, Motke Shteinsafir, Sore'ke Goltz, Sore'ke Gendler, Leah'tshe Wolf, Perl Levi, Fridke Zalkind, Mashke Kaplan und Itshe Wolf.
Sie wurden später gefasst und erschossen. Einige andere liefen zu bekannten Bauern, der Rest in den Wald. Von den Überlebenden erfuhr ich das schreckliche Schicksal derer, die im Wald erfroren waren.
Meine Vetter Peretz und Yosl Pruzhanski, wurden gefasst und zu Tode gefoltert. Der russische Ingenieur Dimitrov versteckte in seinem Haus zwei Mädchen, Perl Levi und Leytshe Wolf, die bis zum Tag der Befreiung bei ihm blieben.
Wir, die Übriggebliebenen, wurden auf den Marktplatz geführt. Dort warteten bereits Schlitten, um uns zur Bahn zu bringen (26 Kilometer vom Shtetl nach Sokolka).
Jeder durfte nur einen Rucksack mitnehmen; alles andere mussten wir im Lager lassen.
Mehrere Deutsche kamen auf den Fabrikhof und forderten alle auf, ihren Schmuck abzugeben. Falls sie bei jemandem noch etwas davon fänden, würde er erschossen.
Bald tauchten weitere Mörder auf dem Markt auf und stellten sich mit vorgehaltener Waffe um uns herum auf. Wieder versammelten sich Menschen, die unsere Kleider durchsuchten und alles mitnahmen, was sie dort fanden.
Als wir bereits aus dem Shtetl herausfuhren, tauchte eine zweite Gruppe auf und drohte zu schießen, falls unter den unglücklichen Opfern

Schmuck gefunden würde. Unterwegs sind Leuten auf den Schlitten die Füße abgefroren.

Als wir unser Shtetl verließen, begleiteten uns Bäuerinnen mit Tränen in den Augen. Ein Mädchen, Fanye Roitbard, hatte ihren vierjährigen Jungen, der kein Jiddisch konnte, bei einem Christen zurückgelassen. Die Mutter war mit ihrem Kind aus Russland gekommen und von den Deutschen erschossen worden.

Wir wurden von Dutzenden von Gendarmen mit polnischen Polizisten begleitet. Es war starker Frost, und als der Abmarsch anstand, brachte der Christ den kleinen Jungen zu uns und wies ihn an, mit uns zu gehen.

Wir wurden nach Sokolka gebracht und dort in schmutzige Viehwaggons für Pferde mit geschlossenen (*farmakhte*) Fenstern geworfen. Sie steckten 50 Personen in jeden Waggon.

In jedem Waggon war ein Soldat, der uns daran hinderte, durch ein kleines Fenster zu schauen. Sie warfen etwas Brot hinein und schlossen die Tür ab. Der Zug fuhr los.

So wurde unser Shtetl judenrein.

Auf dem Weg nach Auschwitz

Wir wurden mit mehreren Lastwagen zum Bahnhof von Sokółki gebracht. Dort gab es viele Juden aus anderen Dörfern, und sie [die Wehrmacht] sammelte uns in geschlossenen Viehwaggons. Wir waren zwei Tage und zwei Nächte unterwegs, und in dem Waggon, in dem ich reiste, starben drei Personen. Wir bekamen nichts zu essen, es gab kein Wasser. Es war kalt. Dann kamen wir in ein Konzentrationslager namens Auschwitz-Birkenau. Als der Waggon voll war und auch der andere Waggon voll war, blieben wir drei Tage in Sokółki stehen, ohne Essen, ohne irgend etwas, und es war kalt.

Ich kam zusammen mit meiner Tante und meinem Onkel in einen Waggon. Außer mir waren hier Yakov Kozalchik, Berl Blumke and Rochele Zakheim, Henech Muglos mit seiner Tochter Mertshe, Israel

Kalinovitch, seine Frau und zwei Kinder, Abraham'l Efraimson (Shiskhes) mit Frau, Sohn und Tochter, Dode Kirpitch mit seiner Mutter und seinem Bruder, Zundl, (der sich aus dem Zug warf), Moishe Skovronski, mit Frau und zwei Kindern.

Einige Juden rezitierten Psalmen, die Frauen weinten. Zusätzlich kamen Juden aus Sokolka[114] in unseren Zug, sodass wir insgesamt 1200 waren. Wir standen einige Stunden am Bahnhof, bis der Zug in den Abend fuhr.

Yakov brach ein kleines Fenster auf, und eine Gruppe junger Leute wollte hinausspringen. Der Zug fuhr mit voller Geschwindigkeit. Ich wollte auch springen. Wir stellten uns in einer Reihe auf. Der erste war Hepsl Kushners Sohn Moischele, und danach sein Vater. Und so sprang einer nach dem anderen aus dem mit voller Geschwindigkeit fahrenden Zug, fuhr. Eine Mutter ermutigte ihre zwei Kinder, zu springen und half ihrem kleinen Sohn zum Fenster. Yakov, der Initiator, half schließlich allen aus dem Zug.

Als ich schon dabei war zu springen, kam meine Tante und zog mich am Ärmel. Mit Tränen in den Augen bat sie mich, nicht zu springen. Ich solle mit ihnen gehen und bei ihnen bleiben, was immer geschehen möge. Auch meine beiden Kusinen baten mich, nicht zu springen. Inzwischen fuhr der Zug an Białystok vorbei, und ich stand verwirrt an der Wand. Yakov zog sein Hemd aus und warf seine Kleider aus dem Fenster. Nun wollte auch er springen, aber er war zu dick. Als er sah, dass seine Bemühungen umsonst waren, nahm er eine Ampulle Gift und trank es. Aber das Gift wirkte nicht. Sein Herz war stärker. Nun lag er auf dem Boden und stöhnte.

Nun näherten wir uns Malkin[115]. Wieder rezitierten einige Psalmen. Zeydl Filipski nahm seinen Gebetsmantel und seinen Gebetsriemen.

---

114 Nach Czech kam der „Transport des RSHA aus den Ghettos in Sokolka und Jasionowka" am 26.1.1943 nach Auschwitz. (Czech S. 393).

115 Małkinia Górna war eine Zwischenstation auf der Bahnstrecke Warschau–Białystok für die Transporte aus dem Warschauer Ghetto nach Treblinka.

Anders als erwartet, hielt der Zug nicht in Malkin, sondern fuhr ohne Halt weiter. Die frommen Juden sagten, ihre Gebete hätten uns geholfen. Wir würden irgendwohin zum Arbeiten gebracht werden, wie es der Fabrikdirektor versprochen habe: Wir würden arbeiten und leben wie in einem Palast.

Meine Tante kam zu mir und sagte: „Ich sagte, du sollst nicht springen. Jetzt bleibst du bei uns!" Ich antwortete nicht, saß still da und sah nach allen im Waggon: Hübsche, kleine Kinder mit dunklen wachen Augen, sich an ihre Mütter schmiegend. Und dann hörte ich Valodke, den Jungen, den Christian mitgebracht hatte, mit zitternden Lippen auf Russisch fragen: „Werden wir überleben? Werden sie uns erschießen?"

Meine beiden Kusinen Lozerke und Hershele standen neben mir, ihre Hände auf meinen Schultern und fragten mit ihren süßen Stimmen: „Avroheml, wo bringen sie uns hin? Du bist nicht gesprungen, du bleibst bei uns." Ein tiefer Seufzer war meine Antwort. Ich tröstete sie: „Wir fahren in Richtung Warschau."

Es war schon dunkel, aber niemand schlief. Es war kalt, die Wagenwände waren weiß vom Reif. Wir schabten ihn mit Löffeln ab und nahmen ihn als Ersatz für Wasser, um den brennenden Durst zu stillen.

Am nächsten Morgen erreichten wir Warschau, wo wir einen ganzen Tag standen. Neun Leute sprangen aus dem Waggon: Moishele Kushner, Shepsl Kushner, Yosl and Chaim Braverman, Leibl Naliber, Hershl Abramovitch, Sonye Funk, Avroheml Kleinbard, Zeydl, Yakobinski, Dora Kirpitch und ihr Bruder, Zundl Kirpitch. Danach wurde der Waggon streng bewacht, und niemand konnte mehr springen.

Unser Durst wurde schlimmer, da kein Reif mehr an den Wänden war. Wir baten die Wächter um Wasser, mussten dafür aber eine Uhr oder einen Ring hergeben. Als wir fragten, wohin wir gebracht werden, antworteten sie, sie wüssten es selbst nicht.

Die älteren Juden, unter ihnen Zeydl Filipski an der Spitze, legten ihre Teffilin (*Gebetsriemen*) nicht mehr ab.

So verging die zweite Nacht, und niemand wusste, wohin es ging. Am dritten Tag kamen wir durch eine Bahnstation, an der Christen und Juden Schnee räumten. Als wir uns ihnen näherten, gestikulierten sie und riefen: „Flieht, ihr werdet umgebracht (*Ma firt aykh tsu der shkite*)!"

Sofort begannen die Frauen zu weinen, und die Psalmbeter wurden sehr laut. Eine Stimme sagte, wir würden nach Auschwitz gebracht. Aber niemand wusste, wo das war, niemand hatte den Namen vorher gehört. Nur zwei „Höllen" kannten wir: Majdanek und Treblinka.

Es wurde Nacht; Yakov wies uns an, all unseren Besitz zu verbrennen. Als erster verbrannte Aizik Burstin[116] ein Bündel Banknoten. Seinem Beispiel folgten alle, die noch etwas Geld hatten. Ein kleines Feuer brannte in der Wagenmitte. Wir hatten alle Tränen in den Augen. Am nächsten Morgen, am Dienstag, den 21. Januar 1943[117] erreichten wir Auschwitz.

Auschwitz

Wir standen eine Stunde an der Station, und niemand kam, um nach uns zu sehen. Nur die Wärter marschierten draußen herum mit zusammenschlagenden (*tsuklapndik*) Beinen. Doch plötzlich kamen Lastwagen und Autos, aus denen große, mörderische Gestalten mit Totenköpfen an den Helmen herauskamen. Es wurden immer mehr. Schließlich stand eine Gruppe von SS-Männern da, bewaffnet von Kopf bis Fuß. Sie stellten sich so auf, dass alle 5 Meter einer stand. Außerdem sahen wir Männer in gestreifter Kleidung und Nummern an Brust und Hosen. Sie liefen vor und zurück. Ein großer Mann rannte hinter ihnen und rief: „Schnell, vorwärts!" Er hatte einen Eichenprügel in der

---

116 Es ist unklar, ob das Ajzik Bursztyn ist, geboren am 19.12.1912 in Zambrów (Polen). Er wurde am 19.1.1943 von dort nach Auschwitz deportiert (Auschwitznummer 89 852), war demnach in einem früheren Transport (Czech S. 386). Über Dautmergen kam er nach Dachau-Allach (156 072). Er ist nach Philadelphia ausgewandert.

117 Alex Sofer irrt sich vermutlich. Am 21.1.1943 kam lt. Czech ein anderer Transport an (Czech S. 388). Alex Sofer kam mit dem Transport am 26. Januar an. (Czech S. 393).

Hand. Die Männer in der gestreiften Kleidung sahen gut aus; alle trugen geputzte Schuhe. Wer sind sie? Was sind das für Menschen, fragen wir uns. Die Lastwagen sammeln sich und parken nebeneinander. An den Seiten gibt es große Holztreppen. Jeden Moment sind mehr und mehr mörderische Gesichter zu sehen. Alle im Zug rannten zu den Fenstern, um zu sehen, was geschieht. Die Frauen packten ihre Sachen und schrien. Die Älteren riefen: „Ya´ana Adonai Beyom tzara!"[118] Zeidl Filipski stand da mit Gebetsschal und Gebetsriemen. Sein zweijähriges Kind hielt ein Fläschchen in der zitternden Hand. Neben mir eine meiner Kusinen; die andre war bei meiner Mutter. Jemand pochte an die Tür, die aufging. Ein wilder Ruf drang in den Waggon: „Alles raus! Gepäck liegenlassen! Frauen hier, Männer da!"

An der Tür standen einige junge Schurken, die mit Stöcken auf die Köpfe der Menschen schlugen. Als Zeidl Filipski an der Tür erschien, trafen alle Stöcke seinen Kopf, und er fiel in eine Blutlache.

Yakov stand in der ersten Männerreihe. Ich in der zweiten. „In Fünferreihen antreten!", riefen die SS-Männer. Die Frauen standen an der Seite.

Ein großer, älterer Offizier, eine Zigarette im Mund, stellte sich vor uns auf, eine Hand hinter seinem Mantel. Seine mörderischen Augen sahen wie Tigeraugen aus. Sein Blick fiel sofort auf Yakov. In wenigen Minuten standen wir in Fünferreihen, eine hinter der anderen. Fünf Lastwagen warteten auf uns. Der ältere Offizier näherte sich und führte die ersten beiden Fünferreihen zu einer schweren Holztreppe. Wir stiegen hinauf. „Runter, ihr verfluchten Schweine (*ir farflukhte shveyne*)!" Wir stiegen schnell herunter und stellten uns wieder in die Reihe. Dann zeigte der Mörder, wer nach links, und wer nach rechts sollte, und fragte jeden nach seinem Beruf.

Zusammen mit Yakov und einigen jungen Leuten stand ich rechts. Sofort zählten sie uns mehrmals. Als wir 150 waren, hörten sie auf. Die Älteren standen links. Manche bluteten. Auf der anderen Seite des Waggons stand eine Gruppe junger Mädchen. Und dahinter Frauen mit ihren Kindern. Unter uns war Pinye Klas, aber sein Vater war in

---

118 Psalm 20,1: Der HERR erhöre deinen Hilferuf, wenn du in Not bist.

der zweiten Gruppe. Pinye gab ihm mit der Hand ein Zeichen, er möge zu uns herüberkommen. Als der Mörder-Offizier ihm den Rücken zuwandte, rannte der Vater zu uns herüber, aber ein SS-Mann bemerkte es und schlug ihm mit einem Prügel auf den Kopf. Er fiel in eine Blutlache.

> *Dann kam ein anderer Deutscher und sagte, dass er 118 Personen separiert hat, darunter mich. Im gesamten Transport befanden sich 1200 Personen. Der Befehl, den er bekommen hatte, lautete, 10 Prozent am Leben zu lassen. Aus den ersten Waggons holte er 120 Personen und beendete dann die Selektion.*[119]

Als sie uns befahlen, wegzumarschieren, standen die Lastwagen bereit, voll mit Frauen, Männern und Kindern. Das Letzte, was ich sah, waren Kinder, die uns winkten und weinende Frauen, die ihren Männern bei uns zuwinkten.
Wir marschierten los, bewacht von SS-Männern auf beiden Seiten, die uns mit ihren Gewehren bedeuteten, enger zusammenzurücken. Ein letztes Mal schauten wir uns um und sahen die Lastwagen, aus denen sich uns ringende (*ranglendike*) Hände entgegenstreckten. Wir marschieren. Uns wird schwindelig. Niemand wusste, wohin es ging. Jetzt erblicken wir in der Ferne Stacheldraht und kleine Steinhäuser, an denen viele Leute wie Schatten in grau gestreiften Häftlingskleidern standen. Je näher wir kamen, desto besser sahen wir ihre abgemagerten, hilflosen Gesichter. Schließlich kamen wir zu einer Baracke, an der einige SS-Männer standen. Einer hatte ein Papier in der Hand und zählte mehrfach. Die SS-Männer, die uns begleiteten, marschierten ins Lager.
Wir kamen in den Block 22. In der Mitte war ein großer Ofen aus Ziegeln, der von einer Tür bis zur anderen ging. Daneben stand ein kleiner dicker Mann mit einem gelben Streifen am Ärmel, auf dem „Blockältester"[120] stand. Neben ihm einige schön angezogene Jungen

---

119 USC-Video.
120 Stubenältester war Leo Kac. (vgl. S. 240)

mit roten Backen.

Die SS-Männer blieben in den Baracken und stellten sich auf beiden Seiten des Ofens auf. Der Blockälteste hielt eine Rede: „Ihr seid jetzt in einem Konzentrationslager und ihr müsst wissen, dass man hier nicht lange lebt. Um länger zu leben, müsst ihr uns alles aushändigen, was ihr noch versteckt habt. Ihr könnt es nicht mehr nutzen. Wir werden euch die Kleider abnehmen. Wenn wir bei jemandem noch das Kleinste an Wert finden, wird er auf der Stelle erschossen."

Keiner schüttelte die Kleider aus, weil wir das schon in Krynki getan hatten. Trotzdem leerte jeder seine Taschen. Wir legten alles in eine kleine Kiste auf dem Ofen. Dann erklärte uns der Blockälteste die Gesetze des Lagers. Und er sagte uns, wo die Lastwagen hingefahren waren. Wenn einer von uns schreien würde, bekäme er von dem schön gekleideten, „angefressenen" Jungvolk (*sheyn gekleydete, oysgefresene yungvarg*) und dem Blockältesten Prügel mit dem Stock (*shtekns*). Ein junger SS-Mann lud Yakov zu einem Boxkampf ein. Yakov wagte nicht zu widersprechen. Zwei Stunden später kamen zwei SS-Männer und nahmen Yakov mit in ein anderes, 3 km entferntes Lager, Auschwitz. [121]

Danach begann die Registrierung (*registratsye*). Schreiber saßen an langen, schmalen Tischen mit Papierstapeln. Jeder musste seine Daten angeben: Name, Familie, Geburtsdatum, Krankheiten. Jeder musste unterschreiben, und dann mussten wir uns in einer Reihe vor einem Tisch aufstellen, an dem zwei Männer mit Nadeln in den Händen standen, mit denen sie auf den linken Arm die „laufende Nummer" tätowierten. Meine Nummer war 93 886. Wir hatten Tränen in

---

121 Amir Haskel nennt Gründe, warum Yakov Kozalchik von Birkenau nach Auschwitz 1 kam: „Some claimed that the Germans gave him special treatment thanks to his giant dimensions and great physical strength. Others claimed, in retrospect, that he collaborated with the Germans. … A prisoner at Auschwitz, Jan Pillatzki, the Pole, … says that when Yakov was brought to Auschwitz, the Germans found among his papers a photograph and letter from German boxer Max Schmeling, world heavyweight champion. … specifically thanking Yakov Kozalchik who had been employed as his bodyguard.

den Augen und sahen schwarze Punkte vorbeilaufen (*un shvartse koyln zaynen farbaygelofn*).
Nachdem wir einen Stempel bekommen und die Schreiber ihre Schreibarbeit beendet hatten, hieß es: Aufstellen in Fünferreihen! Als Nächstes ging es in den Waschraum, wo wir geschoren wurden und unsere Kleider ablegen mussten.
Als wir es in den Waschraum geschafft hatten, war es schon ziemlich dunkel geworden. Im Lager war keine lebende Person zu sehen. Der Frost knirschte unter den Füßen. Draußen tobte ein Schneesturm (*shneyzaverukhe*). Wir marschieren zum Waschraum, und als wir eintreten, werden wir sofort mit einem Regen von Schlägen und Schreien begrüßt. Ein Pole stand am Eingang und schlug uns mit der Schnalle seines Militärgürtels auf die Köpfe.
In wenigen Minuten standen wir alle auf dem kalten und nassen Zementboden. Wir warfen unsere Kleider weg. Unsere Schuhe wollten wir behalten. Trotzdem gab es eine Schuh-Inspektion. Wer neue Schuhe hatte, musste sie abgeben und bekam Holzpantoffeln. Dann kamen wir in einen großen Raum, wo wir von Kopf bis Fuß rasiert wurden, nachdem wir mit einer grünen, brennenden Flüssigkeit eingerieben worden waren. Das nannte sich „Entlausung". „Mithilfe" von Stöcken wurden wir unter die kalte Dusche getrieben. Die Fenster waren zerbrochen, Schnee und Wind jagten von der Straße (*gas*) herein und trafen auf unsere nackten, zitternden Körper. Alle sahen sehr seltsam aus. Wir klapperten mit den Zähnen, und einer erkannte den anderen nicht mehr. „Das ist die wahre Hölle hier", sagten einige. Zehn Minuten lang standen wir unter dem kalten Wasser, dann wurden wir in einen kalten, großen Raum (*kaltn groysn tsimer*) getrieben, wo die Fensterrahmen fehlten und Wind und Schnee uns jagte (*un der vint mitn shney hobn geyogt oyf undz*). Jeder Schritt, den wir machten, war wie auf Eis. Dazu noch begleitet von Schlägen mit Stöcken und Ledergürteln.
In einer Ecke des großen Raums war ein Kleiderhaufen, den eine Gruppe von Leuten sortierte. Jeder von uns bekam ein nasses, zerrissenes Hemd und Unterhosen, die auch nass waren. Die Wäsche war

vorher in die grüne Entlausungsflüssigkeit getaucht (*ayngetunkn*) worden.
In einer zweiten Ecke gab es Jacken und Pantoffel. Wir tauschten die Kleider untereinander. Alle zogen schnell die nassen, kalten Kleider an, und sofort flogen die Stöcke wieder über unsere Köpfe und Rücken mit der Anordnung, dass wir uns auf der Straße anstellen mussten. Sie gaben uns keine Mützen und Socken (*hitlen un zokn*), weil sie für "Rekruten" nicht erlaubt waren. Uns wurde gesagt: „Jetzt werdet ihr in den Quarantäneblock gebracht, wo ihr euch an das Lager gewöhnen werdet, erst danach werden wir euch wie alle anderen "Lagerbürger" (*lagerbirger*) behandeln und euch auch Mützen und Socken geben." Als wir dann unterwegs waren, spürten wir erst recht die Kälte. Unsere nassen Unterhosen und Hemden waren gefroren, und es sah aus, als würden wir Kleidung aus Blech tragen. Es half nicht zu laufen oder sich an irgendjemanden zu kuscheln. Der starke Frost und der Wind übten ihre Kraft aus. Ich war einer der ersten, der auf die Straße rannte, und die Kälte drang mir bereits in alle Glieder. Als wir in der Straße beim Waschraum waren, sahen wir über dem Wald ein hohes Feuer, das den Himmel rot färbte. Und die Luft war erfüllt von einem Geruch von verbranntem Fleisch. Zuerst konnte niemand erklären, was das für ein Feuer war. Wir dachten, ein Dorf brenne. Als unsere Begleiter merkten, dass wir zu diesem Feuer sahen, sagte einer von ihnen: „Ihr wisst nicht, was das ist? Da werden eure Familien verbrannt, die heute mit den Lastwagen weggebracht wurden."
Alle weinten still, weil es verboten war, im Lager laut zu sein. Viele weinten, weil sie nicht mit ihren Frauen weggebracht worden waren. So hätten sie bereits zu denen gehört, die keine Trauer und Qualen mehr erlitten haben. Also standen wir da, unsere Augen auf den roten Horizont gerichtet, und spürten die Kälte nicht mehr, bis mehrere SS-Männer mit ihren Stöcken zu uns rannten. Wir waren wieder in Fünferreihen. Alle SS-Männer und Gehilfen zählten dann noch einmal. Als sie endlich mit dem Zählen fertig sind, hören wir in der umgebenden Stille ein Rufen: „Im Gleichschritt marsch!"

Wir hielten vor Block 19. Sofort kamen mehrere schläfrige Gesichter mit groben Stöcken heraus und schauten uns kalt an. Sie müssen wütend auf uns gewesen sein, weil wir ihren Schlaf oder etwas anderes gestört haben, jedenfalls waren ihre Blicke wütend und durchdringend. Der Blockälteste, klein, mit schmalen Augen und glattrasiertem Nacken (*glatn razirtn nakn*); sprach ein Polnisch-Deutsch, hatte einen Stock, den er *Dolmetsher* nannte. An seiner Seite stand ein schläfriger Schreiber, einen Packen Papier in den Händen. Er sprach mit einem SS-Mann, der uns befahl, uns sofort in Zehnergruppen aufzustellen, die kleinen vorn, die großen hinten. Zusammen mit dem Befehl tritt der „Dolmetscher" in Aktion, und die Schläge hallen in der stillen Umgebung wider. Hinter dem Block war ein hoher Stacheldraht, bei Nacht beleuchtet durch große Scheinwerfer, alle fünf Meter ein Wachtturm, die Läufe von Maschinengewehren ragten heraus. Ein leises Stöhnen geht von den zerbrochenen Fenstern aus. Das Schreien eines Wärters und Stockschläge sind zu hören. Das Zählen geht sehr langsam voran. Zuerst wird uns beigebracht, wie man in der Reihe steht. Dann zeigen die jüdischen und polnischen Kapos (*natshalstve*) zwei betrunkenen SS-Männern mit großem Eifer, wie loyal sie dem Lager gegenüber sind und wie gut sie uns die „ersten parshe breyshes"[122] lehren.

Endlich standen wir korrekt, und nun wurden wir mit der Nummer auf unserem Arm aufgerufen. Jeder sah mehrfach nach seiner Nummer, um sie im Kopf zu behalten und im rechten Moment „Hier (*deutsch im Original*)!" rufen zu können. Wenn einer nicht sofort „Hier" rief, bekam er zur Strafe Hiebe auf den Kopf.

Nach vielen Schlägen standen wir in Zweierreihen am Tor. Wir sahen die Häftlinge an und verstanden nicht, ob das menschliche Wesen oder zweibeinige Tiere waren.

Als ich hineinging, roch ich den Gestank der Toilette (*klozet*). Auf beiden Seiten der Steinwände waren Betten, die wie Käfige aussahen, eines über dem anderen. Ängstliche Augen sahen heraus, versteckten

---

122 parshe (Parasha): Leseabschnitt der Tora; breyshes (Bereshit): Beginn des 1. Buch Moses. Ähnlich: „die Leviten lesen."

sich aber sofort unter der schwarzen Decke. Oben waren Fenster, die immer offenstanden, sodass die Betten mit Schnee bedeckt waren. Neben dem Tor war ein kleiner Raum, in dem der Blockälteste wohnte. Drinnen war ein kleiner Ofen, der Tag und Nacht brannte. Im Block selber gab es keinen Ofen. Die Menschen lagen zusammengekauert zu 12 bis 15 in einem „Bettplatz" mit einer Decke, die hin- und hergezogen wurde, bis sie zerrissen war. Dafür wurde jeder mit 25 Peitschenhiebe bestraft oder 10 Minuten Kniebeugen mit einem schweren Stuhl in den Händen (*10 minut kniboygn, haltndik a shver benkl in hant.*)

Wir wurden in 12 per Bettplatz (*geleger*) eingeteilt und sollten auf den Befehl zum Reinkriechen warten. 12 mussten auf dem nassen Zement schlafen.

Die Wände waren nass und an manchen Stellen reifbedeckt. Unsere Köpfe mussten nach vorne gedreht sein, dass wir gezählt werden konnten. Es war verboten, den Arm über den Kopf zu legen (oder jede andere Position, in der der Kopf nicht gesehen werden konnte). Dann rief der Blockälteste: „Alles in die Betten (*ales in di betn*)!" Wir mussten die Schuhe ausziehen und neben unseren Kopf stellen. Dann ein weiterer Ruf: „Block, Ruhe!"

Wer noch redete, wurde mit einem Stock ins Gesicht geschlagen, dass die Zähne ausfielen.

Wir lagen alle auf einer Seite. Der Blockälteste und die Nachtwache gingen an jedem Bett vorbei und schauten nach uns. Keiner konnte jedoch einen Augenblick schlafen. Jetzt, auf dem kalten, nassen Zement liegend, spürten wir die Kälte nur noch stärker. Von oben, wo die anderen 12 lagen, rieselte Sand in unsere Augen. Alle dachten darüber nach: Was ist das für eine Hölle (*gehenem*)? Wo sind wir nur hingekommen? Es ist besser, tot zu sein, als uns so zu quälen. Der Nachtwächter ging herum, hin und her, mit seinem groben Stock in der Hand. Wenn er ein Raunen (*murml*) aus einem Schlafplatz hörte, schlug sein rauer Eichenprügel sofort zu – auf alle 12 Personen. So verbrachten wir, auf einer Seite liegend – die erste Nacht in Birkenau. Um 3 Uhr am Morgen hörten wir den Pfiff des Blockältesten, und sofort gab es Stockhiebe auf den Kopf. Nach wenigen Minuten standen wir auf dem Appellplatz, der eine ohne Schuhe, der andre ohne Jacke. Blockältester und Stubendienst erschienen, jeder mit einem Eichenprügel. „Zehnerreihen bilden!" Es dauerte mehr als eine Stunde, bis wir alle zerschlagen und müde in Zehnerreihen dastanden, die Kleinen vorn, die Großen hinten, Abstand ein gestreckter Arm. Der Blockälteste lief durch die Reihen und boxte mit den Ellbogen gegen Brust und Rücken der zitternden Männer.

Wir standen draußen in der Winterkälte bis halb sechs. Dann kam ein schläfriger SS-Mann und zählte uns mehrmals. Bei seiner Ankunft befahl der Blockälteste: „Achtung! Mützen ab!"

Den Befehl gab es, obwohl wir noch keine Mützen hatten. Nach dem Zählen wurde „Mützen auf" – „Mützen ab!" geübt. Die Übung dauerte zwei Stunden. Danach sollten wir auf den mit Stacheldraht umgebenen Platz vor dem Block. Die benachbarten Blöcke gruppierten sich zu Kommandos und marschierten zur Arbeit. Wir werden noch nicht zur Arbeit gehen, weil wir uns noch im Schonungsblock (*shonungsblok*) befinden. Um 12 Uhr bekam jeder eine Kartoffel mit etwas Grünzeug (*grin groz*), die Portionen waren für vier Mann auf einem einzigen Teller. Dies war unser Frühstück und Mittagessen in einem. Wir mussten mit den Händen essen und bekamen keinen Tropfen Wasser. Obwohl der Schnee schmutzig war, nahmen alle einen Haufen schmutzigen Schnee (*hoyfn shmutsikn shney*), und man löschte damit den Durst, der mit jedem Moment wuchs. Die meisten von uns bekamen sofort Durchfall, aber es war strengstens verboten, auf die Toilette zu gehen. Nur einmal am Tag, in Gruppen, durften wir uns entleeren. Deshalb machten die Leute in die Hosen und fielen auf den schlammigen Platz (*gefaln oyfn blotikn plats*). Um zwei Uhr nachmittags ließ man alle wieder in die Blöcke. Beim Betreten mussten alle ihre Schuhe ausziehen und sofort zu den „Buks" (*Schlafplätzen*) hinaufsteigen. Also lagen wir da und sprachen kein Wort miteinander. Denn das war strengstens verboten, und jeder hütete sich vor dem Stock. Für den kleinsten Blick in die Buks bekamen alle Stockhiebe auf den ganzen Körper. Um sechs Uhr abends ertönte wieder ein Pfiff, und wieder mussten alle zum Appellplatz, die Aufstellung musste in wenigen Minuten ausgeführt sein. Um 6.30 Uhr kam derselbe SS-Mann wieder, mit einem Abzeichen (*blekh*) an der Brust, auf dem stand: „Lagerpolizei" (*Deutsch im Original*). Wieder wurden wir mehrfach gezählt. Die namentliche Abstimmung dauerte zwei Stunden. Dann durften wir uns auf dem Platz zerstreuen. Die Mehrheit hatte bereits blau angelaufene Augen, und einige hatten gespaltene Köpfe. Ich bekam zwei Schläge mit dem Stock auf meine Schulter (*aksl*) und konnte einen meiner Arme nicht bewegen. Es gab vermehrt Durchfall, die Luft war gefüllt mit dem Geruch des Todes (*derdurkhfal hot zikh farshtarkt, di luft iz gevorn ongefilt mita toytn reyekh*). Der Hügel mit den Toten aus den Nachbarblöcken hatte an Größe zugenommen; sie liegen übereinander. Einer bewegte immer noch seinen Fuß, der andere seine Hand. Niemand ging zu ihnen.

In unserem Block gab es noch keine Toten. Alle waren Neuangekommene. Doch jeder wusste, dass er am nächsten Tag auf den „Hügel" kommen könnte, tot oder halbtot, und alle waren ohne Hoffnung. Viele sprachen über Selbstmord (*zelbstmord*). Es war sehr einfach zu sterben. Man konnte zum elektrisch geladenen Zaun gehen; in einer Sekunde ist der verbrannt, der sich bis zu einem Meter Abstand nähert.

Um 7.30 mussten wir zurück in den Block. Wieder das Gleiche: Schuhe ausziehen und barfuß im Schnee. Am Tor standen zwei Stubenälteste und verteilten Brot. Ein anderer stand etwas weiter und schmierte jedem etwas Marmelade ins Gesicht statt auf's Brot. Etwas abseits stand der Blockälteste mit seinem Vertreter, und beide schlugen den Leuten mit Stöcken auf die Hände, so dass ihr Brot zu Boden fiel. Wenn sich jemand bückte, um es wieder aufzuheben, erhielt er sofort einen zweiten Schlag auf den Kopf und blieb unten auf dem Boden. Menschen mit Brotstücken lagen wie Steine oder Lumpen auf dem Boden herum. In der Ecke neben meiner Buks war die Latrine (*parashke*[123]), in der viele Leute standen und ihre Hosen mit den Händen hielten, aber es lief an ihren Hosenbeinen hinunter. Dafür

---

123 Paraschka (russisch) kann dreckiger Bach, Graben bedeuten.

bekamen alle einen Stockschlag auf den Rücken; sie rannten zurück zu ihrer Buks, ohne zu wissen, wo sie vorher gelegen hatten. Ein Schrei des Blockältesten war zu hören: „Block Ruhe!" und es war totenstill. Auf meiner Buks lagen alle zerschlagen und stöhnten leise. Jeder von uns hat sich vom ersten Tag an verändert, sowohl äußerlich als auch innerlich. Aus Menschen wurden an einem Tag verwundete, hilflose Tiere. Nach zwei Nächten in den Buks spürte jeder kleine Tiere, und es wurden immer mehr. Jeder kratzte sich blutig.

Sechs Tage waren wir im sog. Quarantäne-Block. Wir standen mehr auf dem Appellplatz als wir im Block waren.
Am sechsten Tag bekamen wir eine Mütze, und wer keine Schuhe hatte, bekam schwere Holzpantoffel und außerdem zerrissene Zivilkleider mit einem roten Streifen auf dem Rücken. Auf unserem rechten Hosenbein wurde die Nummer eingenäht, ebenso auf der linken Seite unserer Jacken, dazu auf einer Seite der Davidsstern, das Zeichen, dass wir Juden waren. Wir mussten zweimal leiden: als Jude (gelber Davidstern) und als politischer Gefangener (roter Fleck). Juden waren aufgerufen, die härteste, unerträglichste Arbeit zu verrichten.
Am siebten Tag kamen wir in Arbeitskommandos, und sofort kamen Männer mit Stöcken in der Hand und gelben Flecken am Ärmel mit der Aufschrift „Kapo". Zweimal wurden wir informiert, wie wir an der Stube des Blockältesten vorbeigehen müssten, wo die mörderischen SS-Gestalten standen. Wir mussten beim Marsch mit dem linken Fuß beginnen; wer das falsch machte, bekam Hiebe.
Am gleichen Tag wurde einer aus meinem Block, Yashe Zelikovitz (aus meinem Shtetl), dabei erwischt, wie er versuchte, mit einem russischen Kriegsgefangenen Brot gegen Wasser zu tauschen. Beim Appell wurde seine Nummer aufgerufen, und der SS-Mann gab ihm 25 Stockhiebe. Yashes Vater stand in der gleichen Reihe und hörte die Todesschreie seines Sohnes, der gegen die Wand geworfen wurde. Das war das erste Opfer aus unserem Transport.
Um 8 Uhr marschierten wir zur Arbeit. In der ersten Fünferreihe der Kapo, rufend „Links! Links! Links!" Wir kamen an das große eiserne

Lagertor. Links war eine kleine Holzbaracke, an der zehn Deutsche standen, die wild auf die vorbeimarschierenden blassen menschlichen Schatten sahen. Wir hielten unsere Mützen in der Hand. Ein alter, grauer Schurke stand zynisch lächelnd (*shmeykhlt tsinish*) da und flüsterte mit seinem Kameraden.

Der Kapo nannte die Zahl der Angekommenen und den Namen des Arbeitskommandos. Wir hörten beim Hinausgehen die Worte „Krematorium" und „300 Häftlinge". Zwei junge SS-Männer standen auf beiden Seiten von und uns zählten uns, als ob wir das Wertvollste auf der Welt wären.

Wir bogen links ab und gingen auf dem schlammigen Weg in Richtung des Wäldchens. Schließlich hielten wir an einem leeren Platz, auf dem Säcke lagen, außerdem Backsteine, Sandhaufen, Fässer, Kisten mit Spaten und schweren Hämmern. Daneben ein Traktor, beladen mit großen Steinen, daneben einige Zivilpersonen, alle mit Stöcken in der Hand, zynisch lächelnd. Der Kapo und einige polnische Vorarbeiter zählen uns erneut. Für jeweils 20 Männer gibt es einen Vorarbeiter mit einem gelben Band auf dem „Vorarbeiter" steht. Der Vorarbeiter unserer Gruppe führt uns zusammen zu einem Kasten. Jeder nimmt einen Spaten oder einen Baumstamm und geht zu den Zivilarbeitern. Aber einer von ihnen kommt auf uns zu und sagt uns, wir sollen eine schmale Grube von zwei Metern Tiefe graben.

Nachdem wir einige Stunden gearbeitet hatten, fragte ich den Vorarbeiter, was wir bauen.

„Ein Krematorium, um die Juden zu verbrennen", sagt er lächelnd. Wir verstanden das zuerst nicht, aber später sahen wir, wie schnell ein 30 Meter hoher Kamin gewachsen war, von dem die Flammenzungen in den Himmel stiegen.

Am ersten Tag arbeiteten wir bis 5 Uhr; dann gingen wir zurück zum Lagertor. Ein Orchester spielte, und es war leichter, im Takt zu marschieren. "Links zwei, drei, vier!", schrie der Kapo. Als wir kurz vor dem Block waren, hörten wir: „Mützen ab!" und „300 Häftlinge Krematorium zurück im Lager!" Nach dem Appell werden wir in Gruppen zur Latrine geführt. Es ist 8 Uhr abends, und wir haben noch nicht einmal ein Frühstück gehabt. Alle hatten mit Schwindelanfällen zu

kämpfen; aber nicht der Hunger war das Quälende, es war der Durst. Es brannte wie Feuer in unseren Körpern, und unsere Lippen waren mit rissiger, klebriger Haut bedeckt. Es gab auch keinen Schnee mehr. Alles ist in klebrigen, schwarzen Schlamm verwandelt.
Das ganze Lager war ein Schlamm, und man konnte die Füße nur mit Mühe bewegen. Wer steckenblieb, musste seine Holzpantoffeln dort lassen.
Keiner kümmerte sich um den anderen. Jeder wusste, welches Schicksal ihn erwartete. Wasser wurde für uns „Neu Angekommene" zum Hauptproblem. Unser Essen bestand aus einem halben Liter Wassersuppe und einer rohen Kartoffel und Bitterkraut (*bitere grozn*). Es war in einer Schüssel für fünf Leute.
Wir wurden aufs Übelste beschimpft (*mit di ergste shmutsikste verter hot men undz gerufn*). Den meisten Terror übten der Blockälteste und der Lagerpolizist (*lagerpolitsyant*) aus, ein SS-Mann. Wenn er vom Schlagen müde war, schrieb er die Nummer auf, und beim Appell gab es eine Strafe, 25 Schläge oder 10 Minuten „Sport", nach dem der Betroffene halbtot im Schlamm lag. Nach zwei Wochen fehlten 20 Männer von unserem Transport. Bei der Ankunft waren wir 150.[124] Die Hälfte war in Dreier- oder Vierergruppen Arm in Arm zum Zaun (*drot zayn*) gegangen. Am Morgen nach dem Tod von Yashe Zelikovitz war sein Vater Milke der erste, der zum Zaun ging, mit ihm ein junger Mann, Katriel Engenradt. Sie starben an einem Genickschuss fünf Meter vor dem elektrischen Zaun. Beim Appell fehlten zwei Männer; sie wurden gleich beim Zaun gefunden. Jeder Häftling trug die Blocknummer, und wenn jemand beim Appell vermisst und am Zaun gefunden wurde, konnte man sofort feststellen, von welchem Block er gekommen war.

Fast alle aus unserem Block hatten Durchfall. Dutzende starben täglich. Nach zwei Wochen kamen wir in den Block 13, wo über 1000 Häftlinge gequält wurden. Die Bedingungen dort waren schlechter als

---

124 „Nach der Selektion werden 161 Männer ... als Häftlinge in das Lager eingewiesen." (Czech S. 393)

in der vorherigen Quarantäne (*di badingungen zaynen in ot dem blok geven fil ergere vi in frierdikn karantin*). Der Blockälteste und sein Gehilfe waren Verbrecher. Der Blockälteste, Rozen, war ein slowakischer Jude und der Schreiber Adek ein polnischer Jude. Der Blockälteste war mit Nummer 27 000 einer der „ältesten" jüdischen Häftlinge.[125] Er redete uns nur an mit „ihr schmutzigen Drecksäcke, ihr Sauhunde" und „beehrte" uns gleichzeitig mit Schlägen auf den Kopf. Wer ihm in die Hände fiel, überlebte nicht. Adek war ein kleiner, kräftiger Mann mit einer heiseren (*heyzeriker*) Stimme. Er war ständig ohne Hut, hatte eine glattgeschorenen Glatze und einen Eichenprügel in der Hand. Seine Art zu töten war ein fester Schlag auf den Kopf. Und wenn das Opfer in den Schlamm fiel, legte er den Stock auf seinen Hals und trat mit beiden Füßen auf die Enden des Stocks, bis die Zunge des Opfers herauskam und weißer Schaum seine Lippen bedeckte (*a vayser shoym flegt aroys oyf di lipn*). Erst dann packten die Stubendienste das Opfer an den Füßen und warfen es an die Wand, wo bereits andere Tote und Halbtote übereinander lagen. Als wir an seine Bude kamen, sagte er: „Ihr Hunde werdet nicht länger als eine Woche leben. Ihr sollt wissen, dass Ihr jetzt in Block 13 bei Adek seid, und Ihr sollt wissen, was Euch erwartet!" In Block 13 waren die übelsten Arbeitskommandos, so z.B. „Krematorium 1 und 2" und „Erdarbeiten an der Weichsel". In diesen drei Kommandos überlebte ein Jude nicht mehr als zwei Wochen. „Krematorium 1" musste in großem Tempo 24 Stunden am Stück arbeiten. Von einem solchen Kommando brachten sie üblicherweise täglich 20 bis 30 tot zurück.

Ich arbeitete in „Krematorium 1" und musste Steine schleppen. Die Arbeit nahm vor unseren Augen (*far di oygn*) zu. Dutzende deutscher Zivilisten waren hier angestellt, und täglich kam ein großer Offizier aus Berlin und inspizierte und regelte die Arbeit.

Unser Kapo war ein deutscher Krimineller mit einem grünen Dreieck. Es gab im Lager verschiedene Identifizierungsabzeichen: Politische Arier hatten ein Dreieck mit der Spitze nach unten, Juden ein rotes

---

125 „Die Nummern 26923 bis 27048 erhielt eine Häftlingsgruppe, die am 20.3.1942 ankam." (Czech S. 187)

Dreieck mit der Spitze nach oben und ein gelbes umgekehrt, zusammen ein Davidsstern. Zusätzlich mussten alle Juden den Buchstaben ihres Herkunftslandes tragen: Für Polen ein P, für Frankreich ein F, für Rumänien ein R usw.

Diebe (*ganovim*) trugen ein grünes Dreieck mit der Spitze nach unten, Saboteure schwarze Dreiecke mit der Spitze nach oben. Die meisten Kapos waren Kriminelle, die mit Zigaretten für jeden ermordeten Häftling belohnt wurden.

Wenn wir zur Arbeit gingen, befahl der Kapo meist, wir sollten den Mund öffnen. Wer einen Goldzahn hatte, musste zur Seite. Danach wurden diese Männer zur schwersten Arbeit herangezogen. Sie mussten 25 Backsteine vom Gerüst zum Kamin tragen. Wer das nicht schaffte, wurde vom Gerüst geworfen. Oben standen einige junge SS-Männer, die diese unmenschliche Arbeit eifrig verrichteten. Eines Tages transportierte ich Backsteine, und ich hatte keine Arbeit für den nächsten Tag bekommen können. So hätte ich auch ermordet werden sollen. Aber dann machte ich Lehm (*Ziegel?*) und lud Backsteine ab.

Die Goldzähne der Toten wurden meist herausgezogen, und die jungen SS-Männer bekamen Schnaps dafür. Außerdem erhielten sie ein Geschenk vom Lagerkommandanten (*Heinrich*) Schwarz[126], ein Päckchen Zigaretten für jeden Toten. Das Orchester spielte (*geshpilt tsum takt*), und die Toten wurden auf den Schultern zur Lagerkommandantur getragen. In der ersten Woche wurden 40 von unseren 150 ermordet. Die Übriggebliebenen waren alle in sehr schlechter Verfassung, und so mussten täglich ganze Gruppen zu Block 7, ein Durchgangslager (*durkhgangtsenter*) zum Tod mit 1000 bis 1500 Menschen aller Nationalitäten, die Mehrheit Juden. Russen und Polen wurden herausgenommen, auch wenn sie nur halbtot waren.

Im Lager waren Juden, Russen, Polen, Tschechen, Jugoslawen, Griechen, Spanier, Deutsche usw.

---

126 Heinrich Schwarz (1906 - 1947), SS-Hauptsturmführer und Lagerkommandant im KZ Auschwitz III Monowitz. Nach der Evakuierung des KZ Auschwitz wurde er Lagerkommandant des KZ Natzweiler. Er wurde 1947 hingerichtet. (nach Ernst Klee: Auschwitz, Ffm 2013, S. 371)

In der Strafkompanie „S.K."[127] überlebten die stärksten Juden fünf bis sechs Tage. Die S.K. war vom normalen Lager durch eine hohe Steinmauer getrennt, oben Stacheldraht (*shtekhikn drot*). Das Vergehen, für das man hierherkam, war, mit Zivilisten zu reden. Das war streng verboten.

Die Arbeit in der S.K. bestand aus der Vertiefung der Weichsel (*grobn in der Veysl*). Bis zur Hüfte stand man dabei im Wasser. Pro fünf Mann ein SS-Mann als Aufseher, der einen von morgens bis abends mit einem Stock schlug. In der S.K. gab es eine besondere Disziplin: Man musste barfuß stundenlang Appell stehen. Die ganze Zeit bis nach der Arbeit herrschte strenges Schweigen. Jede Unterhaltung war verboten. Wenn Häftlinge nach dem Essen in die Küche gingen, wurden sie vom Kommandanten mit schusssicherer Waffe begleitet. Unter den Häftlingen waren auch welche, die im Verdacht standen, fliehen zu wollen. Der einzige Weg um zu überleben, obwohl es wegen des elektrisch geladenen Zauns unmöglich war. Auch vom Arbeitskommando aus war es schwierig zu fliehen, weil es pro zehn Mann einen SS-Wachmann gab. Wenn einem die Flucht[128] gelang, wurde er von 1000 SS-Männern mit Spürhunden gesucht. Am selben Tag wurde der Geflüchtete tot oder halbtot zurückgebracht, Überlebende wurden am nächsten Tag in der Mitte des Lagers gehängt, und alle mussten bei diesem Schauspiel anwesend sein. Der Leichnam blieb gewöhnlich einige Tage hängen mit der Aufschrift auf Deutsch und Polnisch: „Das erwartet jeden, der flieht."

Nach einer Woche im Kommando „Krematorium 1" beschloss ich,

---

127 Die von den anderen Häftlingen abgeschottete Strafkompanie (wurde) … Am 9. Mai 1942 … ins KZ Auschwitz-Birkenau überführt und dort auf dem Lagerareal mehrfach verlegt. … Nach Verlegung ins KZ Auschwitz-Birkenau mussten die Angehörigen der Strafkompanie dort einen als Königsgraben bezeichneten Entwässerungsgraben anlegen. … Nach Aussagen des Auschwitzüberlebenden und Angehörigen der Strafkompanie Jan Pilecki starben teils mehr als hundert Häftlinge am Tag. (Wikipedia)

128 Czech meldet Fluchtversuche u.a. am 16. und 18.8.1944 (S. 853), am 20.8.(S. 855), am 29.8. (S. 864, 870f.). Die Gestapo meldete 667 Fluchtversuche aus Auschwitz, darunter 76 Juden. 270 wurden wieder eingefangen. (HStA Düsseldorf, Gestapoakte 24 091).

in das Kommando Barackenbau zu gehen, eines der besseren Kommandos. Ich stellte mich am Morgen zur neuen Gruppe Barackenbau mit 100 Arbeitern und zwei Kapos, einem Ober-Kapo und einem gewöhnlichen Kapo (*an oyber-kapo un a geveyntlekher kapo*).
Der Ober-Kapo war ein 60jähriger Deutscher, immer lächelnd und immer einen Stock in der Hand. Jeder sah in ihm den Vater (*a foter*) des Kommandos. Er war ein „Politischer", und die Arbeiter in seinem Kommando hatten eine gute Meinung von ihm. Ich stand in der Gruppe; glücklicherweise fehlte ein Mann, weil er krank war. Hundert waren mit mir. Ein Wechsel war nicht so einfach, wie ich dachte. Als der Mörder-Kapo meines Kommandos entdeckte, dass ich an diesem Morgen fehlte, suchte er nach mir. Als er mich im Barackenbau-Kommando entdeckte, schlug er mich mit dem Stock. Aber der alte Ober-Kapo weigerte sich, mich herzugeben. Die beiden stritten sich. Der alte Kapo gewann, und ich blieb im neuen Kommando. Da merkte ich, welchen Unterschied es bei der Arbeit machte, wie der Kapo war. Hier gab es ebenfalls SS-Männer mit Stöcken in der Hand, aber wir wurden nicht ständig bedrängt, wenn wir einen Augenblick pausierten. Unser Kapo hatte sich eine Hütte (*budke*) gebaut, in der er stundenlang mit den SS-Männern zusammensaß, und wir standen zwischen den Wänden oder auf dem Dach der Baracken. Wenn der alte Kapo guter Laune war, ging er zusammen mit einigen Häftlingen zum Frauenlager und brachte eine Schüssel mit Suppe.
Nur wenige Juden waren in diesem Kommando, die meisten waren Polen mit niedrigen Nummern, die 1942 gekommen waren. Sie waren „durch Masern und Pocken gegangen" (*zey hobn shoyn gehat gepokt un gemozlt*) und gaben mir Unterricht für den täglichen Überlebenskampf.
Meine Arbeit war es, Bretter zum Dachdecken zu schleppen. Eines Tages ging ich zu meinem alten Kommando; der Mörder-Kapo sah mich von Kopf bis Fuß an und knirschte mit seinen gelben, hervorstehenden Zähnen. Der alte Kapo hatte mir gesagt, ich soll ihm berichten, falls der andere Kapo mich schlagen würde. Aber er schlug mich nie mehr. Von diesem Augenblick an arbeitete ich im Barackenbau-Kommando.

Wenn ich von der Arbeit zurückkam, erkannte ich meine Kameraden nicht mehr, weil jeder täglich sein Aussehen änderte (*yeder hot zikh geendert in oyszen mit yedn tog*). Der Berg mit den Toten wuchs, unter ihnen die Bekannten aus meinem Shtetl. Fünf aus meiner Buks fehlten bereits. Jetzt schlief ich in der mittleren Buks, in der man sich nicht aufsetzen konnte und es Tag und Nacht dunkel war wie im Grab. Ich schlief zusammen mit Yudl Kaplan, Isaiah Glezer, Motl Kirzner, Pinye Klas, Shiye Shapiro und zwei Männern aus Grodno. Soweit hatten sich alle im täglichen Überlebenskampf gut gehalten. Eines Tages erkannte ich bei der Rückkehr von der Arbeit meinen Freund Yudl nicht mehr. Sein ganzes Gesicht war geschwollen und leuchtete in allen Farben: blau, gelb und rot. Beim Appell stand er neben mir und erzählte, wie es ihm ergangen war. Nach dem Appell aß er nichts, weil er beim Essen so geschlagen wurde, dass er in den Schlamm fiel. Ich brachte ihn in die Buks. Nach zwei Stunden stand er mit weiten Augen auf und bat mich um etwas Wasser. Ich sprang aus der Buks, um irgendwoher Wasser zu bekommen. Als ich zurückkam, war mein Freund Yudl Kaplan tot. Ich blieb die Nacht bei ihm. Nach drei Tagen geschah mit Shiye (Isajah) Glezer dasselbe.

Sonntags arbeitete unser Kommando nicht. Deshalb ruhten sich alle in ihrem Block aus. Die ersten Frühlingsspuren waren zu sehen, Alle anderen Kommandos arbeiteten bis 12 Uhr. Danach marschierten alle außer dem Krematorium-Kommando in das Lager, um rasiert zu werden und die Haare geschnitten zu bekommen.
Sonntags gab es auch neue Streifen und Knöpfe (*naye shtreyfn oyf di kleyder, onneyen kneplekh mit drot*). Einen halben Tag mussten wir Appell stehen. Das zog das Mark aus unseren Knochen. Am Sonntagabend gab es Selektionen. Das bedeutete den Tod für Hunderte. Wenn wir das Signal und den Ruf „Blocksperre" (*blokshpere*) hörten, wussten wir, dass der „Galgen-Mengele" (*tlies-mengelyer*) kam, um eine Selektion durchzuführen. Alle im Block mussten sich nackt ausziehen und dann splitternackt zum Appell, wo sie in Reih und Glied

warten mussten, bis der Vollstrecker kam. Wenn Mengele mit den anderen Offizieren kam, wusste jeder, dass hier der Tod war.
Mengele, ein älterer Mann, groß, schlank, mit glänzenden Augen, ging üblicherweise mit großen Schritten, eine Hand im Mantel, eine Zigarette im Mund. So stand er auch an der Bahnstation, wenn die Transporte kamen und alle an ihm vorbeimussten. Mit einer einfachen Bewegung seines linken Zeigefingers schickte er Zehntausende in die Gaskammer; mit der gleichen Gelassenheit (*zelber gelasnkeyt*) führte er die Selektionen bei Männern und Frauen durch.
 Sein Name verbreitete Schrecken im ganzen Lager. Aber jetzt gab es einen zweiten Henker (*talyen*), einen Sadisten, den Rapport-Führer, der täglich nach Berlin ans Judenvernichtungsamt (*yudnfarnikhtungsamt*) bzw. (*Heinrich*) Himmler und (*Ernst*) Kaltenbrunner berichtete, ob alles in Ordnung war: (*Josef*) Schillinger, ein kleiner, kräftiger Mann, der seinen Kopf immer auf eine Seite neigte, mit dunkelbraunen, durchdringenden Augen. Er war häufig in allen Baracken präsent. Wenn ihm jemand in die Hände fiel, überlebte er nicht. Er zog sein Opfer am Kragen, schüttelte es heftig, dann knirschte er mit den Zähnen, dass seine Kiefer auf- und zugingen. Schließlich stieß er seinen Ellbogen hart gegen die Schläfen seines Opfers, sodass selbst der Stärkste bewusstlos wurde. Damit nie zufrieden, nahm er einen Stock und drückte den Hals der Unglücklichen zu, bis der Tod das Opfer erlöste. Besonders hasste er russische und deutsche „Politische". Er lebte nicht lang. Ende 1943 wurde er im Krematorium von einer jüdischen Künstlerin[129] erschossen. Sie kam von einem Internierungslager in Berlin, wo 1600 amerikanische Juden untergebracht waren.
Ich arbeitete zwei Wochen in der Barackenbau-Gruppe. An einem Sonntagmorgen musste unser Block als Strafe an der Wand Kniebeugen machen (*hocken oyf kniboygn*). Zu unseren Füßen lag ein Berg von Leichen, die heute herausgetragen worden waren. Nach der Strafe waren die meisten von uns unfähig zu stehen, und viele lagen im Schlamm. Sie spürten Aleks Schläge nicht mehr.

---

129 Franciszka Mann, sh. S. 205

Plötzlich erschien der Arbeitsdienstführer; er zeigte auf uns, und der Blockführer ließ jeweils einen aufstehen. Der vierte, auf den er zeigte, war ich. So suchte er 50 Häftlinge heraus, die einigermaßen gut aussahen, zumindest trugen sie mehr oder weniger saubere Kleidung. Wir mussten zum Waschraum (*bod*), wo wir unsere zerschlissene Kleidung (*farleyzikte bgodim*) ablegten und unter die kalte Dusche gehen. Niemand wusste, wozu wir ausgewählt worden waren. Die meisten dachten, wir kämen in ein anderes Lager. Nach der Dusche bekamen wir neue Hemden und neue gestreifte Kleidung. Dann wurde uns mitgeteilt, dass wir ins Aufräumungskommando kämen, genannt Kanada-Kommando. So genannt, weil jeder dort genug zu essen bekam und lebte wie in Kanada. Bevor ich dorthin kam, hatte ich schon einiges darüber gehört und Leute gesehen, die dort arbeiteten. Die meisten waren alte Häftlinge (*arestirte*), die vor 1942 nach Auschwitz gekommen und danach nach Birkenau gebracht (*ibergefirt*) worden waren, das Lager, das jeden Tag größer wurde. Die Umgebung war sumpfig, die Erde ein Schlamm, und tausende Gefangene gruben Kanäle, in die Steine geworfen wurden, um die Erde zu entwässern (*toyznter arestirte hobn shver gearbet baym grobn kanaln, vu men flegt araynvarfn shteyner un trikenen di erd*). Alle umliegenden Dörfer waren zerstört, die Häuser enteignet worden. Die leere Gegend, wo Leute arbeiteten, war übersät mit kleinen Lagern wie Bana (*Buna?*), Yanozhne (?) und kleineren Lagern mit bis zu zwei- oder dreitausend Häftlingen. Das Lager umfasste 40 Quadratkilometer und wurde von fünf Postenketten (*postn keytn*) bewacht. An der einen Seite fließt die Weichsel, auf der anderen sind die Beskiden, die vom Lager gut zu sehen sind.
Vom Waschraum kamen wir in die Holzbaracke Nummer 17, wo auch die Barackenbau-Gruppe war; daneben die Baracke Nummer 16, Kanada.
Der Blockälteste, ein Deutscher mit grünem Dreieck, schätzte Disziplin und Sauberkeit, soweit möglich (*vifl s'iz meglekh*). Das Leben war anders als im steinernen Block. Es gab drei Bettständer, in denen nicht mehr als sechs schliefen, zwei im Bett mit einem Strohsack auf der Seite. Wie in einer Kaserne musste das Bett jeden Tag ordentlich gemacht werden. Verglichen mit der vorausgegangenen Hölle war das

der Garten Eden (*gan edn*). Heller und luftiger. Die Latrine war nah beim Tor und in Ordnung. Es gab keine Unterschiede zwischen alten und neuen Häftlingen. Dasselbe Gesetz galt für alle. Antisemitismus war weniger ausgeprägt. Der Schreiber war ein Slowake mit rauer Stimme. Er war ein unruhiger Mensch und sparte nicht mit Schlägen. Er schlug ausschließlich Juden und hatte etwas Angst vor den Polen, die als alte Häftlinge durch dick und dünn gegangen waren (*shoyn geven untern ferd un oyfn ferd*). Die ihnen zugedachten Schläge bekamen gewöhnlich wir. Unter uns 50 waren zwei aus unserem Transport: Ich und Ayzik Tzigel[130]. Ich schlief zusammen mit Ayzik in einem Bett. Niemand aus dem Lager traute sich, unsere Baracke zu betreten. Am nächsten Morgen wurden wir zur Arbeit geführt, drei Kilometer von Birkenau. Dort waren fünf Baracken, bei denen Haufen von Koffern, Bettzeug und Decken lagen.

Das Kanada-Kommando bestand aus 300 Leuten mit zwei Kapos, der eine ein Deutscher, der andere ein deutscher Jude. Als wir ankamen, hielt der Kapo eine Rede. Wir sollten wie Maschinen arbeiten, Essen bei der Arbeit sei verboten. Essen ins Lager mitzunehmen, sei verboten. Einige SS-Männer waren dabei, einer, ein Oberscharführer, wurde Großvater (*zeyde*) genannt, der andere Vater (*tate*). Beide waren groß und dick mit roten Gesichtern. Sie hatten ständig Stöcke oder Lederpeitschen in der Hand. An der Spitze der Peitschen war eine 200 Gramm schwere Bleikugel.
Wir wurden verschiedenen Arbeiten zugeteilt. Ich musste schwere Säcke mit Lappen in die Waggons verladen, alles im Laufen, angetrieben von jungen SS-Männern. Wenn einer außer Atem war, wurde er mit Stöcken geschlagen oder musste „Sport" machen: „Auf, nieder, auf!" Wir arbeiteten 12 bis 14 Stunden mit einer einstündigen Essenspause. Die Transportgruppen waren alle blutig geschlagen. Mehrere hundert jüdische Frauen arbeiteten auch hier, mit einem Aufseher, einer SS-

---

130 An Berta Tsigl (Tzigel) und ihre Familie wird auf dem Jüdischen Friedhof in Krynki erinnert.

Frau, die einen Schäferhund bei sich hatte, der ihr half, die geschwächten Frauen zu quälen. Ein spezielles Kapitel war die einzige Toilette, in die nicht mehr als eine Person gehen durfte. Fast alle litten jedoch an Durchfall und konnten sich nicht mehr beherrschen (*a bazunder kapitl shtelt mit zikh far der eyntsiker klozet, vu s'iz geven farbotn mer vi eyn perzon zol dort arayngeyn. kimat ale hobn gelitn fun durkhfal un hobn zikh nisht gekent bahershn*). Wenn sich drei oder vier Frauen vor der Toilette versammelten, bemerkte die SS-Frau dies sofort und eilte mit ihrem treuen Begleiter, dem Hund, zu ihnen. Und er verstand ganz gut, wofür er gebraucht wurde. Der Hund packte eine der Frauen an ihrem Kleid und zerrte sie über den Hof. Und wenn das Kleid zerrissen wurde, so dass der Hund es nicht mehr ziehen konnte, biss er in den Körper, bis das Blut über den Hof lief. Die SS pflegte sich daran zu erfreuen und sich auf den Boden zu werfen und zu lachen, und den Hund zu ermuntern: „Greif zu, fester!" Solche Szenen ereigneten sich jeden Tag sowohl für Frauen als auch für Männer. Jeden Tag wurden in der Regel zwei oder drei solcher Opfer auf einem Wagen ins Lager gebracht. Auch Schießereien waren üblich. Es war strengstens verboten, (anderen) ein Stück Brot zu geben, auch wenn es bereits im Schlamm gelegen hatte. In der Nähe unseres Arbeitsplatzes arbeitete eine Tischlerkommando, und sie baten uns, ein Stück Brot durch den Drahtzaun zu reichen. Aber die SS beobachtete das genau durch eine Ritze in der Baracke (*shpolt fun barak*), und in dem Moment, wenn jemand Brot hinüberwarf, wurde ein Revolverschuss abgefeuert und traf den Kopf, so dass der Werfer in eine Blutlache fiel. Solche Vorfälle gab es sehr häufig. Trotz der Todesgefahr wurden weiterhin für die hungrigen Kameraden Brot und Konserven hinübergeworfen.

Beim Weg zur Arbeit mussten wir deutsche Lieder singen. Wer nicht sang, wurde vom Kapo oder dem Postenführer mit einem Stock geschlagen.

Die Arbeit im Kanada-Kommando bestand darin, Dinge aus den ankommenden Transporten zu übernehmen. Wenn ein Transport an der

Bahnstation ankam, ließen alle ihr Gepäck (*peklekh*) in den Waggons. Dann kamen etwa 50 „Kanadier" und luden alles auf Lastwagen und brachten es in das Effektenlager, in dem 300 bis 400 Frauen und Männer arbeiteten. Alles wurde ausgewertet und geordnet. Wenn etwas Eingenähtes gefunden wurde, zerrissen sie normalerweise das betreffende Kleidungsstück und warfen es in die Lumpen. Die sehr guten und neuen Kleidungsstücke wurden in einem Magazin gesammelt und wöchentlich nach Deutschland verschickt. Dort lagen (auch) übereinander geworfene Gepäck- und Kofferberge, die man Tag und Nacht von den Transporten mitbrachte.

Auch Schuhe wurden nach Deutschland transportiert. Die Frauen sortierten die Wäsche und versiegelten (*shtemplen*) sie: Alles wurde in Dutzende von Paketen verpackt und verschnürt, bevor es nach Deutschland verschickt wurde.

Dasselbe wurde mit Bettwäsche gemacht. Die alte wurde zerrissen und in Fetzen geworfen, die neue nach Deutschland geschickt. Täglich wurden 10 bis 15 Waggons voll beladen. Wertgegenstände wie Gold, Geld, Uhren, Silber, goldene Brillen (*zeygers, zilber, goldene briln*) sowie alles, was als Wertsache galt, wurden in großen, verschlossenen Kisten mit einem großen Loch gesammelt, in das die Gegenstände geworfen werden konnten. Eine solche Kiste wurde in der Regel täglich nach Berlin transportiert.

Auch die Kleider der Vergasten wurden auf diese Weise sortiert. Alle Papierpässe und Fotos wurden verbrannt, damit keine Spuren davon zurückblieben (*az keyn tsaykhn zol nisht blaybn derfun*). Nach der Arbeit wurde eine strenge Kontrolle durchgeführt. Alle wurden gezwungen, sich nackt auszuziehen, und ihre Kleidung wurde gründlich durchsucht. Wehe dem, bei dem sie etwas gefunden haben!

Die Strafen waren unterschiedlich, je nachdem, was bei dem Häftling gefunden wurde. Für eine Dose Konserven bekam man 25 Peitschenhiebe, von denen man ohnmächtig wurde. Der „Opa" schlug mit seinem Lederriemen bis das Blut floss. Während er prügelte, musste das unglückliche Opfer mitzählen, und wenn er sich verzählte und zum Beispiel 5 statt 6 sagte, musste er wieder von vorne anfangen. Für die

Schläge gab es eine spezielle Bank (*spezyel benkl*), auf der die Füße und Hände des Opfers in Halterungen eingespannt waren.
Manchmal, wenn viele zu schlagen waren und der „Opa" schon müde war, wurde der „Papa" zu Hilfe gerufen; dann schlugen beide und hatten viel Vergnügen.
Ich bekam gleich am ersten Tag fünf Peitschenhiebe, weil ich ein Stück Zucker vom Boden aufgehoben und in den Mund gesteckt hatte. Das bemerkte der „Papa" und gab mir sofort meinen „Lohn" dafür. Das waren meine ersten abgezählten Peitschenhiebe in meinem Lagerleben.
Inzwischen war ich bereits als „Lagerbewohner" und gleichzeitig als „Kanadier" registriert.
In „Kanada" geschah es oft, dass alle die Schläge für einen einsteckten. Wenn einer aus einer Gruppe von 20 Personen auch nur die kleinste „Sünde" beging, bekamen alle 20 die Strafe. Meistens gab es kollektive Bestrafungen. So viele Vorteile die Gruppe auch hatte, es gab auch viele Nachteile.
Es verging kein Tag, an dem nicht ein Karren (*vegele*) mit einer Reihe von Geschlagenen unterwegs war. Diejenigen, die 25 Peitschenhiebe erhalten hatten, durften am nächsten Morgen nicht zur Arbeit gehen, sodass die meisten von ihnen nach Block 7 verlegt werden mussten, wo sie starben.
In dieser Kolonne wurde der Mensch zu einer laufenden Maschine. Alles musste im Laufschritt erledigt werden, begleitet von Schlägen. Die SS war ständig betrunken und befriedigte ihre tierischen Instinkte, indem sie uns quälte.
Es gab noch eine Reihe anderer Strafmaßnahmen. Es war strengstens verboten, ein Wort mit einer Frau zu sprechen, die auf demselben Hof (*hoyf*) arbeitete. Dafür bekam man 25 Peitschenhiebe oder eine „Meldung" (*deutsch im Original*); und das bedeutete: drei Monate „S.K.". Hier arbeiteten verschiedene Frauen, die meisten von ihnen waren Jüdinnen. Sie stellten nur ein Prozent der damals mehreren tausend Frauen. Die meisten waren aus der Slowakei. Für die Frauen galt die

gleiche Disziplin wie für uns. Und sie bekamen die gleichen Schläge. Allzu bekannt war die Aufseherin mit ihrem Hund, die in jeder Hinsicht eine Sadistin war, sowohl äußerlich als auch innerlich. Selbst wenn ein Lächeln auf ihrem Gesicht erschien, wirkte es grausam und zynisch. Die SS prahlte (mit besonderen Grausamkeiten) vor ihr, und sie vor ihr.
Der Mensch wurde hier zum Spielzeug (*shpiltseyg*). Auch die Männer mussten ihre Mützen vor der SS-Frau abnehmen, was ihr Vergnügen bereitete.
Sehr häufig gab es Inspektionen von hohen Offizieren und Generälen. Die „hohen Herren" (*hoykhe layt*) kamen immer, um das Raubgut zu inspizieren. Wenn eine solche Kommission eintraf, wurden die Schläge und Quälereien verstärkt (*flegt men farshtarkn dos shlogn un peynikn*). In dieser Hinsicht wollte jeder SS-Mann den anderen übertreffen, um dafür eine Auszeichnung zu erhalten. Oft kamen die Lagerkommandanten Schwartz und Hess. An solchen Tagen wurden nicht zwei oder drei, sondern 10 oder 15 zu Tode gefolterte Menschen ins Lager gebracht.
Alle Lebensmittel, die im Gepäck gefunden wurden, mussten in der Lagerküche abgegeben werden. Die SS-Leute behielten die Konserven für sich.
Nach ein paar Tagen haben wir Brot ins Lager getragen. Nach der Arbeit bekam jeder von uns einen Laib Brot, was streng kontrolliert wurde. Normalerweise hatte ich auch ein wenig Tabak in meiner Tasche, mischte ihn mit zerbrochenem Brot (*breklekh broyt*) und brachte ihn ins Lager. Ich verteilte den Tabak und das Brot an die noch lebenden Krynkier, die schon ungeduldig auf mich warteten. Raucher, wie Yashe Margolyes und andere, waren glücklich, wenn ich ihnen etwas Tabak gab. Jeden Tag versorgte ich auch einen anderen Kameraden mit Hemden und Pullover. Meist zog ich zerrissene Kleider an und zog mich bei der Arbeit mit großen Schwierigkeiten um in neue Kleidung. Uns war es strengstens verboten, Taschenmesser tragen. Wir

konnten sie nur (*ins Lager*) schmuggeln, wenn wir mitten in der Nacht zu einem Transport zum Bahnhof gingen.

Wie ich bereits erwähnt habe, bin ich mit Ayzik Tzigel zusammengeblieben; wir haben ein Bett zum Schlafen geteilt und arbeiteten zusammen. Nach fünf Tagen Arbeit erhielt er 25 Peitschenhiebe für den Versuch, fünf Zuckerstücke ins Lager zu tragen. Er wurde auf einem Wagen zurück ins Lager gebracht. Am nächsten Morgen wurde er in einen anderen Block geschickt, aus dem in der Regel alle in unbekannte Richtungen gebracht wurden.
Jetzt war ich allein. Mir wurde ein Jude aus Grodno zugeteilt, um das Bett mit mir zu teilen (*men hot mir gegebn a bayshlefer*). Wir wurden gute Kameraden, aber leider dauerte das nicht lange. Einmal beschloss ich, eine Dose (*shakhtl*) Sardinen ins Lager zu schmuggeln, um den Blockwart zu bestechen, zwei Personen, Yashke Margolyes und Yehoshua Shapiro, aus „Krematorium Nummer 1" in eine andere Arbeitskolonne zu bringen. So nahm ich auf dem Weg vom Bahnhof zurück ins Lager eine Dose Sardinen mit mir. Aber an der Tür der Hütte des Blockführers wurden wir durchsucht, und die Schachtel mit Sardinen wurde bei mir gefunden.
Meine Nummer wurde notiert, und dann wurde ich freigelassen. Am nächsten Morgen ging ich zur Arbeit, wie ich es jeden Tag tat. Aber zur Mittagszeit rief der „Zeyde" meine Nummer, und ich musste zu ihm gehen, wissend, was mich erwartete. „Bück dich, Kerl!", schrie er mich wild an und zeigte mit dem Finger auf die „Bank". Es wurde kein Grund für die Bestrafung genannt, der Befehl musste sofort ausgeführt werden. Also legte ich mich auf die „Bank", der Kapo klemmte meine Hände und Füße fest, und der Zeyde schrie: „Zählen!"
„Eins." Ein Schlag mit dem geflochtenen Riemen. Das Stück Blei (an der Spitze) fuhr in meinen Bauch. Nach dem ersten Schlag fühlte ich einen scharfen Schmerz unter meinem Herzen, und mir wurde schwindlig. Schreie und Tränen entwichen mir, und sofort kam ein zweiter und dritter Schlag. Jeder Schlag riss ein Stück Fleisch aus

meinem Körper. Ich habe bis fünf gezählt, aber dann begann der Kapo zu zählen, denn ich konnte nicht einmal mehr schreien. Als sie meine Hände und Füße losbanden, fiel ich bewusstlos auf die Erde. So lag ich bis zum Abend dort unter dem „Shap" (Schrank?). Dann wurde ich in einem Wagen ins Lager gebracht. Erst auf dem Weg dorthin habe ich den Schmerz gespürt. Mein Bettgenosse legte mir mit einem nassen Handtuch eine Kompresse auf. Die ganze Nacht lag ich auf meinem Bauch und stöhnte. Am nächsten Morgen habe ich es kaum geschafft, zum Appell zu gehen. Zwei Kameraden haben mich gestützt. Aber ich konnte nicht mehr zur Arbeit gehen. So gingen meine drei Wochen in „Kanada" zu Ende.

Am selben Tag, gegen Abend, rief der Blockschreiber meine Nummer, und ich wurde zu Block Nummer 3 geführt, wo diejenigen waren, die aus dem Revier zurückgekehrt sind oder diejenigen, die geschlagen worden waren und nicht zurück zur Arbeit konnten. Block 3 war einer der schlimmsten und schmutzigsten Blöcke. Ein Ziegelbau mit 700 Gefangenen, von denen 600 nur Schatten von Menschen waren, nicht mehr arbeitsfähig, und deshalb hatten sie die Bedrohung durch Block Nummer 7 direkt vor sich.

Der Blockälteste ist ein Jude aus Frankreich. Ein sehr strenger Mann, aber auch er kann den Schmutz in seinem Block nicht bekämpfen. Der Block 3 ist der Weg zum Tod. Jeden Tag werden 30 bis 40 Opfer an die Wand getragen. Den ganzen Tag müssen wir auf der Straße sein. Der Lagerälteste fuhr uns von einem Ort zum nächsten, und dabei fielen einige unter den Stöcken und starben. Die gesünderen Insassen wurden ausgewählt, um Lagerarbeit zu verrichten. Sie mussten Steine tragen um die einzige Lagerstraße zu pflastern. Eines Tages lag ich auf der Straße, und am nächsten Morgen hatten sie mich bereits zum Steine tragen eingeteilt (*in eyn tog bin ikh gelegn oyf der gas un tsu morgns hot men mikh genumen tsum trogn shvere shteyner*). Ich habe der Schlafplatz mit einem ehemaligen Kapo geteilt, einem Österreicher, der 25 Peitschenhiebe vom Rapportführer Schillinger bekommen hatte.

Da wir im Lager waren, sahen wir normalerweise die Lastwagen, die voll beladen mit Menschen herfuhren. Es gab eine kleine, gemauerte Hütte mit zwei Holzbaracken. Nach einer halben Stunde flackerte ein Feuer aus der Grube, und schwarze Rauchwolken verdunkelten den blauen Himmel. Zwei Krematorien waren bereits fertiggestellt. Ihre Schornsteine waren mit Eisen umringt, damit sie nicht bei der großen Hitze platzen (*arumgenumen mit ayzn, zey zoln nisht platsn fun groysn fayer*).

Die Höhe der Schornsteine beträgt dreißig Meter. Sie sind durch eine breite Straße (*gaz*) voneinander getrennt, und jedes Krematorium ist von einem elektrischen Drahtzaun umgeben mit hohen, hölzernen Wachtürmen.

Gegenüber von unserem Lager befand sich das Frauenlager. Wir beobachteten aus der Distanz die Schatten von Frauen dort, ohne Haare, ohne Schuhe, in einer Bluse oder in zerrissenen Hemden. Uns war strengstens verboten, in die Nähe des Zaunes zu gehen und mit den Frauen zu sprechen. Dies wurde gut überwacht durch den Lager-Kapo. Beim geringsten Verdacht, eine Geste in Richtung Frauenlager zu machen (*eyner hot oyfgehoybn di hant un gemakht a bavegung in der rikhtung tsum lager*), gab es sofort zehn Peitschenhiebe oder einen Bericht, der drei Monate „S.K." bedeutete; diese Strafe galt auch für die Frauen.

Die Frauen waren völlig von den Männern isoliert, und niemand wusste, wer noch am Leben und wer von den Transporten noch im Lager war.

Von unserem Transport war eine Gruppe von 17- bis 20-jährigen Mädchen ins Lager gekommen, aber keiner von uns wusste, ob eine von ihnen noch am Leben war. Die Hunderte Frauen, die uns gegenüber im Lager arbeiteten, waren sehr streng bewacht. Wann immer die Frauen zur oder von der Arbeit marschierten, wurden wir mit Stöcken von den Wegrändern weggetrieben. Wenn es jedoch jemandem gelang, näher zu kommen, erkannte er immer noch kein bekanntes Gesicht, denn sowohl die Frauen als auch die Männer hatten sich im

Aussehen sehr verändert. Von unserem Transport waren nur ein paar Dutzend übriggeblieben. Jeden Tag nahm ihre Zahl noch mehr ab. Einige wenige kamen in ein Außenlager nach Bana (*Buna?*).

Ein Transport kam ins Sonderkommando, das vollständig von der Umgebung abgetrennt war.

Uns war es strengstens verboten, ein Wort mit seinen Insassen zu wechseln. Wir wussten jedoch sehr gut, welche Art von Arbeit sie machten. Die meisten Männer im Sonderkommando sahen gut aus. Wann immer sie in das Lager hereinkamen, trugen sie Säcke mit Lebensmitteln (*torbes esnvarg*). Oft gaben sie ihren Bekannten Brot. Die aus unserem Shtetl kamen, gaben auch einem von uns ein Stück Brot, das wir verteilen sollten.

Einmal gelang es mir, durch ein Loch in der Wand, das sie herausgehackt hatten, mit ihnen zu sprechen. So erfuhr ich, dass ein anderer aus unserem Shtetl, Shloime Avnet (der Blonde)[131], ebenfalls im Krematorium arbeitete. Er war drei Monate vor uns von einem anderen Shtetl ins Lager gekommen, und sie hatten ihn sofort mit dieser Arbeit beauftragt.

Durch das Loch bekam ich oft ein wenig Wasser und ein Stück Brot. In der Zeit, in der ich im Lager arbeitete, waren beide im Block, weil sie in Nachtschicht (*nakhtshikht*) arbeiteten. Ich wartete einen Moment bis es niemand bemerkte, und dann redeten wir. Durch sie habe ich alles über das Vergasen und Verbrennen von Menschen und über das Schicksal unserer Verwandten erfahren.

Zwei Wochen lang arbeitete ich in diesem Kommando, das die Straße baute. Später setzten sie ein neues Arbeitskommando aus Block 3 ein. Der Kapo, der mein Bettgenosse war, wurde der Kapo des neuen Kommandos, das „Abort-Baracken" genannt wurde. Dort arbeiteten

---

131 Der Name Shloime Avnet – der Blonde - kommt mir bekannt vor. Ich bin ihm bei meinen Recherchen und Interviews zum Thema Sonderkommando oft begegnet. Ich konnte leider keine Details über ihn finden, außer seinem Namen und dem Namen der Stadt, in der er geboren wurde, Krynki. (Gideon Greif an den Verfasser, März 2023)

40 Leute, alle aus dem Block 3. Unsere Arbeit bestand aus dem Bau von Fundamenten für die Öfen und Wasserleitungen für die neuen Lager. Sieben Lager wurden gerade gebaut, jeweils mit 32 Baracken. Die Arbeiten schritten sehr schnell fort.
Es gab mehrere zivile Polen, die mit uns zusammenarbeiteten; mit ihnen durften wir nicht sprechen. Wir durften nur arbeiten und allen Verordnungen folgen.
Der Kapo hat uns gut behandelt. Er schlug uns nicht und drängte uns nicht,
schneller zu arbeiten. Mit mir in der Kolonne arbeitete auch einer aus meinem Shtetl, Pinye Klas. Er lernte schnell die zivilen Polen kennen und begann, heimlich mit ihnen Handel zu treiben. Der Handel bestand aus dem Verkauf eines Hemdes oder einer Hose ohne Häftlingsstreifen, oder Schuhen. Diese Kleidungsstücke kamen von denen, die im Kanada- und Sonderkommando arbeiteten.
Pinye hatte einen Vetter im Sonderkommando, Othniel Leibovitch. Dieser pflegte ihn mit den Dingen zu unterstützen (*untertshtitsn*), die er brauchte. Ich hatte eine „Partnerschaft" (*shutfes*) mit Pinye, und was die Zivilisten brachten, haben wir geteilt. Der Kapo schaute bewusst weg. Wir erhielten in der Regel auch ein paar Eier von den Zivilisten. Wir trugen sie hinein ins Lager und tauschten sie dann in der Kantine, die nur für die Polen und Deutschen war.
Wir haben illegal mit Zigaretten gehandelt. Und diese tauschten wir dann gegen Brot. So haben wir unseren illegalen Handel abgewickelt (*azoy hot zikh gefirt*).
Als wir einmal nachts im Begriff waren, ins Lager zu gehen, kam ein SS-Mann zu mir, der bei der nächsten Baracke stand und mich genau beobachtete. Er befahl mir, die Hände zu heben und durchsuchte mich. Ich hatte gerade fünf Eier in meiner Tasche. Der SS-Mann nahm die fünf Eier und schrieb meine Nummer auf. Ich wusste schon, was auf mich wartete. Drei Tage später, nach dem zweiten Appell, wurde meine Nummer aufgerufen. Der Blockälteste führte mich zum Rapportführer Schillinger. Normalerweise kamen jeden Tag solche „Sünder" zum Rapport. Als ich jetzt dastand, hatten sich bereits etwa

zehn Leute versammelt, unter ihnen ein paar Kapos, die noch nicht genug Schläge verteilt hatten. Die „begangenen Verbrechen" wurden verlesen. Nur eine Antwort war uns erlaubt: „Jawoll!"
Nach der individuellen Verlesung (*des Vorwurfs*) folgte das Urteil: „Nummer 93 886 wird mit fünf Nächten Stehbunker (*shteybunker*) bestraft!" „Jawoll!", war die Antwort.
In derselben Nacht kam ich in einen schmalen Kamin mit 80 Quadratzentimetern, stockdunkel, mit sehr wenig Luft und 20 Zentimetern Wasser, in das sie etwas flarik (?) gegossen hatten.
Von unserem Transport waren nur noch 10 Personen übrig. Unsere Arbeitsgruppe wurde von 40 auf 50 Personen erhöht. Der Meister schickte 20 von ihnen zur Arbeit ins Frauenlager: Fundamente für Öfen und Ton graben für die neuen Baracken. Unter diesen 20 Personen, die der Meister für die Arbeit bestimmt hatte, waren ich und Pinye. Wir wurden informiert, dass es verboten war, mit den Frauen zu sprechen, auch wenn man seine Schwester dort erkannte. Beim Betreten des Frauenlagers wurde festgestellt, wie viele hineingehen, und wenn wir rausgingen, wurden wir wieder gezählt (*baym arayngang in froyenlager hot men oyfgeshribn vifl mentshn es geyen arayn un baym aroysgeyn hot men undz getseylt*).
Darüber hinaus gab es immer eine strenge Kontrolle beim Hinein- und Hinausgehen; vor allem nach Briefen wurde gesucht. Das Frauenlager hatte die gleiche Anzahl Baracken und Steinhäuser wie unser Lager. Es gab den „Toten-Block", Nummer 25, aus dem jeden Tag nackte, gequälte Skelette mit Lastwagen abtransportiert wurden.
Als wir zum ersten Mal zur Arbeit in das Frauenlager marschierten, warfen Skelette von Frauen leere Blicke (*oysgeloshene oygn*) auf uns und suchten nach bekannten Gesichtern. Die Frauen sahen schrecklich aus: In langen, grauen Kleidern, kahlköpfig, mit blutigen Füßen. Dort gab es einen leeren Ort, der die Plyazhe[132] genannt wurde. Dort lagen normalerweise Hunderte von Frauen halb bewusstlos unter der heißen Sonne. Es war ihnen verboten, die zugewiesenen Orte zu verlassen. Das Frauenlager war überfüllt, und jeden Tag blieben Hunderte von

---

132 Пляже (russisch): Strand.

ihnen auf der Plyazhe liegen, und die Sonne würde sie bis in alle Ewigkeit verbrennen.
Wer nicht zur Arbeit gehen konnte, bekam weniger zu essen, also einen halben Liter Wasser mit Stücken roter Rüben. Auch die Frauen litten unter der typische Lagerkrankheit: Durchfall. Auch sie wurden mehrmals wöchentlich einer Selektion unterzogen vom gleichen kalten Mörder, Mengele.
Im Frauenlager gab es eine Aufseherin namens „Dreckslerche"[133]. Ihr bloßes Erscheinen im Lager verursachte unter den Frauen Angst und Schrecken. Sie kam normalerweise mit ihrem Hund, und genau wie in unserem Lager gab es auch Appelle mit Selektionen. Darüber hinaus gab es dort die ganze Zeit SS-Männer, die die Aufgabe hatten, dafür zu sorgen, dass die Männer nicht mit den Frauen sprachen. Beim geringsten Verdacht drohten 25 Peitschenhiebe. –
Am dritten Tag meiner Arbeit im Frauenlager, kam – während ich Sand schaufelte – ein SS-Mann mit einem großen Hund an seiner Seite auf mich zu und fragte, was ich mit der Frau gesprochen hätte. Er zeigte mit dem Finger auf ein Mädchen, das in der Ferne stand. Ich nahm meine Mütze ab und antwortete, dass ich nicht mit der Frau gesprochen hätte.
„Du hast wohl mit ihr geredet, verfluchter Hund!", und er stieß mit der Faust in die Brust. Ich sagte noch einmal nein; aber der SS-Mann bestand darauf: „Ja, du hast sehr wohl mit ihr gesprochen. Komm mit mir zum Lagerkommandanten!"
Also gingen wir zum Lagerkommandanten. Wir hielten an seinem Haus an, der SS-Mann rannte hinein und machte einen Bericht über mich. Er kam dann heraus mit dem bekannten Mörder, Oberscharführer Moll[134], einem kleinen, kräftigen Mann mit Bauch und dickem

---

133 Elsa Margot Drechsel/Drexl (*auch Drexler, Drechsler*) * 17. 5.1908 in Mengersdorf; Hinrichtung 1947 oder 1948), Aufseherin in Ravensbrück, Auschwitz I und Birkenau, ab 1.11.1944 in Flossenbürg. Wegen ihrer Grausamkeit von Häftlingsfrauen *Kostuchna – Sensenfrau* genannt. (Klee S. 97)
134 Otto Moll, SS-Hauptscharführer, Chef der Gaskammern und Krematorien. Er wurde am 13. Dezember 1945 hingerichtet.

Gesicht. Er maß mich von Kopf bis Fuß und ging dann zurück in sein Büro.
Der SS-Mann blieb stehen und lächelte unter seinem schwarzen Schnurrbart. „Gleich wirst du erzählen, was du gesagt hast!" Ich sagte kein Wort und wartete auf meine Strafe: Entweder 25 Peitschenhiebe oder die Notiz meiner Nummer und dann ins „S.K.".
Bald kam der Mörder Moll mit einem groben Stock in der Hand heraus: „Nun, wirst du sagen, was du gesagt hast, du dreckiger Hund?" „Ich habe nichts gesagt, Herr Hauptscharführer", antwortete ich und stand da mit meinen Händen, die wie gefroren herunterhingen. „Du wirst bald reden!" Er zeigt mir seinen Stock und lachte kalt. Ich antwortete nicht und wartete auf weitere Befehle. „Bück dich, du Schwein!" Der an der Seite stehende SS-Mann packte meinen Kopf, und ich spürte einen harten Schlag.
Nach dem sechsten Schlag auf den Rücken wurde ich ohnmächtig. Als ich meine Augen wieder öffnete, war ich von Kopf bis Fuß durchnässt. Es gab einen leeren Eimer auf der Seite. Um mich herum standen der Bandit Moll, der SS-Mann und mehrere SS-Frauen. Alle lachten und traten mich mit ihren Stiefeln. „Steh auf, du Hund!", hörte ich die Schreie des Sadisten Moll und eines anderen. Ich stand auf, und die Schläge begannen wieder. Ich fühlte keine Schmerzen mehr, hörte nur noch das Zählen und Lachen der herumstehenden Sadisten, die sich an diesem bestialischen „Sport" erfreuten. Zum zweiten Mal zählte ich 20 Peitschenhiebe, bis der Mörder Moll stehen blieb, sich zu mir umdrehte und lachte. Schweiß lief ihm über das Gesicht. „So, jetzt wirst du nicht mehr reden! Marsch ins Lager, zur Arbeit!" Er wies den SS-Mann an, sich gut um mich zu kümmern, dass ich hart arbeitete.
Dies war meine erste Strafe, die ich einfach wegen einer falschen Anschuldigung eines SS-Mannes bekam, der dem Lagerkommandanten beweisen wollte, dass er loyal war und gut aufpasste. Der SS-Mann stand bis zum Abend neben mir und führte mich zur Arbeit. Ich fühlte den Schmerz, als ich nach dem Appell ins Lager zurückkehrte. Wieder

habe ich kalte Kompressen aufgesetzt. Am nächsten Morgen ging ich nicht zur Arbeit.

Am dritten Tag ging ich wieder zur Arbeit, weil es im Lager eine „Ergreifung" (*a khapung*) gab, wie ich vom Stubendienst erfahren hatte. Alle Blockführer gingen zusammen mit den Ältesten und Blockältesten ins Lager, um diejenigen zu finden, die sich versteckten und nicht zur Arbeit gingen. Die meisten von ihnen konnten nicht mehr arbeiten, aber sie wollten nicht in Block 7. Als alle Versteckten zusammengesucht waren, kam ein Lastwagen, in den sie hineingetrieben und ins Krematorium transportiert wurden.

Heute kam auch einer aus dem Shtetl weg, Yehoshua Shapiro, der nicht mehr arbeiten konnte. Alle meine Anstrengungen, ihn in unser Kommando zu nehmen, waren vergeblich. Er konnte sich nicht mehr auf den Beinen halten.

Unsere kleine Gruppe wurde immer kleiner. Wenn ich mit Pinye im Frauenlager arbeitete, suchten wir nach bekannten Gesichtern, aber wir fanden keine. Wir erhielten immer die gleiche Antwort: Es ist keine aus unserem Transport übrig. Alle sind schon im Krematorium. Jeden Tag kam Schillinger mit dem Fahrrad und überprüfte unsere Arbeit. Ständig gab er unserem Kapo Ohrfeigen, weil er das Arbeitstempo nicht erhöhte. So beschloss der Kapo, aufzupassen, ob Schillinger kam. Dann sollten alle härter arbeiten. In der Tat gab er uns damals oft Ohrfeigen, wenn einige von uns untätig dasaßen. Der Kapo befahl mir, die ganze Zeit am Tor der Baracke zu stehen und zu beobachten, ob Schillinger oder ein anderer SS-Mann sich zeigen würde. Also stellte ich mich an das Tor und passte genau auf. Wenn der Kapo im Lager herumging, lagen wir normalerweise alle in der Grube und hielten unsere Arbeitsutensilien in der Hand, so dass wir sofort einsatzbereit waren.

Ich beobachtete die Frauen, die unaufhörlich vorbeigingen. Vielleicht würde ich doch jemand aus unserem Shtetl treffen. Ich wollte einfach nicht glauben, dass keine von ihnen mehr lebt. Normalerweise ging ich zusammen mit Pinye mit einer Wagenladung Ziegelsteine um die Plyazhe und suchte, aber ich fand niemanden.

So vergingen weitere zwei Wochen harter Arbeit. Zwei Wochen Quälerei an Körper und Seele, ohne Hoffnung, dass der Morgen etwas Besseres bringen würde. Und dann geschah etwas Unerwartetes, etwas Neues, was mein hartes Leben im Konzentrationslager erhellte und mir Mut zum Ausharren gab.
Ich stehe wie jeden Tag auf meinem Posten. Vor meinen Augen bewegen sich blasse, traurige Frauen und tragen Erde – für wen und für was, wer weiß? Plötzlich sehe ich etwas Unglaubliches, etwas, das nur eine kranke Wahrnehmung sein kann: Da ist ein Mädchen in einem zerrissenen Hemd, ihre Füße sind mit Papier umwickelt, und Blut rinnt unten heraus. Ihr Kopf ist rasiert, ihr Gesicht klein und blass. Sie zieht einen großen Eimer, um ihn auszuleeren. Ihre Augen sind mir so vertraut. Aber ich habe Angst vor meiner eigenen Vorstellungskraft (*kh'hob moyre far zikh aleyn tsu trakhtn*) – vielleicht bin es nur ich, der denkt, dass es meine Klassenkameradin Rochele Zakheim ist.
Ich tausche mich mit meinem Freund Pinye über meine Vermutung aus. Wir beschließen, sie beim Namen zu rufen, wenn sie von der Arbeit zurückkommt. Ein paar Minuten vergehen. Wir stehen sehr ungeduldig da. In diesem Moment zeigt sich das kleine Wesen, wie ein bemitleidenswertes zehnjähriges Kind. Der Eimer, den sie trägt, ist bereits leer. Sie geht langsam; wir können sehen, dass sie am Ende ihrer Kräfte ist. Und doch! Das Gesicht ähnelt dem von Rochele in früheren Zeiten. Ich warte am offenen Tor. Pinye ging zur Seite, und als sie sich der Baracke näherte, rief er leise: „Rochele!"
„Avroheml!", hörten wir ihre Antwort, und dann fiel sie sofort zu Boden. SS-Männer, die an uns vorbeigingen, drehten sich um. Ich habe mich nicht getraut, von meinem Platz wegzugehen, weil ich nur zu gut wusste, dass es uns beide das Leben kosten würde, wenn ich auf sie zuging. Ich blieb an meinem Platz und beobachtete, wie Rochele ohnmächtig am Boden lag, direkt neben mir! „Herz, kannst du wirklich so viel ertragen?", denke ich heute und erinnere mich an diesen Augenblick. Dort stehe ich am Tor und sehe das Mädchen aus Krynki, die Genossin meiner süßen Schuljahre! Später waren wir beide gemeinsam in der Kinder- und Jugendorganisation SKIF aktiv. Gemeinsam besuchten wir Vorträge über den Kampf für ein besseres, gerechteres

Leben. Wir verbrachten den Sommer im (*Ferien-*)Lager, machten gemeinsame Ausflüge, und das Echo unserer Lieder klang in der Weite. Nun liegt ein Schatten über der immer lachenden Rochele. Jetzt ist sie schwach und hilflos, und ich habe nicht einmal das menschliche Recht, ihr aus dem blutgetränkten Boden aufzuhelfen. Ein paar Mädchen holen sie ab und bringen sie in die Baracke. Vor mir ein großes, heiliges Ziel: Das einzige überlebende Mädchen aus meinem Geburtsort zu retten.
Pinye beschließt dasselbe. Ich besteche meinen Kapo. Er gibt mir die Nummer auf ihrem Arm und informiert mich, dass sie in Block Nummer 9 ist, das heißt, dass ihre Tage gezählt sind.
Der Kapo wurde zum Bindeglied zwischen mir und Rochele. Er brachte ihr meine ersten Worte an sie: „Bleib dran, wir werden dir helfen, solange wir leben." Als er zurückkam, brachte er mir ein Stück Papier, auf dem sie schrieb: „Ich blieb als einzige des ganzen Transports." Nun mussten wir ihr konkrete Hilfe geben: Erst einmal, um sie so zu kleiden, dass sie ein besseres Aussehen bekam. Denn in dem Zustand, in dem sie sich gerade befand, war sie eine der ersten Kandidatinnen für den Gang ins Krematorium. Um Kleidung für sie zu bekommen, mussten wir den Kapo bestechen. Insbesondere mussten wir ihn dafür bezahlen, dass er die deutschen Frauen, die eine führende Position im Lager hatten, dazu brachten, Rochele aus dem Block zu holen. Wir bestachen diese Frauen mit guten Zigaretten, Seidenstrümpfen und anderen Luxusartikeln, für die wir jedes Mal, wenn wir aussehe. Eine gute Erscheinung verlängert das Häftlingsleben. Ich fühle mich mutiger, und die traurigen Tage scheinen schneller vorüber zu gehen. Ich weiß nicht, ob ich in sie, meiner späteren Ehefrau, verliebt war und ob es überhaupt Liebe in einer so schrecklichen, höllischen Lage geben kann. Aber ich weiß sehr gut, dass sie mir viel Kraft gegeben hat, um die schrecklichste Zeit meines Lebens durchzustehen. Das Glück, mit Rochele im selben Lager zu sein, hielt jedoch nicht lange an. Aufgereiht in Fünferreihen führte uns der Kapo aus dem Frauenlager. Rochele begleitete mich schweigend von weitem. Ich schaute sie an und sah, dass sie große Tränen in den Augen hatte. In unserem Lager erzählte ich jedem aus unserem Shtetl, dass Rochele Zakheim hier

ist. Und dass wir alle, solange wir lebten, unser Möglichstes tun müssten, um sie am Leben zu halten.

Ich und Pinye versprachen, keine Mühen zu scheuen, um sie aus der derzeitigen Lage heraus zu holen. Ich erzählte das auch dem Kapo. Er versprach zu helfen, das heißt, die Hilfe der deutschen Frauen zu bekommen, die im Lager eine Führungsposition innehatten. Wir haben uns bemüht, ein Kleid und Schuhe zu beschaffen. Jeden Tag brachten wir Zigaretten; wir erhielten Zwiebeln, die von den Polen organisiert wurden, die im Gegenzug ein „Paket aus der Freiheit" (*peklekh fun der fray*) erhielten. Wir beschafften und brachten alles, was wir konnten, in das Frauenlager und gaben es dem einzigen Mädchen, das sich jetzt nicht mehr so elend fühlte und mit jedem Tag mehr Mut fasste, Mut und Hoffnung.

Das Leben in allen Konzentrationslagern verwandelt den Menschen in ein zweibeiniges Tier mit all seinen niederen Instinkten. Der Mensch hat schnell seine Menschenwürde verloren, sein inneres Gleichgewicht, seine früheren menschlichen Gefühle. Das einzige Ideal und die einzige Anstrengung bestanden darin, herauszufinden, wie man ein weiteres Stück Brot oder ein paar Löffel wässrige Suppe bekommt, um den tierischen Hunger zu stillen.

Der Tod, der auf Schritt und Tritt lauerte, traf uns nicht so sehr wie der Schrecken des Hungers. Der Häftling stellte sich vor, dass er nach ein paar Stücken Brot und ein paar Löffeln Suppe die Kraft gewinnen würde, den Tod zu kontrollieren. Und man muss hinzufügen, dass ein innerer, unbegreiflicher Drang und Wille zu leben und den bestialischen Hitlerismus zu überleben, tief in den Herzen eines jeden von uns verwurzelt war, obwohl der Tod uns wie ein Schatten rundum begleitete. Charakteristisch war, dass jeder Mensch, der dem Tod nahe war, einen besonders starken Lebenswillen entwickelte.

Die alten Häftlinge, die seit mehreren Jahren inhaftiert waren, vergaßen Stück für Stück, dass außerhalb des elektrischen Zauns eine andere Welt war, in der freie Menschen in Würde lebten. Sie vergaßen auch ihre Nächsten und Liebsten und einfach alles, was vorher gewesen war. Es schien ihnen, als wären bereits Dutzende von Jahren vergangen, und das, was

hier auf diesem Stück Erde geschah, war ein normales Ereignis und würde es für immer bleiben. Sehr selten erzählte ein alter Häftling, wie z.B. ein Blockältester, ein Lagerschreiber oder Kapo, von seiner Vergangenheit in der Freiheit. Der alte Häftling löschte einfach die Erinnerung an seine Vergangenheit aus und lebte nur in einem unsicheren Heute. Ob wir den nächsten Tag erleben würden, war nicht sicher, und mit dem roten Himmel, dem schwarzen Rauch und der Selektion, die Niemandem erspart blieb, war das Morgen nicht mehr in unseren Gedanken Wir lebten nur in der Gegenwart. Jedes Mal, wenn sich der kalte Mörder Mengele im Lager zeigte, wusste er bereits genau, wie viele Menschen, ob gesund oder krank, er heute in den Tod schicken würde. So ist es verständlich, dass unter diesen Bedingungen niemand das genaue Datum kannte und auch nicht die Feiertage. Ein Feiertag war immer dann, wenn jemand ein Stück Brot oder eine kleine wässrige Suppe ergatterte. Im Lager gab es auch sehr religiöse Juden und Christen, die heimlich ein Gebet sprachen, so dass der Blockälteste es nicht bemerken konnte. Mein Bettgenosse war ein älterer Jude, der jeden Tag still betete, bei der Arbeit und beim Appell, während er sich nach allen Seiten aufmerksam umsah. Von diesem Juden erfuhr ich, dass heute Abend Pessach war[135]. Bis jetzt war uns nur ein Tag in der Woche bekannt, an dem wir nur bis 12 Uhr mittags arbeiteten, und das war Sonntag (*dos iz geven der zuntik*).
Die Namen der anderen Tage und Monate wurden uns ziemlich fremd. So floss unser versklavtes Leben dahin. Als ich erfuhr, dass heute Pessach war, pochte mein Herz heftig. Ich erinnerte mich an meine Heimat (*mayn heym*), als wir zusammen mit der Familie im fröhlichen, lachenden Shtetl gelebt hatten, als wir in den Wald gingen, um Nüsse zu pflücken, mit gefärbten Eiern spielten und den süßen Pessachwein tranken.
Kurz vor Pessach begannen die Nazi-Bestien mit dem Transport von Zehntausenden von slowakischen und tschechischen Juden (Karpaten-Russinen)[136]. Ihnen war gesagt worden, dass sie in den Garten Eden

---

135 Pessach begann 1943 am 19. April und endete am 27. April.
136 Russinen/Ruthenen: eine ostslawische und gemischtsprachige Bevölkerungsgruppe, die hauptsächlich in den Karpaten in der Karpatenukraine, den an

gebracht würden, wo sie wie „Gott in Odessa (*Got in Ades*)"[137] leben würden. Jetzt begannen die ersten beiden Krematorien[138] zu brennen, Verbrennung von zehn- bis fünfzehntausend gesunden Menschen in 24 Stunden. Unaufhörlich, Tag und Nacht, spuckten die Schornsteine Tausende von unschuldigen menschlichen Seelen aus.

Hier, im grausamen Todeslager, wo das menschliche Leben nicht den geringsten Wert hatte, gab es immer noch Menschen, die sich lieben konnten, und bei denen das Lagerklima und die Lebensbedingungen keine solche Wirkung hatten. Als die frommen Karpaten-Russinen ins Lager kamen und den Garten Eden sahen, in den sie gebracht worden waren, gingen sie

am ersten Tag des Passahfestes mit gesenktem Haupt spazieren, und einige von ihnen behielten ihr Brot in ihren Taschen, weil sie Sauerteigbrot (*khomets/chametz*) nicht essen wollten. Ein paar dieser Juden arbeiteten mit mir, und als ich sie über das Schicksal der Familien informierte, die an der Rampe auf Lastwagen gebracht worden waren, wollten sie es nicht glauben und sagten sogar, dass wir sie nur erschrecken wollten.

Der einzige Ort, an dem Menschen frei miteinander reden konnten, war die Latrine. Dort, in der Stille, konnte man über die traurige Situation reden. Nur wenige aus den Transporten durften ins Lager, aber auch sie würden, wie der größte Teil der Transporte, in ein paar Wochen, einer einen Tag früher, der andere einen Tag später in den Tod gehen. Die neuen Lager waren schnell fertiggestellt[139], und gleich nach dem Passahfest kamen Transporte von Zigeunern im Lager „e" an, das 32 Baracken hatte. Die meisten Zigeuner, ganze Familien, kamen aus Deutschland. Daher wird das Lager „e-Zigeunerlager" genannt. Unser altes Lager wurde in ein neues, genannt d-Lager, verlegt;

---

die Ukraine angrenzenden Staaten Mitteleuropas, in Südosteuropa sowie in Nordamerika lebt. (Wikipedia)
137 Entspricht der deutschen Redewendung *Leben wie Gott in Frankreich*.
138 Vier vergrößerte und „verbesserte" Gaskammern wurden Anfang 1943 fertig gestellt.
139 „Zigeunerlager Auschwitz" hieß im NS-Sprachgebrauch der von Februar 1943 bis August 1944 bestehende Abschnitt B II e.

es bestand aus 32 Holzbaracken, zwei Küchen, einer Blockführer-Stube, zwei Latrinen, die bereits moderner waren als die alten. Es gab auch einen Waschraum, wo man sich jeden Tag waschen konnte (*und-zer altn lager hot men ibergefirt in nayes „d"-lager, velkher hot oykh gehat 32 hiltserne barakn, tsvey kikhn un a blokfirer-shtube. tsvey latrines velkhe zenen shoyn geven mer modern vi di alte. oykh a vashtsimer iz geven, vu men hot zikh gekent yedn tog vashn*). Im neuen Lager wurde ich in den Block 20 gebracht, wo ein französischer Jude namens Zhulte Blockältester war.

Es war strengstens verboten, mit den Zigeunern zu sprechen. In der ersten Zeit waren die Zigeuner in einer privilegierten Lage. Ihre Kleider wurden ihnen nicht weggenommen, ihre Haare waren noch nicht geschoren. Sie sprachen alle deutsch. Unter ihnen gab es viele ehemalige Soldaten und Offiziere der Deutschen Wehrmacht, die wegen ihrer Herkunft von der Front abgezogen worden waren. Auch die Zigeuner mussten sich einem Appell unterziehen, der jedoch nicht so lange dauerte wie unserer. Unter ihnen waren viele schwangere Frauen und kleine Kinder, die auch bei einem Appell stehen mussten. Die Zigeuner wurden nicht zur Arbeit herangezogen, und deshalb erhielten sie weniger zu essen, nicht 200 Gramm Brot, sondern nur 100. Jeden Tag stieg ihre Sterblichkeitsrate (*mit yedn tog hot zikh di shterblekhkeyt fargresert*), und für die Kranken gab es bereits keinen Platz mehr zum Liegen. Die Zahl der Zigeuner betrug 12 000. Eine Zeit lang arbeitete unser Kommando im Zigeunerlager, und ich schaffte es, mit vielen von ihnen zu reden. Einige von ihnen zeigten mir ihre militärischen Auszeichnungen aus ihrer Wehrmachtzeit in der Schlacht von Stalingrad.[140]

---

140 Etwa hundert reichsdeutsche „Zigeuner" hatten vor ihrer Deportation bei der Wehrmacht Kriegsdienst geleistet und waren teils direkt von der Front in das Lager eingeliefert worden. Etliche von ihnen besaßen Kriegsauszeichnungen. (Wikipedia)

„Gipsy Camp in Auschwitz", Yizkor Book, Page 203

צײנער-לאַנער אין אױשװיץ

Mit jedem Tag, der verging, verloren die Zigeuner mehr den Glauben, dass sie wieder in die Freiheit zurückkehren würden. Mit der Zeit sank ihre Zahl von 12 000 auf 7000 Menschen.
An einem Sabbatabend traf eine Kommission mit mehreren Generälen aus Berlin ein. Sie markierten jede Baracke mit einem roten Stift. Dies bedeutete, dass alle Menschen aus dieser Baracke vergast werden. Am nächsten Nachmittag kam der Chef aller Krematorien, Oberscharführer Moll, auf einem Motorrad und befahl: „Blocksperre!"[141]

---

141 1.8.1944: „Nach dem Abendappell wurde im Kl. Auschwitz II Lagersperre und im Zigeuner-Familienlager Blocksperre angeordnet. ... In das Lager fahren Lastwagen ein, mit denen 2897 wehrlose Frauen, Männer und Kinder in die Gaskammern im Krematorium gefahren werden. Nach der Vergasung werden die Leichen der

Diese Regelung galt auch für unser Lager. Sofort ertönten die Gongs in beiden Lagern, und unsere Herzen klopften. Wir hatten schon genug Erfahrung und wussten, was das bedeutete: nämlich, die nächsten Kandidaten (für die Gaskammer) waren entweder wir oder die Zigeuner.

Wir sahen durch die Risse der Baracken, wie Lastwagen in die Zigeunerlager fuhren, und bald darauf konnten man das laute Schreien von Frauen und das Weinen von Kindern hören. Ich kletterte auf das oberste Bett nah am Dachfenster. Vor meinen Augen waren SS-Männer in zwei Reihen mit Stöcken in der Hand, die schrien: „Los, schnell, Tempo!" Die Hilferufe stiegen zum Himmel (*hobn zikh gerisn tsum himl*). Mehrere Frauen lagen auf der Straße. Revolverschüsse und Rufe „Oh Gott!" waren zu hören, und es dauerte zwei Stunden, bis das Lager mit seinen 7000 Einwohnern geleert war. Im Krematorium leisteten einige Widerstand mit den Rufen junger Männer: „Ich war schließlich ein deutscher Soldat, ich war für unser Vaterland im Krieg!"

So endete der Zigeunertransport. Am nächsten Morgen fanden die SS-Männer vier Kinder, die sich in der Latrine versteckt hatten. Sie wurden am gleichen Tag ins Krematorium gebracht. Absolut nichts erinnerte an die Tatsache, dass dort nur einen Tag zuvor 7000 Menschen leidend, aber lebend gewesen waren.

Alle vier Krematorien sind bereits in Betrieb. Das Sonderkommando wurde größer. Eine Eisenbahnlinie war direkt bis zum Krematorium gelegt worden.

Der Sommer war gekommen, und man konnte die wohlriechende Luft der Umgebung spüren (*es filt zikh di shmekedike luft fun arum*). Doch schon ein wenig Wind verwandelt die Sommerluft in den Geruch des Todes. Der Geruch von verbranntem Fleisch entweicht aus den Krematorien, und wenn der Luftdruck sinkt und der Rauch zur Erde sinkt, ist die ganze Gegend voll vom Geruch des Todes.

Ermordeten in der Grube neben dem Krematorium verbrannt, denn die Krematoriumsöfen sind zu der Zeit nicht in Betrieb." (Czech S. 838)

In diesen heißen Sommertagen wurden Kanada und Sonderkommando vergrößert. Daher wusste jeder, dass die Ankunft neuer Transporte in größerem Umfang erwartet wurde, aber niemand wusste aus welchem Land. Aber als der erste Transport ankam, wusste das ganze Lager, dass es sich um Juden aus Griechenland handelte.[142] Jeder Transport zählte 1500 Personen, von denen 200 ins Lager kamen. Zwischen vier bis sechs Transporte kamen jeden Tag an. Nach ein paar Tagen war das Lager mit Männern und Frauen überfüllt. Es gab ständig Selektionen. Die ankommenden Menschen wussten nicht, wo sie waren und wohin sie geführt wurden. Sie alle mussten unter der heißen Sonne ihren letzten Weg gehen, begleitet vom Orchester. Alle Krematorien stießen tagsüber und nachts Rauch aus, und als sie überfüllt waren, begannen sie, die Leichen in großen Gruben zu verbrennen. Der ganze Horizont war eine rote Flamme.

Die neu im Lager angekommenen Juden wussten sofort vom traurigen Schicksal ihrer Familien. Die meisten griechischen Juden konnten kein Wort Jiddisch. Einige von ihnen konnten Hebräisch. Ihre übliche Sprache war Spanisch oder Griechisch. Sofort spürten sie die volle Wucht des Lagerlebens. Sie wurden mehr geschlagen als andere, weil sie nicht verstanden, was die sadistischen Mörder zu ihnen sagten. Nach kürzester Zeit wurden die meisten von ihnen zu Muselmännern. Bei jeder Selektion wurden zuerst die griechischen Juden herausgegriffen, und trotz des großen Abganges (*opflus*) war das Lager ständig überfüllt.

Die Zahl der Laufnummern wuchs auf 134 000[143] an, von denen 10 000 noch am Leben waren.

Im Hof des Krematoriums Nr. 1 war eine Baracke errichtet worden, und in den Tagen, als die griechischen Juden ankamen, wurde unser Kommando dort zur Arbeit abkommandiert. Wir sahen gesunde Männer und Frauen das Krematorium betreten, alle dunkelhäutig, mit ihren

---

142 Am 10.3.1943 kam der erste Transport aus Saloniki, danach weitere z.B. am 11. und 26.4.1943.
143 Am 2.8.1943 kam ein Transport, der die Nummern 133 999 ff. bekam.

Kindern im Arm, getrieben von den Mördern mit Stöcken in den Händen.
Jeden Tag traf ich mich mit Otniel Leibovitsh und Shloime dem Blonden. Sie informierten mich über die Vorfälle während der Vergasung der Juden im Krematorium.
Als ich sie heute traf, erzählten sie mir, was mit einem kleinen Jungen passiert war. Es war bereits der dritte Transport. Ganze Berge von vergasten Menschen lagen neben den Öfen. Die Leute, die mit den Lastwagen ankamen, mussten sich ausziehen und wurden von den Nazis mit Stöcken in die Gaskammer getrieben. Dann goss der mörderische Sadist Moll ein grünes Pulver aus einer Dose ein, und nach zehn Minuten lagen alle tot da. Danach öffneten die Arbeiter des Sonderkommandos die Tore und Ventilatoren gingen an. Nach dem Betreten der Gaskammer, als die Leichen in Aufzüge verladen wurden, bemerkten sie, dass ein kleiner Junge an der Wand lag, der sich noch bewegte.
Sie trugen das Kind hinaus in einen zweiten Raum, wo sie ihn auf ein Laken legten. Nach einigen Minuten erlangte das Kind wieder das Bewusstsein. Der Mörder Moll rief sofort den Lagerarzt Mengele an und erzählte, dass dieses Kind überlebt hatte, obwohl alle anderen bereits tot waren. Der eiskalte Sadist Mengele brachte das Kind in sein Labor, wo verschiedene Experimente durchgeführt wurden. Später erzählte der Mörder Moll dem Kapo des Sonderkommandos, was die Professoren des Labors über das Kind herausgefunden hatten:
Das Kind wäre 132 Jahre alt geworden und die stärkste Person der Welt geworden. Das Gas hatte nicht in sein Herz eindringen können. Die Stärke des Kindes sei in seinem langen schwarzen Haar gewesen.
Zwei Monate lang gab es kein Ende der griechischen Transporte.
50 000 Juden waren eingetroffen, von denen nur 10 000 in das Lager aufgenommen wurden. Nach einigen Monaten waren nur noch einige Dutzend von ihnen am Leben. Gleich als die Griechen-Transporte endeten, wurden Häftlinge aus unserem Lager in andere Lager gebracht, um in Kohlebergwerken zu arbeiten, wie Avizhne (Jaworzno?), Bane (Buna?) und Blechhammer.

Am ersten Jom Kippur[144] zogen sie 3000 Menschen aus unserem Lager heraus, die Mehrheit von ihnen griechische Juden. Im Frauenlager waren es auch vor allem die griechischen Frauen, die das gleiche Schicksal wie die Männer ereilte; da sie kein Deutsch konnten, litten sie noch mehr als die anderen.

In unserem Lager bekamen die Arbeiter in der Regel zweimal pro Woche eine Zulage, die aus 300 Gramm Brot und einem Stück Wurst vom Pferdefleisch bestand. Die griechischen Juden tauschten ihre Wurst gegen Zigaretten und ihre Margarine auch, für etwas anderes. Der Lagerälteste befahl daraufhin, dass die griechischen Juden keine Zulage mehr erhalten würden. Das war die Strafe für den Austausch ihrer Portionen.

Mitte 1943 wurde ein Transport nicht-polnischer Juden nach Warschau gebracht, um das zerbombte Ghetto zu säubern. Sehr viele Juden wurden nach kurzer Zeit in einem halbtoten Zustand zurückgebracht und kamen alle sofort ins Krematorium. Auch von anderen Lagern wie Jaworzno[145], Dora, Blechhammer und Buna kamen Transporte mit völlig erschöpften Menschen, die nicht mehr arbeitsfähig waren.

Unweit des Lagers wurden abgeschossene deutsche und feindliche Flugzeuge (*ropgeshosene eygene un fayntlekhe avyonen*) gelagert, die von Tausenden von Menschen, meist russischen Gefangenen, bearbeitet wurden. Aus diesen Kommandos gab es häufig Fluchtversuche. Jede Woche entkamen in der Regel zwei oder drei Russen und blieben, als hätten sie sich in Wasser aufgelöst (*vi in vaser arayn*). Wie viel Mühe und Energie sie auch aufgewendet haben, um sie zu finden, die Nazis hatten nie Erfolg. Wenn einer fehlte, waren alle SS-Männer mit ihren Schäferhunden zur Stelle.

---

144 Jom Kippur war 1943 am 8. Oktober.
145 Vom 15. Juni 1943 bis zum 17. Januar 1945 befand sich in Jaworzno ein Nebenlager von Auschwitz, genannt „Neu-Dachs". (erinnerungsorte.org)

Henry Bily kam am 12.4.1945 in Dachau-Allach an (156 061). Er kam in den „Typhus"-Block 18, in dem außer ihm fast nur russische Gefangene waren. Ein russischer Gefangener sprach ihn an. „Er betrachtete meine Tätowierung, meine Auschwitznummer: 164 444 und fragte: „Du hast im Kanada-Kommando gearbeitet?" „Was brauchst du?" Ich sagte einfach: „Ich habe Hunger und Durchfall." Er gab mir sofort zwei Kohle-Tabletten und 5 Minuten später zwei große Stücke Brot und zwei Würste. Er sagte: „Wir wissen, dass du im Kanada-Kommando in Auschwitz russischen Offizieren bei der Flucht geholfen hast. Jetzt ist es an uns dir zu helfen zu überleben." Ich fragte: „Wer ist uns?" „Die geheime kommunistische Partei von Dachau."[146] „Bei Fluchtversuchen wurde immer Alarm ausgelöst und wir mussten stundenlang bei Sonderappellen stehen. Auch in diesem Fall verzichteten die Deutschen nicht auf Durchsuchungen, aber sie ergaben nichts." [147]

Die Kolonne, aus der oft geflohen wurde, hieß Zerlege-Betrieb (*tseleygebetrib*). Dort wurden Flugzeuge in Teile zerlegt und auf Eisenbahnwaggons verladen. Das Aluminiumblech wurde nach Deutschland geschickt, um neue Flugzeuge zu bauen.
Fehlte einer, verbreitete sich die Nachricht überall. Sowohl in den Polizeikommissariaten als auch im Lager gab die Sirene ein Zeichen, laut, als würden sich tausend feindliche Flugzeuge nähern. Es war charakteristisch, dass Polen oder Juden, die flohen, sofort gefasst wurden, aber wenn Russen flohen, waren sie schwer zu finden.
Ich begann, einen Plan auszuarbeiten, um erfolgreich zu fliehen (*tsu antloyfn azoy az es zol gelungen*). Mein einziges Ziel war es, in Freiheit zu kommen, um der Öffentlichkeit bekannt zu machen, was in

---

146 Henry Bily: Destin a part, Paris 1995, S. 159 ff.
147 Ciechanower, S.174.

Auschwitz geschieht. Zusammen mit einem anderen Juden, der in Kanada arbeitete, Ravuke Garbatke, begannen wir, den Plan auszuarbeiten. Wir beschlossen, aus Kanada zu fliehen, ausgehend vom Bahnhof. Mit großen Schwierigkeiten gelang es mir, zurück zu Kanada zu kommen. Unser Plan war es, uns an einem vorbeifahrenden Zug festzuhalten und dann von 50 Kilometer hinter Auschwitz abzuspringen, um in die Beskiden zu fliehen. Wir meldeten uns zur Arbeit am Bahnhof und warteten auf eine günstige Gelegenheit. Doch alles kam anders. Während der Zeit, in der wir am Bahnhof waren, fuhren keine Züge vorbei. Wir warteten völlig vergeblich. Jeder Tag war noch länger und härter zu ertragen, und ich traf mich nicht mehr mit Rochele. Ich wollte, dass sie ins Frauen-Kanada kam. Nach großen Bemühungen beim Frauen-Kapo gelang es mir, dass sie ihre Arbeit in Kanada bekam, wo sie als meine Schwester galt. Allerdings wurde hier die gleiche schwere Strafe angedroht, wenn man mit einer Frau sprach. Die Frauen arbeiteten in speziellen Baracken und wurden streng bewacht; aber trotz der vielen Vorsichtsmaßnahmen gelang es mir (meistens), kurz mit ihr zu sprechen. Rochele erzählte mir dann von den schmerzhaften Leiden, die sie ertragen hatte, bevor sie uns traf, und vom Schicksal der anderen Mädchen, die alle umgekommen waren. Die letzte, die umkam, war Mertshe Yaglam, die mit Rochele in Todesblock Nummer 25 gewesen war, von wo aus sie in die Gaskammer geführt wurde. Wenn Lastwagen vorfuhren, um die Frauen abzuholen, führte der kalte Mörder Mengele die Selektionen zusammen mit Dr. Hössler [148] durch, der nur im Frauenlager agierte. Die Banditen verfügten, dass die Frauen, die noch die Kraft haben, aus der Buks herauszukommen, hinaus zum Appellplatz gehen sollten. Von tausend Frauen blieben ein paar Dutzend übrig. Ihnen wurde befohlen, hin und zurück zu gehen. Von ihnen blieben sieben, unter ihnen Rochele, alle anderen kamen in die Gaskammer. Mertshe Yaglam starb ebenfalls zu

---

148 Franz Hössler (1906 bis 1945/Hinrichtung), ab 1940 in Auschwitz, von August 1943 bis Anfang 1944 Lagerführer des Frauenlagers Birkenau, das er gemeinsam mit Oberaufseherin Maria Mandl leitete. Leiter der Vergasungen im Krematorium, in Bunker I und Bunker II. Von den Häftlingen *Mojsche Lügner* genannt. (nach Klee, S.183).

dieser Zeit und wurde ins Krematorium gebracht. Nach zwei Monaten Arbeit in Kanada erkrankte ich an Typhus. Ich wurde in den „Bezirk" gebracht, in einen Block mit 300 Typhuspatienten.[149] Der Arzt, der die Kranken betreute, war Dr. Schorr aus Warschau.
Unter den Kranken waren Juden, Polen, Russen, Deutsche und Franzosen. Selektionen wurden nur unter den Juden durchgeführt. Alle, die über 38 Grad Fieber hatten, wurden in die Gaskammer gebracht. Nachdem ich zehn Tage lang gelegen hatte, gab es eine Selektion. Doktor Schorr wies mich an, mich anzuziehen und einen Besen in die and zu nehmen. Zu der Zeit hatte ich 39 Grad Fieber. Um 10 Uhr erschien Mengele, begleitet von einigen SS-Offizieren. Bald hörten wir: „Juden in Fünferreihen antreten!" Ich stand an der Seite mit einem Besen in der Hand und fegte. Wir waren 76 Juden im Block, von denen Mengele 70 auf die Seite nahm. Dann schaute er zu mir und fragte, was ich tue. Dr. Schorr antwortete ihm, dass ich als Stubendienst arbeite. Um 5 Uhr am Abend kam ein Lastwagen mit sechs SS-Männern mit Schlagstöcken in der Hand. Der Blockschreiber las die Nummern

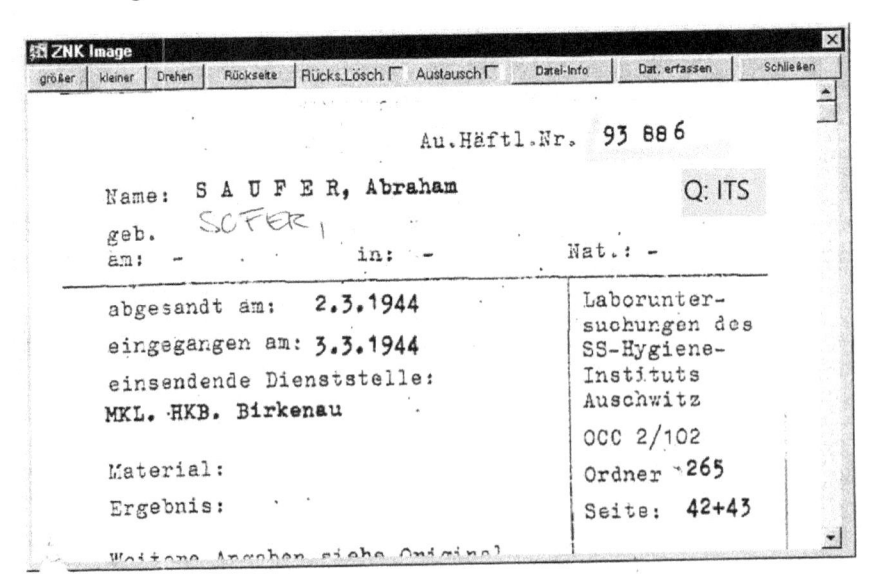

```
ZNK Image
 größer  kleiner  Drehen  Rückseite  Rücks.Lösch.  Austausch  Datei-Info  Dat. erfassen  Schließen

                              Au.Häftl.Nr.  93 886
          Name:    S A U F E R,  Abraham                        Q: ITS
                    geb.  SOFER,
                    am:  -           in:  -        Nat.: -

          abgesandt am:    2.3.1944        Laborunter-
                                           suchungen des
          eingegangen am:  3.3.1944        SS-Hygiene-
                                           Instituts
          einsendende Dienststelle:        Auschwitz
          MKL. HKB. Birkenau
                                           OCC 2/102
          Material:                        Ordner  265

          Ergebnis:                        Seite:  42+43
```

---

149 Laut Karte Laboruntersuchung (Q: ITS) Anfang April 1944

vor. Alle gingen langsam zum Tor und blickten noch einmal zurück. Dr. Schorr stand blass an der Seite, Tränen in den Augen. Alle fühlten sich vom Tod „umarmt" (*arumgenumen*).

Ich legte mich ins Bett, nachdem Mengele gegangen war. Ich wäre gerne baldmöglichst ins Lager zurückgegangen, um an unserem Fluchtplan zu arbeiten. Nach sechs Wochen Bettruhe ging es mir besser, aber ich war noch sehr schwach. Ich war nur Haut und Knochen, meine Augen lagen tief in ihren Höhlen. Ich wusste, dass es in dieser Verfassung nicht mehr lange dauern würde. Als ich zurückkam, konnte ich nicht mehr im Kanada-Kommando arbeiten. Ich musste in das Zimmerei-Kommando (*komande tsimeray*) mit dem gleichen Kapo wie im Barackenbau-Kommando. Ich arbeitete nur wenig und besuchte das Sonderkommando, wo ich von Othniel und Shloime ein Stück Brot bekam. Nach drei Arbeitstagen konnte ich nicht mehr zur Arbeit. Shloime versteckte mich in seinem Bett. Dort lag ich von morgens bis zum abendlichen Appell. Ich bekam von ihm auch etwas zu essen. So lag ich zwei Wochen. Am 1. Mai arbeiteten wir bis Mittag. Danach waren alle im Lager und feierten den Ersten Mai. Am Nachmittag versammelten wir uns bei Shloime und sangen Arbeiterlieder, während ein Aufpasser am Tor stand, um ein Signal zu geben, wenn SS-Männer kommen. Othniel sang russische Lieder. Er war immer fröhlich, auch wenn er wusste, dass er den nächsten Tag nicht erleben würde. Shloime war das Gegenteil. Ein ständiger Träumer mit melancholischem Blick. Er sagte zu mir: „Avroheml, wir müssen und befreien oder wenigstens wie Helden in der Schlacht fallen." Er machte immer Pläne, wie man das Krematorium sprengen könnte, damit niemand mehr vergast werden könnte.[150]

Wie ich schon geschrieben habe, waren 90 Prozent in Block 18 Russen. Ich schlief zusammen mit vier Russen, die alle im Zerlege-Betrieb arbeiteten.

---

150 Am 21. August 1944 antwortete „die Widerstandsbewegung im Lager ... auf eine Anfrage des Verbindungsmannes der Leitung der Armia Krajowa, daß sie in der Lage sei, das Krematorium und die Gaskammern in die Luft zu sprengen, wenn sie mir Sprengmaterial versorgt werde." (Czech, S. 856)

Einer meiner Bettgenossen verriet mir einmal ein Geheimnis. Er bat mich, ihm ein großes Messer und eine Batterie zu bringen. Ich verstand sofort, wozu es sein sollte. Ich ging zum Sonderkommando und bat Shloime um die Dinge. Er gab mir gleich zwei Sabbat-Messer[151] und zwei Batterien. Shloime versprach mir, so viele Messer zu besorgen, wie ich wollte. Ich brachte sie dem Russen, der sagte, ich sollte niemandem davon erzählen. Der Russe, ein Major der Roten Armee, wurde mein bester Freund. Wir teilten unsere Lebensmittel: Wenn ich ein Stück Brot vom Sonderkommando oder Kanada-Kommando oder er Kartoffeln von seinen Genossen bekam. So hofften wir, möglichst lange durchzuhalten.

Oft lagen wir stundenlang im Bett, und er erzählte über seine Kämpfe und wie er in einem unaufmerksamen Augenblick gefangen genommen wurde und nach Birkenau kam.

Auch von dort wolle er, Fedor Tichi, fliehen. Er sagte mir, ich solle versuchen, wieder in das Kanada-Kommando zu kommen. Dort arbeitete Rochele. Sie wusste, dass ich Typhus gehabt hatte. Wir waren durch meinen Genossen in Briefkontakt, der mich oft besuchte, als ich krank war. Als ich wieder zur Arbeit kam (in Kanada), erzählte ich niemandem von meinen Plänen und zu welchem Zweck ich jetzt arbeitete. Jeden Tag traf ich mich mit Fedor, der mir sagte, was ich mitbringen sollte. Er fragte hauptsächlich nach Messern, Karten, Pässen, Batterien und Uhren. Normalerweise brachte ich das alles mit, wenn ich nachts zum Bahnhof marschierte. Ich wusste, dass mir der Galgen droht (*drot mikh di tlie*), wenn man mich mit einem dieser Dinge erwischte. Deshalb war ich sehr vorsichtig. Oft gab es strenge Durchsuchungen am Tor, während eine Karte unter einem Verband um meinen Arm gewickelt oder ein Kompass oder eine Uhr in meinem Schuh versteckt war. Aber mit dem Wissen-----n, für welchen Zweck es war, war nichts zu schwierig für mich. Ich wusste, dass mein Messer benutzt werden würde, um die gegen diemörderischen Nazis zu kämpfen, und dass wir mit Hilfe der Karte versuchen

---

151 Mit diesem Messer schneidet der Hausherr am Sabbatabend das Sabbatbrot (Challa), ein zopfartig geflochtenes Weißbrot, für die gesamte Familie.

würden, unseren Weg aus dem Lager zu finden, ohne in ein anderes zu geraten. Ich brachte auch Schuhe und Zivilkleidung mit. Nur mein Freund Fedor und ich wussten davon. Für den Fall, dass es eine strenge Kontrolle gab, ich aber die angeforderten Sachen noch am selben Tag liefern musste, bekam ich sie normalerweise mit Hilfe eines Mädchens aus Kanada. Sie übergab die Sachen meiner Genossin, die im Frauenlager arbeitete. Ansonsten habe ich nur Armbanduhren durch das Mädchen bekommen. Sie wusste jedoch nicht, zu welchem Zweck.

Normalerweise entkamen drei Personen in einer Woche, und nur sehr selten wurde einer erwischt. Das Lagerkommando setzte alles daran, die Flüchtigen zu fangen und herauszufinden, wo sich das Versteck (*maline*[152]) befand, aus dem sie flohen. Einmal fingen sie drei Flüchtende. Sie kamen in den Bunker und wurden gefoltert. Sie schnitten Fleischstücke aus ihren Körpern und leerten Pfeffer in die Wunden. Aber alles war vergeblich. Am nächsten Morgen wurden sie zum Tode durch den Strang verurteilt. Einer von ihnen wurde als Toter auf den Galgen gelegt (*eynem hot men aroyfgeshtelt oyf der tlie a toytn*). Die anderen beiden leisteten heldenhaften Widerstand und kämpften mit den Füßen.

Bevor sie gehängt wurden, wurde das ganze Lager versammelt, rund herum SS-Männer, um einen Aufruhr zu verhindern. Als das Todesurteil verlesen wurde, rief einer der Verurteilten: „Genossen, ich sterbe für das Vaterland! Nehmt Rache für mein Blut! Ich sterbe für Stalin!" Als er das Wort Stalin in den Mund nahm, ging Lagerkommandant (*Josef*) Kramer[153] zu ihm hin und schnitt ihm die Zunge ab. Ein Blutstrom floss auf den Boden. Unterdrücktes Schreien war zu hören. Der Lagerälteste zog die Hocker unter den Verurteilten weg. Ein Stöhnen,

---

152 Maline (jidd.): Versteck im Ghetto, meist versteckte Räume, oft unterirdisch
153 Josef Kramer (* 10.11.1906 in München; Hinrichtung 13.12.1945 in Hameln), SS-Hauptsturmführer (1942), 1939 Mauthausen, Adjutant von Höß, Adjutant in Dachau, Lagerführer und -kommandant in Natzweiler-Struthof, ab Mai 1944 Auschwitz-Birkenau (Kommandoführer der Krematorien) und ab 1.12.1944 Bergen-Belsen (*Bestie von Belsen*, nach Klee, S. 233)

und dann hingen alle drei in der Luft. Danach mussten wir alle vorbeimarschieren, jeder mit dem Kopf auf die Toten gerichtet. Die Ermordeten blieben zwei Tage lang so hängen.
Trotzdem hörten die Fluchtversuche nicht auf.[154] Jeden dritten oder vierten Tag ging die Sirene, und – meist am späten Abend – rannten SS-Männer mit ihren Hunden wie vergiftete Mäuse (*vi farsamte meyz*) und kamen erfolglos zurück. Schließlich merkte der Kommandant, dass das organisiert war und schickte einen russischen Oberst in die Strafkompanie[155] „S.K." mit der Aufschrift i.L. (*in lager*). Er durfte nicht zur Arbeit und musste die Straße fegen. Er war der Hauptorganisator der Fluchtbewegung. Er hatte bestimmt, wer wann fliehen sollte. Fedor versprach mir, dass auch für mich der Tag käme. In der Zwischenzeit möge ich meine Aktivitäten fortsetzen, die die Flucht ermöglichen. In der Zeit flohen fünf Leute „selbständig" (*oyf zeyer eygener hant*): Der Schreiber von Block 26, zwei Kapos, ein holländischer und ein deutscher Jude. Sie bestachen einen SS-Mann, der sie durch die Postenkette ließ. Aber dann erschoss er sie alle, brachte sie zurück und erhielt eine Auszeichnung (*oystsaykhnung*). Sie wurden ins Lager gebracht und am Tor abgelegt, dass jeder sie sehen konnte. Ein ähnlicher Fall geschah mit einem Häftling aus Block 3. Drei Russinnen flohen aus dem Frauenlager, wurden aber gefasst.
Die Schreiberin des Frauenlagers, Malye, ein tschechisches Mädchen, floh mit einem Polen. Nach viertägiger Suche wurden sie in Katowice gefasst. Beim Verhör nahm sie eine Flasche vom Tisch und schlug sie Oberscharführer (*Wilhelm Friedrich*) Boger[156] auf den Kopf. Dafür

---

154 Das Auschwitzkalendarium verzeichnet von Mai bis Juli 1944 20 Fluchtversuche. Unter den Geflohenen waren 20 Russen und 17 Polen (Czech, S. 773 bis 833).
155 „In die Strafkompanie in Birkenau werden (am 8.9.1944) acht russische Häftlinge eingewiesen, die größtenteils bei Fluchtversuchen ergriffen worden sind." (Czech, S. 871)
156 Wilhelm Boger: 1906 bis 1977; geboren in Stuttgart-Zuffenhausen, ab 1933 bei der württembergischen politischen Polizei, der späteren Gestapo. Von Dezember 1942 bis 1945 in Auschwitz (Beinamen »Bestie von Auschwitz«). Er erfindet die »Boger-Schaukel«, eine Folter, bei der die Opfer mit zusammengebundenen Armen und Beinen an einer Stange aufgehängt und brutal geschlagen werden.

wurde sie lebendig verbrannt. Der Pole wurde im Lager gehängt, alle Häftlinge mussten dabei sein.[157]

Ich habe schon über das heldenhafte jüdische Mädchen berichtet, das den Sadisten Schillinger erschoss. Es ist es wert, genauer beschrieben zu werden. Ende 1943 kam um 2 Uhr in der Nacht ein Transport mit amerikanischen Bürgern, die in Berlin interniert waren. Die SS war sich sicher, dass sie keinen Widerstand leisten würden, und so kamen sie in ein Spezial-Krematorium. Keine Selektion, alle direkt in den Tod. Der vierte Lastwagen fuhr zu Krematorium 1, in ihm ein junges Mädchen, eine Artistin. Die Kleider hingen im Umkleideraum; in diesen kam Schillinger und trieb die Menschen mit seinem Stock zusammen. Das Mädchen trug noch Kleider und las die Inschriften an der Wand. Schillinger rannte zu ihr mit den Worten: „Warum ziehen Sie sich nicht zum Duschen aus?" „Ich möchte nicht, dass ein Schurke wie Sie, mich nackt sieht", antwortete das Mädchen. Das brachte Schillinger in Wut und er schlug sie mit seinem Stock. Das Mädchen sprang auf ihn, nahm seine Hände und gab ihm mit dem Kopf einen harten Schlag ins Gesicht. Er hob seinen Stock und suchte nach dem Revolver. Als er ihn aus dem Holster zog, biss ihm das heldenhafte Mädchen in die Hand. Er ließ den Revolver fallen, das Mädchen nahm ihn und schoss ihm in den Hals. Der Schmerz war so stark, dass der Mörder den Revolver aus seiner Hand fallen ließ. Das Mädchen schnappte sich den Revolver und schoss dem Mörder sofort in die Brust. Er fiel tot in eine Blutlache auf dem Zement. Ein zweiter SS-

---

157 Mala Zimetbaum war am 24. Juni zusammen mit dem polnischen politischen Häftling Edward Galinski geflohen (Czech, S. 805). „Zur Exekution war für das gesamte Frauenlager Generalappell befohlen. Es gelang ihr mit einer Rasierklinge, sich unmittelbar vor der Vollstreckung eine Pulsader zu öffnen. Als ein SS-Aufseher versuchte, ihr die Rasierklinge abzunehmen, schlug sie diesem vor aller Augen ins Gesicht. Daraufhin wurde Mala von den Aufsehern, die dieser Akt des selbstbewussten Widerstandes einer Jüdin rasend machte, brutal durch Schläge und Tritte misshandelt. Auf Befehl von **Maria Mandl** wurde sie nach einem kurzen Aufenthalt im Krankenbau, wo ihre Wunden nicht versorgt werden durften, zum Krematorium gebracht, um sie lebendig zu verbrennen." (de.wikipedia.org)

Mann eilte daraufhin herein, um den Revolver zu nehmen. Aber das Mädchen schoss auch eine Kugel auf ihn. Danach schoss sie in die Lampen, so dass es im ganzen Krematorium dunkel wurde. Als die anderen SS-Männer die Schießerei hörten, rannten sie aus dem Krematorium. Sie stellten Maschinengewehre in den Fenstern auf und schossen auf das Mädchen, das sich bis zur letzten Kugel verteidigte und als heldenhafte Märtyrerin starb. Das Krematorium war zerstört. Die verbliebenen Leute, die sich im Bunker befanden, hatten die Schießerei gehört und waren hinausgelaufen. Am nächsten Tag lagen sie alle erschossen im Hof des Krematoriums. Viele fanden den Tod am elektrischen Zaun.

Am 23.10.1943 treffen aus Bergen-Belsen 1800 polnische Juden – Männer, Frauen und Kinder – sog. „Austauschjuden", mit Pässen, die eine Ausreise in lateinamerikanische Staaten erlauben, in Auschwitz ein. Erst nach ihrer Ankunft auf der Entladerampe begreifen sie, dass sie nach Auschwitz gebracht worden sind, ein Ort, der polnischen Juden nicht unbekannt ist. Auf der Rampe werden Männer und Frauen voneinander getrennt. Die Frauen werden zum Krematorium II und die Männer zum Krematorium III gebracht. Nach einer Überprüfung der Dokumente zur Weiterreise und einer Ankündigung, dass zuvor noch eine Desinfektion erfolgen müsse, führen die SS-Männer die Frauen zum Auskleideraum. Der Befehl, sich auszuziehen, bringt Unruhe in die Reihen der Frauen. Doch die SS-Männer beginnen, ihnen Ringe und Uhren abzustreifen. Da schleudert eine der Frauen, die erkennt, dass sie sich in einer ausweglosen Lage befindet, einen Teil der schon ausgezogenen Kleidungsstücke SS-Oberscharführer Schillinger an den Kopf, entreißt ihm den Revolver und gibt drei Schüsse auf ihn ab. Auch SS-Unterscharführer Emmerich wird von ihr angeschossen. Die übrigen Frauen stürzen sich mit bloßen Händen auf die SS-Männer; einem fügen sie eine Bissverletzung an der Nase zu, anderen zerkratzen sie das Gesicht. Die SS-Männer fordern Unterstützung an. Nachdem diese

eingetroffen ist, wird ein Teil der Frauen niedergeschossen, die übrigen werden in die Gaskammern getrieben und getötet. SS-Oberscharführer Schillinger stirbt auf dem Weg ins Krankenhaus; SS-Unterscharführer Emmerich wird nach einiger Zeit wieder gesund, behält aber ein lahmes Bein. (Czech, S. 637 f.)
158

Der „Luncr"(?) Kapo Leyzer Harontschik (jetzt in Israel) hatte Othniel Leybovitsh bei einer Selektion in den sicheren Tod nach Lublin geschickt, weil dieser ihn nicht wie einen SS-Mann rasiert hatte.
Immer noch im Sonderkommando war Shloime, der Blonde, der jetzt einen Plan entwarf, das Krematorium zu sprengen, um das Vergasen zu beenden.
Othniel, der im Krematorium arbeitete, sollte mit 200 aus dem Sonderkommando im Mai 1944 nach Lublin (*Majdanek*) unter dem Vorwand, dort zu arbeiten. Aber als sie aus dem Zug stiegen, kamen sie in den Waschraum und von dort in einen anderen Raum, in dem sie erschossen wurden.

Die Teilliquidation im Sonderkommando fand schließlich am 24. Februar 1944 statt: 200 Häftlinge wurden zu einem Überstellungstransport in das Konzentrations- und Vernichtungslager Majdanek in Lublin ausgesondert und dort nach ihrer Ankunft ermordet. Gewißheit über diese Liquidation erlangte das Sonderkommando erst zwei Monate später, als mit einem Transport aus Majdanek das dort aus 19 sowjetischen Kriegsgefangenen und dem oberschlesischen Kapo Karl Konvoent bestehende aufgelöste Krematoriumskommando eintraf. Deren Ankunft und Berichte bestätigten die Vermutung der Sonderkommando-Häftlinge, dass ihre Kameraden Ende Februar 1944 in Lublin ermordet worden seien, da die Sowjets Kleidungsstücke der auf Transport geschickten Kameraden trugen und mit den Opfern kurz vor deren Ermordung noch gespro-

---

158 Der Vorfall wird unterschiedlich geschildert. Die wichtigsten Quellen sind die Erinnerungen der Angehörigen des jüdischen Sonderkommandos Filip Müller.

chen hatten.[159]

In das Sonderkommando kamen 20 Russen aus dem KZ Majdanek, die dort dieselbe Arbeit gemacht hatten. Unter ihnen ein Major, der mit Shloime den Plan entwarf, das alles zu beenden. Wenn ich zu Shloime kam, um Messer und ein Paar Schuhe zu besorgen, lag er zusammen mit dem Major im Bett, und sie flüsterten miteinander. „Avroheml, wir werden unser kriminelles (*farbrekherisher*) Werk bald beenden! Wir werden fallen, aber als Helden!" Sie gingen sehr konspirativ vor, da es viele Denunzianten im Lager gab, die ihre Kameraden für ein Stück Brot oder etwas Suppe ins Verderben schickten. Wenn wir einen solchen Verräter fanden, warfen wir ihm eine Decke an den Kopf oder schlugen ihn heftig in die Seite (*unterhakn di zaytn*).

Shloime verriet mir, dass sie eine Bombe bastelten Das Pulver brachten Frauen, die in einer Pulverfabrik arbeiteten.[160] Weil die Frauen streng kontrolliert wurden, war das sehr schwierig. Trotz allem brachten die Frauen täglich in ihren Schuhen etwas Pulver und übergaben es einem Mann, der es an Shloime weitergab. Alle vier Krematorien sollten gleichzeitig gesprengt werden. Dann sollte der Stacheldraht des Frauenlagers zerstört werden, sodass alle fliehen könnten.

Auch das Werk, eine Flucht zu ermöglichen, ging weiter. Jede Woche flohen drei oder vier.

Die Vorbereitung des Aufstands (*am 7.10.1944*) ging rasch voran. Wir wussten, wo die Front war und dass die Russen sich näherten. Wir wussten auch, dass man uns in der letzten Minute vor der Niederlage (*letster minut far der natsisher mapole*) töten würde. Das geschah in Lublin: 70 000 wurden in einigen Stunden erschossen, in der ersten Reihe waren die Juden.

Einige Tage vor dem Aufstand erfuhr Moll von dem Plan. Am Abend holte er den jüdischen Kapo Kaminski und verlangte von ihm, er soll

---

159 Zukunft-braucht-Erinnerung.de
160 „Róza Robota (*eine polnische Jüdin*), nahm den Sprengstoff, den Ella Gärtner in den Weichsel-Union-Metallwerken stahl von einer ihrer Häftlingskolleginnen entgegen und übergab ihn dem Häftling Wróbel im Sonderkommando." (Czech, S. 904f.)

ihm die Leute an der Spitze der Organisation (*in der shpits fun der organizatsye*) übergeben. Nach zweistündiger Folter erschoss er ihn und warf ihn ins Feuer.[161]

Nach zwei Tagen lief etwas im Krematorium 1 schief. Morgens um 10 Uhr floh einer von Krematorium 1 zu 3, wo Shloime arbeitete und berichtete, dass die Operation fehlgeschlagen war. Deshalb ließen die vom Krematorium 3 ihre Bombe hochgehen und warfen den den Oberscharführer und den deutschen Kapo lebendig ins Feuer. Das Krematorium wurde zerstört. Alle flohen auf den Vorplatz und rannten zu den Wachtürmen. Mit bloßen Händen brachten sie eine Reihe von Wachtposten um. Sie nahmen ihre Gewehre und rannten zu Krematorium 1 und 2. Dann zerrissen sie den Stacheldrahtzaun des Frauenlagers, und die Mehrheit floh. Die SS verstand sofort, was los war. Zuerst befahlen sie allen Kommandos, sich mit dem Gesicht nach unten auf den Boden zu legen und den Kopf nicht zu heben. Die Sirene begann zu heulen, und die SS rannte zu den Krematorien. Die heldenhaften Kämpfer wehrten sich im Hof des Krematoriums. Die Mehrheit floh und nahm andere Häftlinge mit, die in der Nähe des Krematoriums arbeiteten.

Der ganze Hof war voll mit toten Körpern, darunter Shloime mit durchschossenem Bauch. Die SS rief nach Hilfe und umkreiste dann ein Gebiet von 50 Kilometern. So gelang es ihr, die Entflohenen zurückzubringen. Die meisten von ihnen wehrten sich mit bloßen Händen und fielen als Helden im Kampf.

Der Aufstand des Sonderkommandos am 7.10.1944.
„Am Samstagmorgen (*7.10.1944*) informiert die Widerstandsbewegung im Lager den Leiter der Kampfgruppe im Sonderkommando, daß Nachrichten über die Lagerleitung durchgedrungen seien, in kürzester Frist die am Leben gebliebenen Mitglieder des Sonderkommandos zu liquidieren. … Die genannten

---

161 Nach schweren Mißhandlungen wurde Kapo Kaminski vom gefürchteten Leiter aller Krematorien, SS-Oberscharführer Otto Moll, vor den Verbrennungsgruben bei Krematorium IV erschossen. Kaminski wurde offensichtlich von dem 24-jährigen polnischen Kapo Morawa bei der SS angezeigt. (Zukunft-braucht-erinnerung.de)

Häftlinge beschließen, Widerstand zu leisten. Um 1.25 Uhr greift die bedrohte Gruppe die anrückende SS-Wachmannschaft mit Hämmern, Äxten und Steinen an. Sie zünden das Krematorium IV an und werfen einige selbstgefertigte Handgranaten. Danach gelingt es einem Teil der Häftlinge von Kommando 59 B, das nahe gelegene Wäldchen zu erreichen. Zur gleichen Zeit werden die Häftlinge des Kommandos 57 B, die im Krematorium II beschäftigt sind, aktiv. Als sie von ferne die Flammen sehen und die Schießereien hören, glauben sie, daß es sich um das Zeichen zum allgemeinen Aufstand der Häftlinge im Lager handelt. Sie überwältigen den Oberkapo, einen Reichsdeutschen, und stoßen ihn zusammen mit einem SS-Mann, den sie zuvor entwaffnet haben, in den brennenden Krematoriumsofen. Sie erschlagen einen zweiten SS-Mann, reißen den Zaun, der das Gelände des Krematoriums umgibt, sowie den, der zum Frauenlager BIb führt, auf und flüchten. … Das sofortige Eingreifen der SS-Wachmannschaft … erstickt den Aufruhr schnell. In Rajsko schneiden die verfolgenden SS-Männer den flüchtenden Häftlingen den Weg ab. Die Häftlinge verbarrikadieren sich in einer Scheune und setzen sich zur Wehr. Darauf zünden die SS-Männer die Scheune an und ermorden die Häftlinge. In diesem Kampf fallen 250 Häftlinge, darunter die Organisatoren des Aufruhrs: Zelman Gradowski aus Suwalki, Josef Warszawski aus Warschau, … der aus dem Lager Drancy eingeliefert wurde; Josef Deresinski aus Luny bei Grodno. … Am Abend werden alle getöteten Häftlinge auf das Gelände des Krematoriums IV gebracht und die restlichen Mitglieder des Sonderkommandos zusammengetrieben. Von den Kommandos, die am Aufruhr teilnahmen, werden weitere 200 Häftlinge erschossen. Der Vertreter des Lagerkommandanten hält eine Drohrede, in der er ankündigt, daß im Falle einer Wiederholung solcher Vorfälle alle Häftlinge im Lager erschossen werden."[162]

---

162 Czech, S. 898 ff.

„Ich wusste, der Aufstand konnte jeden Moment stattfinden, aber ich wusste nicht wann.
An dem Tag, an dem er schließlich ausbrach, begann der Morgen wie üblich. Wir erreichten den Schuppen und erhielten vom Kapo die Liste der zu reparierenden Dächer. Er teilte uns in verschiedene Gruppen ein, notierte unsere Nummern, und jede Gruppe machte sich an ihre Aufgabe – ohne Begleitung der Wächter. Sie vertrauten uns und wussten, dass wir nach der Arbeit wieder in das Lager zurückkehren würden.
Wir waren damals zu dritt in einer Gruppe, die die Dächer der Wachttürme reparieren sollte.
Ich stand oben auf dem Dach eines Wachtturms und schaute in der Gegend umher. Stille lag über dem Lager, die Ruhe vor dem Sturm. Vielleicht war es nur mein Gefühl, ich hatte ja die ganze Zeit Nachrichten überbracht und ahnte, dass etwas bevorstand. Gegen elf Uhr morgens zerriss plötzlich eine starke Explosion aus den Krematorien die Stille. Das gesamte Lager hielt einen Moment erschreckt den Atem an. Ein Schock lähmte die Bewegung des Lebens und die Routine auf dem „anderen Planeten". Sirenen heulten. Schüsse waren zu hören. Wir waren nicht weit entfernt vom Ort des Geschehens – weniger als einen Kilometer Luftlinie. Wir sahen Rauch über den Öfen aufsteigen. Bald sprang das Befehlssystem an, und die Deutschen reagierten mit nervöser Geschäftigkeit.
…
Erst später erfuhren wir die genauen Details des Aufstandes: Die Mitglieder des Sonderkommandos hatten sich in den letzten Monaten bewaffnet. Sie besaßen offensichtlich sogar einige Revolver und Handgranaten, aber auch Schießpulver und Sprengstoff, von den Mitgliedern der jüdischen Frauenwiderstandsgruppe organisiert, die in der Munitionsfabrik „Union" im Lager arbeiteten.
Der Aufstand sollte mit der Organisation eines Angriffs von außen verknüpft sein. Der Plan zur Sprengung der Gaskammern und der Krematorien war lange Zeit im Kreis der allgemeinen

Widerstandsbewegung in Auschwitz gereift. Unter den Arbeitern des Sonderkommandos und der Führung des zentralen Untergrundes gab es eine Auseinandersetzung um den genauen Zeitpunkt. Die zentrale Führung drängte darauf, die passende Gelegenheit abzuwarten, während das Sonderkommando einen sofortigen Aufstand wollte. Im Herbst 1944 verringerte sich die Zahl der Transporte und die Mitglieder des Sonderkommandos befürchteten, nun selbst an die Reihe zu kommen. Erwartungsgemäß würden die Deutschen alle Zeugen beseitigen.

Die Mitglieder des Untergrundes in Birkenau, die in Abstimmung mit den Befehlen der zentralen Führung auf einen sofortigen Aufstand verzichteten, gaben den Aufständischen des Sonderkommandos freie Hand. Diese beschlossen, nicht zu warten. Das Zeichen für den Aufstand musste im richtigen Moment vom Sonderkommando des dritten Krematoriums gegeben werden. Der Plan sah vor, den Ofen zu sprengen, Benzin in das Gebäude zu gießen und es anzünden. Als sie von den Mitgliedern der Untergrundorganisation in Auschwitz I erfahren hatten, dass die Verwaltung das Sonderkommando vernichten will, trafen sich die Anführer im Bereich des vierten Krematoriums, um sich zu beraten, als plötzlich ein krimineller deutscher Häftling dazu kam. Da er vermutete, in die Planung eines Aufstands geraten zu sein, drohte er, die Versammelten zu verraten. Es war keine Zeit mehr, Fragen zu stellen oder zu zögern. Sofort erstachen sie ihn und warfen seine Leiche in den brennenden Ofen. Gleich danach griffen sie die SS-Wächter an, die in der Nähe standen und warfen Handgranaten in das Krematorium.

Einigen Aufständischen gelang es, sich einen Weg zu dem nahen Waldstück zu bahnen. Andere eröffneten das Feuer auf die deutschen Offiziere. Eine weitere Gruppe zerschnitt den Elektrozaun und floh in Richtung Krematorium.

Unter den SS-Männern brach Panik aus, und die Leute aus Krematorium 3 wurden eingeschlossen, bevor sie handeln konnten. In den Krematorien 3 und 5 geschah also nichts.

Die SS-Führung alarmierte sofort Tausende von bewaffneten Soldaten, die den Bereich der Krematorien umzingelten, um den Wald hinter Krematorium 4 mit schwerem Feuer zu belegen. Einer Gruppe der Aufständischen gelang es, den Belagerungsring zu durchbrechen und aus dem Lager zu entkommen. Ungefähr acht Kilometer von Birkenau entfernt wurden sie eingeholt. Sie kämpften mit allen Mitteln, doch schließlich fielen sie im Kampf. Auch alle anderen, die gefangen wurden, wurden erschossen. Die wenigen, die die Kämpfe überlebten, wurden von der politischen Abteilung untersucht und in Block 11 eingesperrt. ... Ich war nicht direkt an der Planung des Aufstands beteiligt, doch weil ich zum Untergrund gehörte, hatte ich das Gefühl daran teilgenommen zu haben. Natürlich machten diese Ereignisse großen Eindruck auf viele der Häftlinge des Lagers."[163]

Nun arbeitete ich im Kanada-Kommando. Wir, die wir von den Nazis die Litauer, Grodner oder bessarabische Hunde genannt wurden, wurden von den Kapos oder von der SS am meisten geschlagen. Und wir wurden zur übelsten Arbeit getrieben. Die Arbeit im Kanada-Kommando ging ihren Gang. Jeden Tag dasselbe. Die Waggons waren voller Kleider, Schuhen, Bettzeug und Lumpensäckeln. Alles war so gut geregelt, dass wir dachten, das könnte das ganze Leben so weitergehen. Ewig würden wir gejagt und gequält werden; ewig würden wir unter Zwang zu und von der Arbeit geführt werden. Wir hatten fast vergessen, was Freiheit in der schönen Welt ist, in der die Menschen hingehen konnten, wohin und tun konnten, was sie wollten. So malten wir uns Bilder von der Freiheit, jeder für sich. Aber wenn wir unsere Köpfe hoben und den schwarzen Rauch mit der roten Flamme sahen, verschwanden die süßen Träume und die Vision des Todes nahm ihren Platz ein (*mir flegn moln bay undz, yeder far zikh, bilder fun der fray. ober ven mir flegn hekher oyf-hoybn dem kop un zen dem shvartsn roykh mitn roytn flam, den flegn di zisn khaloymes farshvindn un di vizye fun toyt flegt farnemen zeyer*

---

163 Ciechanower, S.178 ff.

plats).
Wenn ich mich zwei Minuten heimlich mit Rochele treffen konnte, sprachen wir über die Freiheit, wie es wäre, wenn wir zufällig (*alpi tsufal*) freie Menschen wären.
Ich glaubte nicht daran. Ich wusste: Wir würden uns nur selber befreien können. Ich ließ nicht ab von meinem Fluchtplan. Üblicherweise lag ich mit Fedor im Bett, und wir redeten über unsere Pläne. Ich fragte ihn, ob es ginge, Rochele mitzunehmen, hin zu den Beskiden, der Treffpunkt aller Fliehenden. Wir wollten erst fliehen, wenn eine größere Armeegruppe ins Lager käme und die Gefangenen befreien würde, der einzige Weg zur Freiheit.
Im B-Lager waren tschechische Familien, Frauen, Männer, kleine Kinder. Sie bekamen Päckchen und Briefe. Es hieß „tschechisches Familienlager". Es war so wie bei den Zigeunern. Zuerst trugen sie Zivilkleidung, dann wurde sie durch gestreifte Häftlingskleidung ersetzt. Die Behandlung wurde täglich strenger, die Rationen kleiner; die Sterblichkeit wuchs, bis eine Kommission aus Berlin kam, die den Tod des ganzen Lagers ankündigte. Bevor die Exekution begann, musste jeder Häftling eine Karte schreiben: „Wir sind alle gesund. Wir arbeiten und verdienen."
Am Sonntagabend war eine Blocksperre in unserem Lager. Wir wussten, dass das ganze tschechische Lager ins Krematorium geführt werden würde. Die Menschen leisteten heldenhaften Widerstand, als sie in die Gaskammer geführt wurden. In ihr Lager wurden neue Transporte aus Blizhin/Bliżyn (*ab Januar/Februar 1944 ein Außenlager von Majdanek*) und Ungarn[164] gebracht.
Ein neues Lager entstand, genannt „Mexiko".[165] Niemand wusste, für wen dieses Lager war und wer dorthin sollte. Später erfuhren wir, dass

---

164 Vom 14. Mai bis 9. Juli 1944 kamen zwischen 434 000 und 437 000 Menschen in 137 bis 147 Transporten aus Ungarn.
165 Mexiko: die teilweise ausgebaute Lagererweiterung B III. Im Lagerjargon als „Mexiko" bezeichnet, da die dort untergebrachten Häftlinge lediglich bunte Decken trugen, die aus dem Lager Kanada stammten. (Wikipedia)

Frauen aus Lodz dorthin kommen sollten. Die Krematorien wurden für 70 000 Juden aus dem Ghetto von Lodz vorbereitet.[166]
Kanada bereitete die Übernahme ihres Gepäcks vor, und ich bereitete meine Flucht vor.
Nach dem ersten Transport aus Lodz sagte mir mein Freund Fedor, ich soll eine Landkarte, einen Kompass, drei Batterien und drei Uhren besorgen. Alles für mich selbst. Danach sollte ich Kanada verlassen und beim Abrisskommando arbeiten. Von dort könnten wir fliehen.
Ich besorgte schnell drei große Messer und drei Uhren. Einen Kompass erhielt ich von einem Mädchen aus Sokolka, Rochel Malski. Ich brachte ihn ins Lager, und Fedor versteckte ihn am Ort, von dem aus wir fliehen wollten. Das Wichtigste war die Landkarte, aber ich konnte keine Karte finden, die Auschwitz und die Orte der Umgebung enthielt, Orte, die jetzt wegen der Lager verschwunden waren.
Fedor drängte mich; er hat geschrien, dass wir jetzt an der Reihe sind, wir müssten rascher fliehen, um Platz für die nächsten zu machen.
In der Zwischenzeit waren 50 Frauen und 50 Männer ausgewählt worden, um in ein anderes Lager innerhalb Birkenaus zu gehen, in das Effektenlager. Auch Rochele war unter ihnen; so wäre ich allein geblieben. Jeder Tag schien jetzt sinnlos zu sein. Ich hatte nur den Gedanken, wie ich eine Landkarte besorgen und Kanada und damit das Lager so schnell wie möglich verlassen könnte. Ich wusste, dass es schwer sein würde, die Kolonne zu verlassen, da sie angesichts der Ankunft von 70 000 Juden aus Lodz vergrößert werden sollte. Aber dieses Problem würde ich später lösen. Wichtig war, wie ich eine Landkarte „organisieren" könnte. Ein SS-Mann arbeitet mit einem Karren im Waschraum, um ihn fünf Leute, auf die er aufpassen musste. Ich ging mit meinem Kleiderpaket von einer Baracke zur anderen und sah die Jacke des SS-Mann am Zaun hängen, ein Portfolio steckte in der Brusttasche. Der SS-Mann ging in die Latrine, und der Karren versperrte die Tür. Ich beschloss, das Portfolio herauszunehmen, aber wie, ohne dass es bemerkt wurde? Ich ging zur zweiten

---

166 Danuta Czech schreibt über Transporte aus Lodz am 21., 22., 24. und 30.8. und 2.9.1945. (S. 857 ff.). Am 6.10.1944 wird das „Frauen-Durchgangslager Mexiko … liquidiert." (Czech, S. 897)

Baracke und gab vor, das Paket sei zu schwer für mich. Um es anzupassen, lehnte ich mich an den Zaun neben der Jacke; dann nahm ich das Portfolio, steckte es zwischen meine Kleider und rannte zur Frauenbaracke. Dann nahm ich das Portfolio und versteckte es bis zum Abend. Der SS-Mann lief über den Hof und schrie, er habe sein Portfolio mit wichtigen Papieren verloren.
Am Abend ging ich zur Latrine. Im Portfolio war eine Landkarte mit dem ganzen Lager und den Stellen, an denen sich Wachmänner befanden. Ich warf die anderen Papiere weg, wie z.B. ein Buch über Hitlers Kindheit und Dokumente über Auszeichnungen und warf sie in die Toilette. Ich wickelte die Karte um meine Füße, band sie fest und ging ins Lager.
Fedor sah die Karte und war sehr aufgeregt.
Ich erzählte ihm, wie ich die Karte „organisiert" hatte, und er gab mir einen freundlichen Klaps auf den Rücken. Am gleichen Tag sagte ich dem Kapo, dass ich nicht mehr in Kanada arbeiten wolle. Nachdem der Kapo das der Schreibstube mitgeteilt hatte, wurde mir bestätigt, dass ich nicht länger da arbeite. Stattdessen wiesen sie mich an, im übelsten Kommando zu arbeiten, dem Abbruch-Kommando, genau dem Kommando, von dem aus ich vorhatte zu fliehen. Auch mein Freund Fedor arbeitete dort.
Es war Samstag, und an diesem Tag flohen zwei Russen und ein Pole. Die SS suchte mit ihren Suchhunden nach ihnen, ohne Erfolg. Wir marschierten nicht zurück ins Lager. Alle tausend Häftlinge standen schweigend in Fünferreihen. Später kam der Lagerkommandant Kramer und verkündete, dass jeder Zehnte erschossen würde, wenn wir nicht sagen würden, wo die drei sind. Weder Schläge noch „Sport" halfen; alle blieben still. Schweiß rann wie Wasser von allen. Andere hatten schon gespaltene Schädel. Kramer tobte seine Wut an uns aus. Sofort war der ganze Platz durch SS umstellt, alle fünf Meter ein SS-Mann mit einem Maschinengewehr. Wir wurden zum Lager gebracht und am Tor bei der Küche aufgestellt. Dann wählte Kramer mit einigen SS-Männern 50 Männer aus, um sie zu erschießen, wenn wir nichts sagen würden. Die 50 standen an der Seite, bleich wie Kalk (*blas vi kalekh*) und warteten. Wir standen bis 10 Uhr am Abend, alle

versteinert und unbeweglich. Die fünfzig wurden unter schwerer Bewachung aus dem Lager geführt, und uns wurde befohlen, zum Block zu gehen.
Wir bekamen unsere Strafe: Drei Tage kein Brot und eine Stunde länger Appellstehen.
Die 50 wurden nicht erschossen. Um 12 Uhr nachts wurden sie ins Lager zurückgebracht. Es geschah nur, um uns zu erschrecken.
Am Montag gingen wir wieder zur Arbeit. Die Wachen wurden verstärkt. Je 20 Mann bekamen einen Luftwaffensoldaten zur Bewachung. Niemand durfte ohne Erlaubnis auch nur einen Schritt weg. Stündlich wurde die Anwesenheit überprüft.
Die Flucht wurde so organisiert: Die Fliehenden mussten drei Tage und Nächte liegenbleiben. Wenn sie am dritten Tag die Sirene nicht mehr hörten, kamen sie nachts aus ihrem Versteck, krochen langsam zur Weichsel, schwammen drüber und gingen über die Felder.
Fedor und ich arbeiteten in einer Gruppe. Ich wusste noch nicht, wo wir uns verstecken würden. Fedor vertröstete mich von Tag zu Tag, die Zeit sei noch nicht gekommen. Wir müssten warten, bis die Wachen schwächer wären. Es wurde jetzt sehr streng. Wir durften ohne Bericht keinen einzigen Schritt zur Seite gehen. Wir verschoben unsere Flucht um eine Woche. In dieser Woche wurde ich vertrauter mit meiner Arbeit. Wir arbeiteten auf einem großen Feld, das mit Teilen von zerstörten Flugzeugen bedeckt war. Jeden Tag brachten sie neue Fuhren mit abgeschossenen Flugzeugen. Die Arbeit war hart und schmutzig, die Luftwaffensoldaten trieben uns mit Stöcken an. Es waren Berge von Blech von Benzintanks, von Motoren und Berge von Aluminium, die jeden Tag auf Bahnwagen geladen und nach Deutschland geschickt wurden.
Den Ort des Verstecks kannte nur einer von uns dreien. Und ich wusste nicht, wer der Dritte war. Nach drei Wochen Arbeit in der Kolonne sagte mir Fedor am Montagmorgen, dass wir heute fliehen. Ich schrieb sofort einen Abschiedsbrief an Rochele und brachte ihn einem Freund, er möge ihn ihr geben, wenn ich nicht mehr da bin. Sie war die Einzige, die von dem Fluchtplan wusste. Am Montagmorgen gingen wir wie jeden Tag zur Arbeit. Wir wurden in Gruppen unterteilt.

Fedor und ich waren in der gleichen Gruppe. Der Dritte, ein Russe, arbeitete in einer andren Gruppe in unserer Nähe. Ich wurde ihm vorgestellt, ein mutiger Mann. Wir beschlossen, 10 Minuten vor 5 zu fliehen.

Um 10 Uhr morgens zeigte mir Fedor das Versteck. Der Zugang ging durch eine ausgeschnittene Tür (*oysgeshnitn tirl*), die schwer zu bemerken war. Es waren zwei Räder unter 100 anderen. Dort sollten wir drei Tage und Nächte bleiben. Der Plan war „glänzend" (*glentsndiker*). Von diesem Ort waren schon 50 geflohen. Die Spürhunde konnten nicht über das Benzin rennen, das überall auf dem Platz verteilt war. Die Flüchtenden verbreiteten Schnupftabak an einem zweiten Platz, entfernt vom Versteck. Die Hunde fingen an zu niesen und konnten so nichts finden (*di hint flegn onhoybn nisn un flegn gornisht kenen dergeyn*).

Die Minuten vergingen langsam. Wie gerne wäre ich schon im Rad gewesen! Um 12 Uhr trafen wir drei uns und besprachen, wie wir vorgehen wollten. Fedor sollte der erste sein, ich der zweite im gleichen Rad und der dritte der nächste im zweiten Rad. Kontrolle wie üblich: Jede Stunde mussten wir in Reihen antreten. Um 4 Uhr wurde gezählt, und wir mussten wieder zur Arbeit, die bis 5 Uhr ging. Jede Minute schien wie ein Jahr. Ich und Fedor standen in der Nähe der Räder. Wir mussten Flügel zerkleinern.

Die Soldaten machten jede Minute ihre Runde und riefen: „Schneller! Das muss heute fertigwerden; es ist bald Feierabend (*shneler, es muz hoyte fertig vern! s'iz shoyn bald foyerabnd*)!

Ich sah auf die Uhr: Halb fünf. Fedor legte sein Werkzeug weg und schaute nach allen Seiten. Ich arbeitete. Der Soldat war gerade bei einer anderen Gruppe und redete mit einem anderen Soldaten. Fedor rannte mit winzigen Schritten zu den Rädern, öffnete die Tür und legte sich auf den Boden. Die Tür schloss sich.

Ich blieb an meinem Platz, mein Herz pochte. Nun werde ich mein Lagerleben beenden. Frei oder am Galgen. Ich drehte mich um. Der dritte Freund winkte mir. Ich schaute zu den Radbergen und zu dem Rad, in dem Fedor lag. Wir hatten ausgemacht, dass ich Zeichen gebe, bevor ich zum Rad gehe. Die Soldaten standen mit dem Rücken zu mir.

Ich drehte mich um und sah, wie mich der Soldat herwinkte. Mein Herz pochte. Alle Blechteile fielen mir aus der Hand. Der Soldat ging nicht weg; und dann kam der Befehl: „Antreten!" Wir stellten uns in Fünferreihen auf. In der letzten Reihe waren nur vier. Der Soldat schrie: „Wo ist der Fünfte?" Er rannte herum wie ein Verrückter und schrie den Vorabeiter an. Alle Gruppen marschierten zu einem großen Feld, um zurück ins Lager zu gehen. Unsere Gruppe blieb. Der Kommandoführer kam und fragte, was los sei. Der Soldat stammelte: „Einer fehlt!" Der Kommandoführer schrie, gestikulierte, rannte vor und zurück. Wir wurden gefragt, ob wir wissen, wohin die Person gegangen ist, ob er vielleicht schlafe. Die Nummern wurden aufgerufen. Sofort war klar, wer fehlte. Wir sagten synchron (*mit eyn vort*), dass wir nicht wüssten, wo er steckt. Wir wussten, dass wir gefoltert werden würden. Wir würden alles ertragen. Nach fünf Minuten heulte die Sirene. Sofort rannten die SS-Männer mit ihren Hunden los.

Wir wurden auf eine Seite des Feldes geführt. „Kniebeugen!" Einige SS-Männer stellten sich mit Eichenprügeln um uns herum. Der Kommandoführer schrie, er werde uns lehren, wo der Russe sich versteckt habe. Wir blieben stumm, weil es in einem solchen Fall besser ist, nur zuzuhören und kein Wort oder nur „Jawoll!" zu sagen. Es kamen immer mehr SS-Männer. Der Lagerkommandant Kramer kam. Seine Augen blickten, als ob er uns mit ihnen verschlingen wolle. Er ging hinter uns und versetzte einem von uns einen Fußtritt in den Magen, schrie nach dem Kommandoführer und den Soldaten unserer Gruppe. Der Soldat stand blass da mit hängenden Armen und sagte, um 4 Uhr hätten noch alle gearbeitet, und er wäre bis halb Fünf direkt bei uns gestanden. Nach jedem Wort „Jawoll!" Kramer schrie in alle Richtungen: „Donnerwetter, Donnerwetter! Jeden Tag haben wir einen geflohenen Häftling. Ich erschieße Euch wie Hunde, wenn Ihr nicht sagt, wo der Russe ist!"

Wir saßen da mit zitternden Knien. Der, der einen Tritt in den Magen bekommen hatte, lag bewusstlos da, ein griechischer Jude. Kramer ging zu ihm und gab ihm einen weiteren Schlag. Dann ging er zu den SS-Männern, die die Hundeleinen in der Hand hielten. Kramer sprach mit ihnen, und sie schwärmten aus wie eine Wolke von Heuschrecken.

Eine wilde Schießerei in die Blechhaufen begann. Wir standen auf. Sofort kam der Befehl: „Nieder!" Dann „Auf!"
Die Hälfte von uns lag geschlagen auf dem Boden. Ich fiel und konnte kaum aufstehen. Die Zunge hing mir aus dem Mund, ich rang nach Luft. Mein ganzer Körper war nass. Der griechische Jude lag im Todeskampf. Seine Augen starrten in den Himmel. Den anderen Gefangenen, die sich bisher in der Stillgestanden-Position befanden, wurde ebenfalls befohlen, Kniebeugen zu machen.
Auch die anderen Gefangenen mussten nun „in die Knie". Die Russen stießen wilde Flüche aus (*sheltn mit toyte kloles*). Die Prügel treffen die, die bereits halbtot sind, mit Armen und Beinen zittern und nicht in der Lage sind, eine Minute mit gebeugten Knien zu stehen. Dutzende liegen verprügelt da. Bald kommen die Mörder zu uns und rufen: „Ihr verfluchten dreckigen Hunde!" – und noch mehr „schöne" Namen.
Die Mörder verließen uns kurz, um sich zu beraten. Dann „arbeiteten" ihre Knüppel links und rechts. Alle lagen schließlich erledigt am Boden. Die SS lachte und feierte den Sieg über uns.
Wir blieben bis zur Dämmerung liegen. Die SS kam mit den Hunden zurück, verschwitzt und erfolglos. Kramer befahl die Rückkehr ins Lager. Wer nicht gehen konnte, wurde mit dem Lastwagen gefahren. Wir mussten bis 3 Uhr morgens in der Nähe der Küche bleiben. Dann wurden alle einzeln zu den Baracken gebracht, und um 4 Uhr war Appell. Nach dem Morgenappell um 6 Uhr mussten wir zur Arbeit.
Wir waren alle todmüde und hatten mehr Schläge als sonst bekommen. Es gab kein Essen. Es war der schlimmste Tag in unserem Lagerleben. Am Abend bekamen wir eine wässrige Suppe. Kein Brot. Die Wachen wurden verstärkt. Sie zählten uns alle 5 Minuten. Jeder sollte auf den anderen aufpassen.
Die drei Tage waren nun vorüber, und die Wachen wurden zurückgezogen. Mein Freund Fedor war erfolgreich allein geflohen. Der russische Oberst beschloss, seine Flucht um einige Wochen zu verschieben. Aber nach einigen Tagen wurden die drei geflohenen Russen gefesselt zurückgebracht (*drey antlofene rusn, geshmidte in keytn*). Sie waren nicht weit von Auschwitz gefasst worden. Die ganze Wut

entlud sich nun an ihnen. Sie wurden gefoltert, bis sie nach zwei Wochen den Ort der beiden Räder nannten. Nach sechs Tagen wurden sie erschossen. Mein Plan war gescheitert.

Im Lager war bekannt, dass die Deutschen an allen Fronten große Verluste erlitten. Die Front bei Witebsk war durchbrochen[167]; die Rote Armee rückte in Riesenschritten vor. Die Deutschen verloren Frankreich, Holland und Belgien. Wir wussten, dass wir noch mehr in Gefahr waren. Jeden Augenblick konnte der Befehl kommen, das Lager zu säubern, was bedeutete, dass alle Häftlinge getötet werden. Inzwischen gab es den Befehl, das Lager nach Deutschland zu evakuieren. Die Nazis brauchten Arbeitskräfte, und deshalb begann der Transport von tausenden Häftlingen in andere Lager. Jeden Tag wurden Kommandos aufgelöst; auch das Frauenlager wurde evakuiert. Die Transporte aus Lodz waren die letzten, die Auschwitz erreichten.[168] Mit dem letzten Transport brachten sie den „König des Ghettos", Chaim Rumkowski, und trieben ihn mit all den anderen (*am 28.8.1944*) in die Gaskammer.[169]

Die ersten, die evakuiert wurden, waren die Juden aus Lodz, dann die Ungarn. Im Oktober kam der Befehl, die alten Gefangenen zu evakuieren. Am 17. Oktober ging niemand zur Arbeit. Transporte mit 2000 Leuten wurden zusammengestellt. Am 15. Oktober ging ich ins Effektenlager, um mich von Rochele zu verabschieden, wo sie dieselbe Arbeit hatte wie in Kanada.

Am 17. Oktober wurde die ganze Baracke in ein anderes Lager in Deutschland geschickt.[170] Wir verließen Birkenau. Sie gaben uns

---

167 Die *Operation Bagration*, eine große Offensive der Roten Armee, begann am 22.6.1944 und gilt als die schwerste und verlustreichste Niederlage der deutschen Militärgeschichte. Am 24. Juni war die deutsche Frontlinie nördlich und südlich von Witebsk zusammengebrochen. (nach Wikipedia)
168 Transporte aus Lodz am 30.8., 2.9. und 8.9.1944
169 Mordechai Chaim Rumkowski: Vom 13. Oktober 1939 bis zu seiner Ermordung im August 1944 Vorsitzender des Judenrates im Ghetto Łódź/Litzmannstadt
170 Laut Czech war es der **27.10.1944**: „Aus dem Durchgangslager des KL Auschwitz II werden ungefähre 1500 jüdische Häftlinge in das KL Stutthof überstellt." (Czech, S. 917)

Zivilkleider, jeder bekam einen langen Mantel, große Holzschuhe und neue, runde Mützen. Wir erkannten uns nicht wieder. Erst wurden wir zum Bahnhof geführt. Dort durchliefen wir die gleiche Kontrolle, als ob wir gestern ins Lager gekommen wären. Es war verboten, etwas mitzunehmen. Wir wurden zusammen zur Bahn geführt. Dort bekam jeder ein halbes Brot, eine Portion Margarine von 100 Gramm, einen Hieb als Zugabe, und dann mussten wir zu 60 in einen Waggon. Die Waggons wurden fest geschlossen. Bei jedem Waggon waren drei SS-Männer. Wir warfen einen letzten Blick auf das Lager und auf den Stacheldrahtzaun. Ein heller Rauch stieg zum Himmel. Immer noch brannten die Juden aus Lodz, zusammen mit Chaim Rumkowski, der die 70 000 Juden überredet hatte, zur Arbeit nach Auschwitz zu gehen. Als wir am Bahnhof standen, erschien uns alles wie ein Traum. Eine neblige Trauer hängt in der Stille (*epes hengt in der shtilkeyt a farneplter troyer*). LKWs mit Kleidern fuhren vorbei, hinter sich eine Staubwolke. Der Wind blies über die warmen Kleider, die kurz davor noch auf menschlichen Körpern waren. Die Häftlinge, die zurückgeblieben waren, standen am Zaun und winkten zum Abschied. Wir hörten das Schreien des Lagerkommandanten: „Alles einsteigen!" Es gab ein Durcheinander. Gewehrkolben an unseren Köpfen. In wenigen Minuten waren wir alle in den Waggons. Alle Kameraden, mit denen ich den täglichen Kampf ums Überleben geteilt hatte, waren bei mir. Meine „Bettgenossen" Arke Krantzman[171] und Itze Suraski[172] riefen mir zu, wir sollten zusammen in eine Ecke gehen. Der Waggon war klein, und es gab wenig Platz. Die SS-Männer belegten den ganzen Platz an der Tür. Für sie wurde Stroh hereingebracht. Wir hatten keinen Platz zum Stehen. (*Di SS farnemen dem gantsn mitn bay der tir.*

---

171 Vermutlich Arthur/Aron Kranzmann, *1918 in Plonsk. Am 17.12.1942 nach Auschwitz (84 180), über Stutthof (99 645) nach Hailfingen (40 687). Von Dautmergen nach Dachau-Allach; in Staltach befreit. Gestorben 1981 in den USA.
172 Izak/Ignatz Suraski/Szuraski, *1924 in Jasionówka (Polen). Vom Ghetto Białystok am 7.2.1943 nach Auschwitz deportiert und über Stutthof (100 074) im November nach Hailfingen (40 890). Im Februar 1945 nach Dautmergen und von dort am 13.4.1945 nach Dachau. Nach der Befreiung in den DP-Lagern Feldafing und Geretsried, danach in München. Er starb 2006 im Altersheim Theresienbad.

far zey trogt men arayn shtroy. mir hobn nisht keyn plats tsum shteyn). Einer schreit: „Donnerwetter nochmal, was ist das für eine Luft hier; ihr stinkt, ihr Verfluchten!" Und er spuckt mit vollem Mund auf einen von uns. (*Eyner shrayt: donerveter nokhamol, vos far a luft iz do! ir shtinkt, farflukhte! un shpayt oys mit a fuln moyl oyf eynem fun undzere*). Die Waggons setzen sich in Bewegung; einer stößt an den anderen. Die Menge wird aufgerüttelt und fällt durcheinander. Die Tür ist offen. Das Lager fliegt vorbei. Dort können wir noch die Schornsteine sehen; Von zwei von ihnen weht schwarzer Rauch. Von den anderen beiden kräuselt sich ein dünner Rauch, der sich schnell in der Luft auflöst und keine Spuren hinterlässt. Die Räder hämmern. Wir fuhren durch grüne Felder und ließen Auschwitz zurück. Niemand weiß, wohin es geht. Wir in unserer Ecke beschlossen, Widerstand zu leisten, falls sie uns in ein Krematorium brächten. Ich hatte ein Sabbath-Messer durchgeschmuggelt, andere würden sich mit Gabeln verteidigen. Ihre Griffe sind scharf geschliffen und dienen auch als Messer. Es war Nacht geworden. Es gab keinen Platz. Wir lehnten uns gegeneinander, die SS rauchte eine Zigarette nach der anderen, spuckte und fluchte. Aber wir geben kein Wort zurück, als ob wir nicht gemeint wären. Wir fuhren durch Dörfer und Städte; die Nacht nahm kein Ende. Jeder fiel in einen leichten Schlaf, aber alle schliefen ein, um sofort wieder zu erwachen. Unsere Knie bewegen sich, und der Schlaf endet. Einer stößt den anderen mit den Füßen. Wenn sich einer von uns hinsetzt, gibt es einen Schrei: „Oh, mein Fuß!" Währenddessen nutzen die SS-Männer diese Situation aus, um uns mit Gewehrkolben auf die Köpfe zu schlagen. So standen wir die ganze Nacht. Ein kalter Morgenwind brachte etwas Erfrischung. Der Zug hielt. Wir lasen die Inschrift „Gleiwitz"[173]. Nun wussten wir, dass wir nach Deutschland fuhren. Die SS-Männer springen nach unten, schlagen die Füße zusammen und reiben sich die Augen. Alle drei marschieren zur Tür. Der Transportleiter geht mit einem Zettel in der Hand von Wagen

---

173 Gleiwitz (polnisch Glivice): Stadt in Oberschlesien. Am 31. August 1939 hatte eine Gruppe von SS-Männern, die sich als polnische Partisanen verkleidet hatten, den Sender Gleiwitz überfallen, um einen Vorwand für den deutschen Überfall auf Polen zu liefern.

zu Wagen. Jeder SS-Mann steht aufrecht vor ihm, die Hände fest nach unten gestreckt und ruft: „Alles in Ordnung!" Auf diese Weise läuft der Transportleiter von Wagen zu Wagen, bis zum letzten. Wir blicken durch die offene Tür hinaus. Eisenbahnarbeiter rennen hin und her. Alle blicken zur Tür und gehen weiter. Das Einzige, worum wir bitten, ist Brot. Ein Stück Brot ist es, was wir brauchen. Aber niemand wirft uns ein Brot zu. Jeder geht vorbei, als ob er nicht gemeint wäre. In Gleiwitz standen wir bis 12 Uhr. Dann startet der Zug, wieder mit den SS-Männern zusammen mit uns im Waggon. Jetzt essen sie zu Mittag. Jeder packt eine lange, trockene, feste Wurst und Weißbrot aus, und sein Kinn bewegt sich auf und ab. Sobald sie die Wurst abschneiden, einmal das Brot, dann beißen sie hinein. Langsam, einer nach dem anderen. Wir stehen da, schweigend. Alle unsere Augen sind jetzt auf das Messer gerichtet, das die Wurst und das Brot schneidet, glänzend wie die einer Katze, die angebunden dasitzt, während eine dicke Maus in der Ferne herumspringt. Wir alle hatten sofort unser Brot gegessen, das wir gestern erhalten hatten, bevor wir Auschwitz verließen, aus Angst, dass einer es dem anderen stehlen könnte. Wir wissen nicht, wann wir Brot bekommen werden. Wir sind im Wagen zwischen vier Wänden ohne Aussicht eingesperrt und wissen überhaupt nicht, was mit uns geplant ist. Es ist, als wären wir gar nicht da.
Wieder wurde es Nacht. Der Hunger wurde stärker. Wir schrien so, dass die SS uns hören konnte: „Brot! Warum bekommen wir kein Brot?" Die SS rief: „Ruhig, ihr Schweine! Morgen gibt es Brot." „Warum morgen? Wir haben heute Hunger!", riefen alle. Schreien half nichts; wir bekamen kein Brot. So fuhren wir durch die zweite Nacht. Die meisten im Waggon konnten nicht mehr stehen, andere nicht einmal mehr sprechen. Die Luft im Wagen war stickig. Die SS-Männer spuckten und fluchten mit den schlimmsten, schmutzigsten Worten; wir wären es, die an allem schuld sind. Sie waren unschuldig, frei von Verdacht (*di SS shpayen un sheltn mit di ergste shmutsikste verter. di gantse shuldike zaynen nor mir zey zaynen got di neshome shuldik*).
Jetzt war eine schwache Stimme zu hören: „Hunger, Brot", aber von

nun an schweigen alle, weil der kleinste Laut (*der mindester geshray*) mit den Gewehrkolben der SS erstickt wird. Jeder hat Angst vor einem letzten Schlag mit dem Gewehrkolben (*kolbe*). Der Hunger beherrschte alles. Falls noch jemand an Flucht dachte: Niemand hatte mehr die Kraft dazu. Am dritten Tag hielten wir an einem kleinen Bahnhof nahe Danzig. Die SS sagte uns, es ginge nicht weiter, wir kämen in ein Lager. Niemand kannte den Namen des Lagers. Wir lehnten uns gegeneinander und warteten, was das Schicksal mit uns vorhatte. Zwei Griechen starben an diesem Morgen. Sie lagen mitten unter uns.
Nach einigen Stunden kamen einige Offiziere und begutachteten die Ware an, die ihnen gebracht wurde. In unserem Wagon waren zwei tot, die übrigen halbtot. Es wurde abgezählt, ob jemand auf der Fahrt geflohen war. Aus jedem Waggon wurden zwei oder drei Tote herausgezogen. Hunger plagt uns alle und zieht uns hinunter auf die Erde. Jeder hat vertrocknete und blaue Lippen (*bay a yedn zaynen di lipn fartrukt un bloy*).
Die mörderischen Offiziere ließen sich Zeit; sie standen gemütlich in einiger Entfernung und zeigten mit den Fingern auf die Opfer, die mit hängenden Köpfen auf der Erde knieten.
Wir wurden aus den Waggons getrieben und in Fünferreihen aufgestellt. Nun begann eine Zählung um zu kontrollieren, ob niemand auf der Fahrt entkommen war. Die Toten wurden aus dem Wagen gezerrt und unten hingelegt, um ebenfalls gezählt zu werden. Aus jedem Wagen holten sie zwei oder drei Tote heraus. Andere hatten einfach nicht mehr die Kraft, auf den Beinen zu bleiben. Das Einzige, was jetzt alle wollten, war ein Stück Brot, und später, da komme, was will (*shpeter zol zikh shoyn zayn vos es vil zikh*).
Die Luft roch gut; wir waren in einem Nadelwald mit großen Tannen. Es wurde Nacht. Der Himmel über uns ist mit Feuchtigkeit gesättigt. Die Nacht ist hereingebrochen. Wir stehen immer noch auf dem Platz. Die SS-Offiziere brachen in lautes Gelächter aus, als sie die Berichte derer hörten, die mit uns kamen.
Plötzlich hören wir einen wilden, betrunkenen Schrei: „Vorwärts, marsch!" Wir gingen Arm in Arm, die Toten kamen auf einen Karren.

Ich marschiere mit meinen „Bettgenossen". Alle werden wir uns verteidigen, wenn wir erschossen werden sollten. Mit kleinen Schritten geht es in die Dunkelheit. Alle glauben, dass das unser Ende ist. Wir beschließen, dass wir uns auf die SS-Männer stürzen, sobald sie von uns weggehen. Die Mehrheit des Transports ist zum Widerstand nicht mehr fähig. Flucht ist unmöglich. Auf beiden Seiten SS mit schussbereiten Waffen. Hinter uns hören wir einen Gewehrschuss und Stöhnen. Sie haben einen erschossen, der nicht weiterkonnte. Wenn wir so weitergehen, werden alle auf den Weg fallen (*veln ale faln in veg*). Niemand weiß, wohin wir marschieren und wie lange wir so gehen müssen. Jeder ist sich sicher, dass dies unser letzter Marsch ist. Möge das, was sowieso passieren muss, einfach schneller gehen. Das ist der Wunsch von uns allen. Wieder wird ein Schuss abgefeuert, begleitet von einem langen „Oh". Wieder haben sie jemanden erschossen. Der Wagen ist bereits überfüllt mit Toten. Wilde Schreie sind zu hören: „Alles raus! Schnell, ihr dreckigen Hunde!"
Um uns ist es dunkel; der Weg ist schlammig. Plötzlich sehen wir kleine Lichter, die sich nähern. Es ist eine Lokomotive mit kleinen offenen Wagen (*kleyne, ofene vagonetkes*). Wir halten an und werden wieder gezählt, auch die Toten im Karren. 50 Leute stehen an jedem Wagen. Ein Befehl kommt: „Einsteigen!" Keiner von uns hat noch Kraft. Sofort kommen die wilden SS-Männer mit den Gewehrkolben in den Händen angerannt, stoßen und schlagen von allen Seiten. Es gibt ein Gedrängel, ein Hetzen von einem Waggon zum nächsten. Einer will sich hinter dem anderen verstecken. Die SS-Männer nutzen die Situation aus und schlagen allen auf Kopf und Rücken.
Es gibt ein Stöhnen von Menschen, die auf die Erde gefallen sind. Die anderen treten auf sie. Diejenigen, die es bereits geschafft haben, eilig in die Waggons einzusteigen, haben keine Schläge abbekommen. Der Boden ist mit Menschen bedeckt. Jeder stöhnt (*krekhtst*) und schreit mit letzter Kraft: „Erschießt mich, erschießt mich, ihr Mörder!"
Schließlich bin ich im Wagen. Meine Hand ist von den Schlägen geschwollen. Die Verletzten und Toten kommen in den letzten Wagen. Wir glauben jetzt, dass wir zum Krematorium gefahren werden.

Hunger und Schläge haben all unsere Widerstandskräfte gebrochen. Die Lokomotive fährt los. In jedem Wagen sind vier SS-Männer mit schussbereiten Gewehren. Wir fahren in den dunklen Wald. Aus dem letzten Wagen ist Stöhnen und Jammern zu hören, Wir fahren mehr als eine Stunde. Die Lokomotive hält an einem großen Lagerhaus, dessen Lichter von weitem sichtbar sind. Wir verlassen den Zug und stellen uns in Fünferreihen auf. Wieder werden Lebende, Tote und Halbtote gezählt. Der Transport ist in Ordnung: 1200[174] Leute.

Q: Marga Griesbach

Stutthof

Damals wurden nämlich die Personen mit der Nummer bis zu 100 000 aus Birkenau abtransportiert. Meine Nummer war kleiner als 100 000, ich war ein alter Häftling, also kam ich nach Stutthof, Durchgangslager. Stutthof war kein Lager, in dem man bleiben konnte, es war provisorisch, und ich war 10 bis 15 Tage dort. Die Behandlung war schrecklich, das Wetter, das Klima, alles war schrecklich.[175]

---

174 Der Transport war wohl größer, etwa 1500 Personen.
175 USC-Video

Wir marschierten zum Lagertor. Über dem Tor hing eine Inschrift, von elektrischen Lampen beleuchtet: „Waldlager Stutthof". Auf beiden Seiten SS-Männer, die uns beim Einmarsch erneut zählten. Die Toten und Halbtoten wurden hereingebracht und auf die Straße an einer Barackenwand gelegt. Wir wurden zu einer leeren Baracke geführt, ohne Betten und Boden. Alle fielen todmüde auf den bloßen, nassen Boden. So lagen wir bis zur Morgendämmerung.

Um 4 Uhr kamen zwei SS-Männer mit Stöcken und riefen: „Zählappell! Alles raus, ihr verfluchten Hunde!" (*Tseyl-Apel! Ales raus, raus, ir farflukhte hint!*). Sofort standen wir in einer Reihe, einer hinter dem anderen. Um 6 Uhr kam ein Blockältester und zähl-te uns zweimal. Nach dem Appell kamen wir in den Waschraum. Alles ging wieder los. Wieder mussten wir uns nackt ausziehen; die Kleider kamen zur Entlausung. Die kalte Dusche war das Schlimmste. Draußen wehrte ein kalter Herbstwind. Alle zitterten vor Kälte. Nach der Dusche wurden wir zusammen in eine andere große Halle gehetzt, wo jeder Kleidung bekam. Dann wurden wir zu Block 2 und 3 geführt. Das waren die Blocks für Juden mit spezieller Disziplin und speziellen Aufsehern. Wir mussten bei den Appellen länger stehen als alle anderen. Schlafen war schlechter als in Auschwitz, auf einem engen Militärbett (*militerishn betl*) für vier. Zwei am Kopf-, zwei am Fußende. Wenn sich jemand strecken wollte, fiel er meist auf den anderen. Die Betten waren dreistöckig. Wenn das oberste zerbrach, fielen alle auf den mittleren Stock. Durch den Aufprall verbog sich jedoch auch die mittlere Ebene, und so fielen alle acht Personen auf das untere Bett, das natürlich auch in der Folge zusammenbrach. (*di betlekh zaynen geven dreygorndike. ven dos oybershte hot zikh tsebrokhn zaynen ale fir aropgefaln oyf mitlstn. fun klap hot zikh dos mitlste oykh ayngeborkhn un ale akht zaynen aroyfgefaln oyfn untershtn betl, velkhes hot zikh avade ayngebrokhn*).

Niemand hatte vorher vom Lager Stutthof gehört.

Aber jetzt spürten wir die Härte dieses Lagers, das Todeslager genannt werden konnte (*velkher ken zikh onrufn „toytnlager"*).

Hier gab es auch Frauen. Sie arbeiteten in der Wäscherei. Das Frauenlager war vom Männerlager durch einen hohen Stacheldrahtzaun getrennt. Den Frauen war es streng verboten, sich dem Zaun zu nähern und mit den Männern zu reden.
Es gab auch ein Krematorium, aber nicht so riesig wie in Auschwitz (*nisht in aza groysn format*). Es war ein normales Steinhaus mit einem großen Kamin, gesichert durch Eisenklammern (*ayzerne rayfn*). Um das Krematorium ein undurchsichtiger Zaun. Ein mit Ziegelsteinen gepflasterter Weg führte zum Tor. Hier arbeiteten nicht so viele wie in Auschwitz, gerade 20 unterschiedlicher Nationalität (*gemisht fun ale natsyonalitetn*).
Nur Juden wurden vergast; Menschen andrer Nationalität wurden verbrannt, wenn sie gestorben waren.
Ich traf einen Mann aus Krynki, einen früheren Hilfspolizisten der Deutschen. Ich fragte ihn: „Edzhik Tsarnyetski (Czarnietzki), du bist hier?" Er nickte und fragte: „Jeszcze żyjesz? Du lebst noch?" Er erzählte mir, was in Krynki geschehen war. Er erzählte mir, was mit denen geschehen war, die in den Wald geflohen waren, und von den umliegenden Bauern. Diejenigen, die sich damals im Kessel des Bades (*kesl fun bod*) versteckt hatten, seien mitten auf dem Markt erwischt und erschossen worden. Auch mehrere Bauern wurden erschossen.
Über sich selbst erzählte er mir folgendes: Nachdem das Shtetl „judenrein" war, sammelte der ehemalige Ghetto-Kommissar alles ein, was die Juden zurückgelassen hatten. Kleider und Stoffe wurden im großen Bes-medresh gesammelt. Der polnische Hilfspolizist sollte darauf aufpassen. Als er alleine Wache stand, ging er hinein und stahl einige Kleidungsstücke. Bei dieser „Arbeit" wurde er vom Ghetto-Kommissar erwischt (*gekhapt gevorn*) und zur Strafe nach Stutthof geschickt.
Im Lager waren 6000 Männer und 4000 Frauen. Einige hundert Häftlinge arbeiteten in verschiedenen militärischen Fabriken, Schuh- und Waffenfabriken. Andere entluden aus Danzig kommende Schiffe. Das Lager lag 30 km von Gdingen. Diejenigen, die im Hafen arbeiteten, verließen gewöhnlich um 5 Uhr das Lager und kamen um 8 Uhr zurück. Jeden Tag brachten sie Tote und bei der harten Arbeit

Verletzte mit, die aus dem Abladen von Zement und Kies bestand (*velkhe iz bashtanen in aroplodn shteyner un tsement*).

Die Juden im Lager kamen meist aus Vilnius und Kaunas. Wir waren die ersten aus Auschwitz. Die meisten von uns waren vorher schon bis zu zwei Jahren in Auschwitz. Deshalb konnten wir besser mit Schlägen und Schwerarbeit umgehen (*zikh aroystsudreyen fun a klap un fun shvere arbet*).

Besonders zwei Lagerpolizisten zeichneten sich aus (*spetsyel hobn zikh oysgetsaykhnt*). Sie marschierten mit zwei Schäferhunden durch das Lager. Der, auf den sie die Hunde hetzten, wusste, dass er nicht überleben würde. Wer verletzt überlebte, kam ins Krematorium. Jeden Tag wurden Opfer ins Krematorium gebracht. Dafür war es ein spezieller Karren mit vier großen Rädern gebaut worden. Er wurde von zehn Männern gezogen. Angetrieben von Kapos mit Stöcken. Jeden Tag wurden Hunderte von Kranken aus dem Frauenrevier geholt und ins Krematorium geführt. Verbrennungen wurden auch dann durchgeführt, wenn es keine Kranke gab. Denn nach dem Befehl des Lagerkommandanten mussten täglich 100 Frauen und alle Kranken verbrannt werden. Von unserem Transport, der 1200 Menschen zählte, fehlten täglich Dutzende. Die Kälte, die Nässe, die schneidenden Winde aus dem Meer, der Hunger – all das zerbrach jeden Tag das verbleibende Stück unserer Gesundheit. Wir alle hatten nur eine Hoffnung: Die Befreiung klopfe an die Tür (*di bafreyung klapt shoyn in tir*).

Wir waren vier Wochen in Quarantäne. Juden wurde die schwerste Arbeit zugeteilt, besonders uns, den frisch Gekommenen. Ich musste zum Hafen und Sand von den Schiffen abladen. Wir wurden zur Arbeit hin und zurück gefahren. Aber das taten sie nicht zu unserer Erleichterung, sondern um uns mehr Stunden arbeiten zu lassen (*dos hobn zey nit geton kedey undz tsu makhn laykhter, nor kedey mir zoln mer sho'n arbetn*).

Ich beschloss, auf dem Transport zu einem anderen Lager zu fliehen, in dem es vielleicht besser wäre. Es gab häufig Transporte, weil kleine Lager, denen Arbeiter fehlten, diese billig in Stutthof kaufen konnten,

für Firmen wie Krupp, Müller und Kaiser. Wenn ein Chef dieser Firmen zum Lager käme, um 100 oder 200 Sklaven (*shklafn*) zu kaufen, könnte es besser oder schlechter werden. Aber darüber könnten wir uns später Gedanken machen. Hauptsache, wir kämen weg von Wind und Regen hier. Dann wurde jeder einer bestimmten Arbeit zugewiesen.
Ich bin entschlossen, in ein anderes Lager gehen. Vielleicht kann ich sogar von dort fliehen, denn hier ist es absolut nicht möglich; nach ein paar Wochen werde ich keine Kraft mehr dazu haben. Ich beschloss, zu fliehen. In ein paar Wochen würde ich dazu stark genug sein.
Jeder Tag im Lager war wie ein ganzes Jahr. Jeder war müde und erledigt durch die harte Arbeit; jeder wusste, was ihn nach der Arbeit erwartete, wenn er mit den letzten Kräften zurückgekommen war. Dann fängt alles wieder von vorne an. SS und Blockführern ist es egal, ob wir den ganzen Tag gearbeitet haben oder nicht (*di SS, di blokfirer interesirt nisht tsi men hot dem tog gearbet tsi nisht, zeyers muzn zey batsoln*).
Der Appell am Abend dauerte üblicherweise von 7 bis 9 Uhr. Um 9 Uhr mussten wir im Gänsemarsch in den Block zurück und bekamen unsere Brotration. Dabei war es wie in Auschwitz: Opfer waren die Schwachen und Kranken. Sie bekamen nichts.
Nach drei Wochen Aufenthalt in Stutthof gab es eine Anforderung für 1200 Juden zur Arbeit. Fast alle, die aus Auschwitz gekommen waren, wurden für den Transport ausgewählt, von dem niemand wusste, wohin erging. 1200 Männer wurden in zwei Gruppen zu 600 eingeteilt.[176] Wieder mussten wir in den Waschraum. Alle bekamen neue Bekleidung: Schwarze Jacken mit roten Streifen auf der Schulter.
Am 15. Oktober 1944 verließen wir das Lager Stutthof.

> „Eines Morgens hielt das Schiff an. Wir mussten aussteigen, wir waren in Danzig angekommen. …

---

176 Der gemeinsame Transport endete in Stuttgart. 600 kamen nach Echterdingen, 601 nach Hailfingen.

Gegen Abend kamen einige Lastkähne. Wir mussten einsteigen und dann unten in den Laderäumen sitzen. Die Kähne fuhren erst auf einem Arm der Weichsel und dann auf einer anderen Wasserstraße. … Nachdem wir die Kähne verlassen hatten, erwartete uns ein Zug mit sehr kleinen, an den Seiten offenen Waggons. ... Wir wurden zu einem mit Stacheldraht eingezäunten Gebiet gebracht. … Die SS-Wachen sagten uns, dass wir in Quarantäne im KZ Stutthof seien. Die nächsten beiden Nächte verbrachten wir unter freiem Himmel. Dann erhielten wir Nummern zur Kennzeichnung unserer Kleidung und wurden in das Lager gebracht. Wir kamen in einen kleinen, mit Stacheldraht umzäunten Bereich, in dem lediglich eine große Baracke stand. In dem umzäunten Gebiet gab es außerdem noch ein großes Loch, das als Latrine benutzt wurde. …
Das Lager war auf einem breiten, sandigen Gebiet am Ufer der Ostsee errichtet. Außerhalb des Stacheldrahtes standen Reihen von Kiefern.
Morgens gegen 4 Uhr mussten wir uns zum Appell aufstellen. Die Nächte waren kalt und wir standen stundenlang. …
Jeden Morgen wurden die Leichen eingesammelt. Die Wächter überprüften die Betten und nahmen täglich etwa 20 bis 25 Kranke mit, die in die Gaskammer gebracht wurden. Da Stutthof nicht als Vernichtungslager gebaut war, hatte es nur eine sehr kleine Gaskammer und ein kleines Krematorium. …
Es war Ende September 1944. Wir waren nur sieben Wochen in Stutthof gewesen, aber es schien eine Ewigkeit. Stutthof war die Hölle auf Erden. Wir lebten wie Tiere und wurden schlechter als Tiere behandelt. Falls wir noch einen kleinen Rest Selbstwertgefühl hatten, als wir in Stutthof angekommen waren, so waren wir nun durch und durch entmenschlicht, als wir es verließen."[177]

---

[177] Marga Griesbach: "…ich kann immer noch das Elend spüren…" Hannover 2008, Ausschnitt Stutthof, S. 83 ff.

"Wir schauten durch die Fenster und bemerkten, dass wir nicht nach Osten, sondern nach Norden fuhren. …
Nach vielen Stunden Fahrt erreichten wir in der Nacht das Lager Stutthof bei Danzig. Der Zug hielt an einer Rampe in einem Lager, das von weitem wie eine Kopie des uns bekannten verfluchten Ortes aussah. … Wir wussten nicht, wie es an der Front aussah, aber ein erstes Zeichen, das auf eine Veränderung deutete, war die Schließung des Stutthofer Krematoriums. …
Als ich so schwach und kraftlos durch das Lager ging, hörte ich plötzlich den Klang einer Mandoline. Ich folgte der Musik und sah, wie ein Gehilfe des Blockältesten auf einem Instrument spielte. Ich bat ihn um die Erlaubnis, ein wenig zu spielen. Er warf mir einen verwunderten Blick zu und fragte, ob ich das überhaupt könne. Ich antwortete, er möge es mich doch versuchen lassen. Viel Zeit war vergangen, seit meine Hände ein Instrument gehalten und meine Finger die Saiten gezupft hatten. Woher ich die Kraft zu spielen nahm, weiß ich nicht. Als ich die Mandoline in den Händen hielt, stiegen die Töne eines Potpourris russischer Lieder in mir empor. Menschen standen um mich herum und baten mich, ein weiteres Lied zu spielen … und noch eines. Als sie die Melodien hörten, rief der Gehilfe des Stubendienstes schnell den Blockältesten, damit er höre, wie ich spielte. Der befahl, mir eine Schüssel Suppe für mein Spiel zu bringen. Die rote Schüssel enthielt zwei Liter Suppe, die ich mit meinem Freund Leibl-Chajt teilte.
Am nächsten Morgen spielte ich wieder. Und wieder erhielt ich eine reichliche Portion Suppe. Ich spielte noch einmal … und das während der nächsten drei Tage unseres Aufenthaltes im Lager.
So schaffte ich es, etwas Kraft für das Kommende zu sammeln. Die Stimmung der Menschen besserte sich, wenn ich auf der Mandoline spielte. Dieses Musizieren war auch für mich ein Segen, denn so konnte ich meine Fassung zurückgewinnen.

Wir waren an die drei Wochen im Lager Stutthof, das an der Weichsel lag, bis die Deutschen die meisten Häftlinge, die mit meinem Transport aus Auschwitz gekommen waren, an einen anderen Ort brachten." [178]

„Als wir nachts in Stutthof ankamen, brachten sie uns zu einer Feldbahn. Von der Eisenbahn ging es per Feldbahn ins Lager. Wir kamen in einen Wald. Es war sehr finster. Wir wussten nicht, wohin es ging. Ich habe mich sehr über diese Feldbahn gewundert. Wie eine Eisenbahn, nur kleiner. ... Es wurde hell, und wir fuhren noch etwa fünf bis zehn Minuten weiter und kamen in ein Lager, das mit Stacheldraht eingezäunt war. Das Leben dort war auch sehr, sehr hart. Die Verpflegung war sehr, sehr schlecht, und viele Häftlinge verhungerten dort."[179]

„Die Arbeit, die wir in Danzig verrichteten bestand daran, dass wir Waren und Güter aus den Schiffen herausholten. Mal war es Zement, mal Zucker, mal Kartoffeln, Karotten, alles Mögliche. Dort blieb ich einige Wochen und musste schwere Lasten tragen. Bis etwa Ende des Jahres." [180]

Tailfingen

Mir zitsn tsu zekhtsik man in a vagon. Tsvey SS-mener hitn undz. Yeder bakumt a shtikl broyt mit vursht un mir lozn zikh iber far-	Wir waren zu 60 in einem Güterwagen, bewacht von zwei SS-Männern. Jeder bekam ein Stück Brot mit Wurst, und wir ließen die

---

178 Mordechai Ciechanower: Der Dachdecker von Auschwitz-Birkenau, Berlin 2007, S. 184 ff.
179 Joseph Greber USC Shoah Foundation Institute, Interview vom 11.12.1995, Code 9988
180 Josef Szaiman USC Shoah Foundation Institute, Interview vom 9.3.1997, Code 33766

shneyte, vayse felder. Aroysgeforn zaynen mir farnakht. Vos lenger mir zaynen geforn, alts shtarker hobn mir derfilt dem frost. Ale hobn zikh getulyet eyns tsum andern. In der ershter nakht zaynen in undzer vagon opgefroyrn gevorn di fis bay fir perzon. Eyner fun zeymayner a khaver, a Bialystoker yat, Itshe Suraski, velkher hot geveynt far veytik. Oyfn tsveytn tog zaynen shoyn geven bay tsvantsik mentshn mit opgefroyrene fis.

Azoy zaynen mir geforn fir teg. Yedn tog hobn mir bakumen 200 gram broyt mit a liter vaser. Dem fertn tog zaynen mir ongekumen oyf a kleyner banstatsye, oyf velkher es iz geven der oyfshrift „Tay(l)fingen". Do zay.nen mir shteyn geblibn iber der gantser nakht. Tsu morgns zaynen gekumen di koyfers batrakhtn di ayngehandlte skhoyre. Frishe gezikhter fun merders hobn arumgeringlt di ban. Dan iz gekumen a bafel mir zoln aroysgeyn fun di vagones un zikh oysshteln tsu finf in a ray.

Di mentshn mit di farfroyrene fos hobn zikh nit gekent rirn fun ort. Bay mir iz oykh opgefroyrn gevorn eyn finger fun linkn fus, ober ikh hob gekent geyn. Vider hot men undz getseylt. A hoykher, darer SS-ofitsir hot bavizn far undz zayn lange nageyke un mit ir gefokht in der luftn. Nokh shteyendik in der ray, hot er far undz gehaltn a rede.

Zikh forgeshtelt als lager-firer,

verschneiten Felder hinter uns. Wir fuhren am Abend los, und je länger wir fuhren, desto mehr spürten wir die Kälte. Wir drängten uns zusammen. In der ersten Nacht hatten viele Erfrierungen an den Beinen. Einer von ihnen, Itze Suraski aus Białystok, ein Freund, schrie vor Schmerzen.

Am zweiten Tag hatten schon 20 die Füße erfroren.

So fuhren wir vier Tage. Jeden Tag bekamen wir 200 Gramm Brot und einen Liter Wasser. Am vierten Tag erreichten wir eine kleine Bahnstation mit dem Schild „Tailfingen" (*Nebringen*). Dort blieben wir die Nacht über. Am nächsten Morgen kamen die „Käufer" und begutachteten ihre „gekaufte Ware". Frische Mördergesichter standen um die Bahn herum. Dann kam der Befehl, wir sollen aus den Waggons heraus und uns in Fünferreihen aufstellen. Die Menschen mit den erfrorenen Beinen konnten sich nicht vom Fleck bewegen. Ich hatte auch Erfrierungen am linken Bein. Aber ich konnte gehen. Wieder wurden wir gezählt. Ein großer, schlanker SS-Offizier zeigte uns seine Peitsche und schwang sie in die Luft. Wir standen noch in der Reihe, als er für uns eine Rede hielt.

Er stellte sich als Lagerkomman-

gemakht farantvortlekh tsen far eynem, dos heyst, az ven eyner vet antloyfn, dan vet men dershisn tsen. Er hot oykh geredt vegn der distsiplin, velkhe vet hershn in lager un azoy vayter. Tsum sof hot er undz gefregt tsi mir hobn alts farshtanen. Di mit di opgefroyrene fis hot men aroyfgeleygt oyf an oyto. Mir zaynen tsufus avek in lager. Der lager iz geven drey kilometer fun der ban, oyf a flifeld. Dort zaynen nokh keyn mentshn nisht geven. Mir zaynen di ershte velkhe veln voynen in dem nayem lager. Der lager iz bashtanen fun eyn groyser hale, vu men farikht tsebrokhene avyonen. A tsiter iz undz adurkh ibern kerper ven mir zaynen arayn in a leydiker groyser halye. Mit an erdenem bodn un on betn. Der dakh un di venttselekhert fun mashingever-koyln, velkhe di Amerikaner un Englender flegn yedn tog bashisn.

On betn on vaser azoy hot zikh far undz fargeshtelt der nayer lager. Der komendant velkher hot oysgezen vi der „vilder tazhan", mit groyse glantsike oygn, hot far undz vider gehaltn a rede. Er hot gemoldn, az dos vos mir zeen iz alts vos zey hobn far undz tsugegreyt. Oyb mir viln betn zoln mir aleyn makhn. Oyb mir viln vaser zoln mir aleyn grobn a brunem.

Arum der halye iz geven a drotener ployt mit etlekhe hoykhe turems far di postns. Di zaynen shoyn geshtanen

dant vor und machte jeweils 10 verantwortlich für einen, 10 sollten erschossen werden für einen der flieht. Er sprach auch über die Disziplin, die im Lager herrsche usw. Schließlich fragte er, ob wir alles verstanden hätten.

Die mit den erfrorenen Beinen wurden auf einen LKW geladen. Wir gingen zu Fuß zum Lager, das etwa 3 km von der Bahn auf einem Flugfeld war. Niemand hatte darin vorher gehaust; wir waren die ersten. Das Lager bestand aus einer großen Halle, in der Flugzeuge repariert wurden.

Ein Zittern ging durch unseren Körper, als wir in die große, leere Halle kamen. Auf dem blanken Erdboden keine Betten, Decke und Wände zerstört durch Maschinengewehrkugeln, jeden Tag abgefeuert durch die Amerikaner und Engländer.

Keine Betten, kein Wasser – so hat sich uns das neue Lager vorgestellt. Der Kommandant, der aussah wie der „wilde Tarzan", mit großen hellen Augen, hielt erneut eine Rede. Er informierte uns, dass alles für uns vorbereitet sei. Wenn wir Betten wollten, sollten wir sie selber bauen. Und wenn wir Wasser wollten, sollten wir selbst einen Brunnen bauen.

Um die Halle war ein Drahtzaun mit einigen hohen Wachtürmen für die Posten. Die standen mit auf die

mit mashingever gevendet tsu der halye. In a zayt iz geshtanen a baydl, velkhes hot zikh gerufn kikh. Arum iz geven a blote biz a di kni.
Fun tsvishn undz hot men oysgeklibn a lager-eltestn, etlekhe Kapos, fir perzon far der kikh, eyn sanitar.
in dem zelbn tog hot men ayngeshtelt di arbetkomandes, tsu dreysik oder fertsik perzon: yede komande hot gehat a nomen.

Di stolyers (*poln. stolarz, russ. Столяр/ stoljar*) hobn zikh glaykh genumen tsu der arbet. Breter un negl zaynen geven. Der lagerfirer velkhn mir hobn glaykh in ershtn tog a nomen gegebn „Tazhan", hot ibergelozt di onfirung fun lager far etlekhe perzon. S'iz antshtanen a „yidishe melukhe".
Farnakht iz forgekumen der ershter tseylapel oyf der gas. Yeder iz geshtanen biz tsu di kni in blote. Der lagerkomendant hot undz opgetseylt, ver es hot bavegt mitn kop hot gekrogn a shmits mit der nageyke. Tsvey sho zaynen mir opgeshtanen baym tseylapel. Eynike zaynen gefaln in der blote.
Tsvishn undz hobn zikh gefunen yidn fun Poyln, Grikhnland, Holand, Frankreykh, Belgye un fun Daytshland. Di onfirung fun lager iz arayngefaln in poylishe hent. Itst hobn mir zikh gefunen tif in Daytshland, tsvishn Shtutgart un Tibingen. Di ershte nakht in nayem

Halle gerichteten Maschinengewehren. An der Seite stand eine Hütte, die sich Küche nannte. Überall war kniehoher Schlamm. Aus unseren Reihen wurden ein Lagerältester ausgesucht und einige Kapos, vier Personen für die Küche und die Reinigung. Am gleichen Tag wurden Arbeitskommandos aus 30 oder 40 Personen gebildet, und jedes Kommando bekam einen Namen.
Die Tischler begannen sofort mit der Arbeit. Bretter und Nägel waren vorhanden. Der Lagerkommandant, dem wir gleich am ersten Tag en Namen Tarzan gegeben hatten, übergab die Lagerleitung an einige Leute; so entstand so etwas wie eine „jüdische Regierung".

Am Abend war der erste Appell auf der Straße. Alle standen bis zu den Knien im Schlamm. Der Kommandant zählte durch, und wer seinen Kopf bewegte, bekam einen Schlag mit der Peitsche. Der Appell dauerte zwei Stunden. Einige fielen in den Schlamm.

Unter uns waren Juden aus Polen, Griechenland, Holland, Frankreich, Belgien und Deutschland. Die Lagerleitung fiel in polnische Hand. Nun waren wir tief in Deutschland, zwischen Tübingen und Stuttgart.
In der ersten Nacht schliefen wir

lager zaynen mir geshlofn oyf der naketer, naser erd. Yeder hot zikh tsugedekt mit zayn eygenem mantl. Der shney hot zikh arayngerisn ineveynik, ober mir zaynen ale geshmak geshlofn, a yeder iz geven toytmid fun der shverer, fartogiker reyze. Tsumorgns, fir azeyger inderfri, hot zikh shoyn gehert a fayfn fun lagerfirer. In finf minut arum zaynen mir ale geshtanen tsu tsen in a ray oyf der gas. Der himl iz geven shvarts. Di levone, a fule, hot tsu undz aropgelakht, vi zi volt tsu undz gezogt: umzist kinderlekh, ayer plogn zikh, ir vet di frayhayt say vi nisht derlebn. A shtralndiker shtern hot fun himl aropgevunkn: halt zikh, kinder! Der morgn fun frayhayt iz shoyn nont!
Vider hot men undz ibergetseylt. Yeder iz geshtanen vi farglivert, nisht bavegndik mitn kop, vayl yeder veyst shoyn vos im dervart. Fun di zeks hundert zaynen shoyn haynt zibtsik nisht aroys fun blok. Di merhayt hot opgefroyrene fis. Ale kranke lign in a ray, men zol zey kenen gut tseyln. Finf azeyger a geshray fun lager-firer „tarzhan": arbetskomande, formirn! Baym toyer zaynen shoyn geshtanen di SS. Di hitlen aropgelozt iber di oyern, klapndik a shtivl on a shtivl. Zey vartn oyf undz.
Tsvishn di velkhe shteyen mit gever, gefinen zikh Rusn, Ukrainer, Polyakn. Di Ukrainer trogn uniformes fun der organizatsye „tod" mit a

auf der nackten, nassen Erde. Jeder deckte sich mit seinem Mantel zu.

Der Schnee wehte herein, aber alle schliefen gut, jeder war todmüde durch die viertägige Reise.
Um 4 Uhr hörten wir schon die Pfeife des Kommandanten.

Innerhalb von fünf Minuten standen wir in Zehnerreihen auf der Gasse. Der Himmel war schwarz. Der Vollmond schien auf uns als wollte er sagen: „Kinder, eure Klagen sind umsonst. Ihr werdet die Freiheit nicht wiedersehen!" Ein heller Stern winkte uns zu: „Haltet aus! Der Morgen der Freiheit naht!"

Noch einmal wurden wir gezählt. Alle standen frierend und unbeweglich, weil wir wussten, was drohte. Von den 600 kamen schon 70 nicht mehr aus dem Block. Die meisten hatten Erfrierungen an den Füßen. Die Kranken lagen in einer Reihe, damit sie gezählt werden konnten. Um 5 Uhr rief der Lagerführer Tarzan: „Arbeitskommandos bilden!" SS-Männer standen bereits am Tor, ihre Mützen über die Ohren gezogen und einen Stiefel an den anderen klopfend. Sie warteten auf uns. Unter den dort mit ihren Gewehren Stehenden waren Russen, Ukrainer und Polen. Die

royt bendl oyfn rekhtn orem, oyf velkhn es laykht der haknkreyts.
Der lagerfirer Ta(r)zshan, shteyt mit a papir in hant un ruft oys di nemen fun di komandes. Di komande in velkher ikh shtey, heyst „Reusten mumer 2" dos iz der nomen fun shteynbrukh vu mir darfn arbet(n). di komande bashteyt fun tsvantsik perzon. Ven mir shteyen shoyn fun der anderer zayt toyer, shteln zikh arum undz zeks vakhpostns, mitn gever oysgeshtrekt tsu undz.
„foroys, marsh!" git a vildn geshray eyner fun di vakhpostns un di andere shtoysn unter mit di biksn. Mir marshirn oyf a farshneytn, vaysn veg, tsvishn tsvey velder. Vuhin mir geyen veyst keyner nisht. Arum iz shtark fintster. Yeder trot skripet (*russ. скрипеть/skripjet = quietschen*) trot op mit an ekho. Mir geyen ayngenyuret, di kep geboygn tsu di akslen, di oygn gevendet in der nakht arayn.
Azoy hobn mir opgemarshirt tsvey sho biz s'iz shoyn gevorn likhtik arum. Itst zeen mir far di oygn hoykhe shteynerne berg. Mir geyen farbay kleyne derfer. Di poyerim varfn oyf undz a kaltn blik un geyen shnel arop fun veg, makhndik far undz a plats. Fun eynike fentster heybt zikh oyf a forhang un a blik falt oyf undz. Der forhang falt shnel tsurik arop.
Farn araynmarshirn in dorf, hot der eltster fun di vakhpostns gemoldn, az

Ukrainer trugen Uniformen der OT mit roten Bändern am rechten Arm und einem Hakenkreuz.
Lagerkommandant Tarzan stand da mit einem Papier in der Hand und rief die Namen der Kommandos. Mein Kommando heißt „Reusten Nr. 2", der Name des Steinbruchs, in dem wir arbeiten sollten. Das Kommando besteht aus 20 Mann. Als wir außerhalb des Tores standen, stellten sich sechs Wärter mit schussbereiten Gewehren um uns.
„Vorwärts marsch!" rief ein Wärter, und die anderen stießen uns mit den Gewehren. Wir marschieren auf einem beschneiten Weg zwischen zwei Wäldern. Niemand wusste, wohin wir gehen. Um uns tiefe Dunkelheit. Jeder Schritt hallte wider. Wir liefen zusammengekauert, die Köpfe zwischen den Schultern. Unsere Augen fixierten die Nacht.

So gingen wir zwei Stunden, und es wurde bereits hell. Nun sahen wir hohe Berge vor uns. Wir durchquerten kleine Dörfer. Die Bauern warfen uns kalte Blicke zu und gingen schnell aus dem Weg, um uns Platz zu machen. Hinter manchen Fenstern wurde ein Vorhang hochgezogen, und ein Blick fiel auf uns. Schnell fiel der Vorhang wieder herunter.
Als wir in das Dorf kamen, kündigte der älteste Aufseher an,

ver s'vet aroysgeyn fun der ray epes oyftsuhoybn, vet glaykh dershosn vern. In der zayt fun veg zaynen gelegn farfroyrene burakes un kartofl. Yeder hot gevendet tsu dem di oygn, velndik es aynshlingen. Azoy zaynen mir farbay drey derfer. In yedn dorf khazert zikh iber dos zelbe. Nokhn dritn dorf shteyt a kleyn moyerl mit a hoykher, vayser, hiltserner gebeyde, arum velkher es lign ongeshit berg shteyner, kleyne un groyse. Do blaybn mir shteyn.	dass jeder erschossen würde, der die Kolonne verlassen würde, um etwas aufzusammeln. An der Straßenseite lagen gefrorene Rüben und Kartoffeln. Jeder hätte das gerne gegessen. So kamen wir durch drei Dörfer; und das Gleiche wiederholte sich. Hinter dem dritten Dorf (*Reusten*) war eine kleine Mauer mit einem großen weißen Gebäude hinter dem Berge von kleinen und großen Steinen lagen. Dort hielten wir an.

Leo Kac wurde 1922 in Łódź geboren. Er kam über Auschwitz und Stutthof nach Hailfingen. Er war zusammen mit Abraham Stuttmann dafür zuständig, das Essen im Verwaltungsgebäude abzuholen, es ins Lager – später auf die Arbeitskommandos – zu bringen und zu verteilen. Kac und Stuttmann waren der Lagerleitung gegenüber für die Ordnung im Hangar verantwortlich sowie dafür, dass die Häftlinge zur befohlenen Zeit zum Appell bereitstanden.

Leo Kac wurde 1947 in Rastatt angeklagt, weil er in Hailfingen seine Mithäftlinge schlecht behandelt und Grausamkeiten gegen sie begangen habe.

Leo Kac lebte mit seiner Frau in Balingen. Er starb 2017.

Abram Stuttmann wurde 1913 in Płock (Polen) geboren. Er kam über Stutthof (100 040) nach Hailfingen und erhielt im Natzweiler Nummernbuch die Häftlingsnummer 40 878.

Im Februar 1945 kam Stuttmann nach Dautmergen.

Das Ehepaar Stuttmann bewirtschaftete die Reithallengaststätte in Tübingen und später eine Wirtschaft in Möckmühl-Züttlingen. Schließlich bauten sie eine Gaststätte mit Kegelbahn in

Balingen. Dort ist Abram Stuttmann am 21.1.1987 nach 15jähriger Zuckerkrankheit gestorben.

Tsvey tsivil-maysters batrakhtn undz un shmeykhlen tsu zikh. Di vakh shtelt zikh arum der gebeyde. Tsvey tsivile teyln undz fanander tsu der arbet. Di arbet bashteyt in boyern tife lekher in barg, velkher iz fun shteyn, In di lekher vet ayngeshotn dinamit un dan oyfgerisn un s'shafn zikh azoy gresere un klenere shteyner. Arum ot di shteyner veln mir arbetn. Di groyse shteyner vern tseklopt mit shvere hamers. Dan lodn mir es on in vagonetkes, di vagonetkes firn es avek tsu a „shteynermashin" velkhe greyt derfun tsu kleyne shteyndelekh tsum boyen shoseyen un flipletser. Di arbet geyt in a shneln tempo. Dem mayster interesirt nit tsi mir zaynen hungerik oder zat. Er fodert zayns. Keyner fun undz hot nokh haynt keyn tropn vaser nisht gehat. Mitik veln mir bakumen do, bay der arbet. Yeder vart shoyn mit groys umgeduld oyfn oyto, velkher darf brengen dos bisl vaserzup. Ikh arbet bay a shvere hamer, velkher iz bald azoy shver vi ikh. Keyn koyekh im oyftsuheybn hob ikh shoyn nisht mer. Nor di moyre far a klap fun vakhpostn helft mir oyftsuheybn dem hamer. Yeder fun undz falt fun di fis. Nor dem tsivilmayster geyt dos nisht on. Er	Zwei zivile Meister schauen nach uns und lächeln sich an. Die Wache umstellt das Gebäude. Zwei Zivile gaben uns Arbeitsanweisungen. Die Arbeit besteht im Bohren tiefer Löcher in den Steinberg. In die Löcher kam Dynamit und dann wurde gesprengt, um große und kleine Steine zu bekommen. Mit diesen Steinen werden wir arbeiten. Die großen Steine werden zerkleinert und in Loren verladen, die sie zur „Steinmaschine" transportierten, die daraus Kies für Straßen und Fliegertrassen herstellte.

Die Arbeit ging in hohem Tempo voran. Den Meister interessierte nicht, ob wir hungrig oder satt waren. Keiner von uns hatte an diesem Tag auch nur einen Tropfen Wasser getrunken. Wir sollten ja am Arbeitsplatz Essen bekommen. Jeder wartete mit großer Ungeduld auf den Lastwagen, der etwas wässrige Suppe bringen sollte. Ich arbeitete mit einem Hammer, fast so schwer wie ich selbst. Ich hatte keine Kraft mehr, ihn zu heben, aber die Angst vor Schlägen der Wachposten half mir, es trotzdem zu tun. Wir konnten uns alle kaum noch auf den Beinen halten. Aber das ging den zivilen |

kimert zikh vegn dem zeyer veynik. Ven er zet, az eyner fun undz shteyt shoyn op, meldet er es dem vakhpostn un er „tsolt" shoyn mit a kolbe ibern rukn. Azoy hobn mir opgearbet biz eyns azeyger batog. dan iz gekumen der mitik. Far tsvantsik mentshn fuftsn liter vaserdike zup, velkhe iz bashtanen fun ribn mit vaser un bitere grozn. Mitikpoyze hot gedoyert eyn sho. Dan vider tsu der arbet.
Itst hot der tsivil-mayster aleyn genumen a shtekn in hant un er treybt di arbet mit a shnelern tempo, shrayendik, az mir hobn gegesn muzn mir arbtn fardinen dos esn! „ir shmutsike, foyle yuden! dos iz geven der eyntsiker geshray fun mayster. Nor nisht zayn shrayen hot undz geart vi zayn grober shtekn, velkhn er flegt banutsn tsu yedn vort. Akh, di tsayt fun nekome! Vi derlebt men es?! Khotsh eyn minut! Dan veln mir, di shklavn, velkhe geyen itst mit di kep geboygt tsu der erd, redn mit a revolver in hant tsu dem altn yeke, velkher iz itst a held iber tsvatsik mentshlekhe shotn kumen vet di oysgebenkte minut.
Ober keyner veyst nisht tsi eyner

Meister nichts an. Es kümmerte ihn wenig. Wenn er sieht, dass einer von uns hinterherhinkte, meldet er es dem Wachposten, und der bezahlt es mit Schlägen auf den Rücken. So arbeiteten wir bis 1 Uhr dann gab es Essen: Für 20 Männer 15 Liter wässrige Suppe, bestehend aus Rüben mit Wasser und Bitterkraut. Die Mittagspause dauerte eine Stunde, danach ging es zurück zur Arbeit.
Nun nahm der Meister selbst einen Prügel in die Hand und trieb uns zu schnellerer Arbeit an.[181] Er schrie, weil wir gegessen haben, müssen wir das Essen durch Arbeit verdienen. „Ihr schmutzigen, faulen, Juden" war ein einziges Geschrei. Jedes Wort war von einem Stockhieb begleitet.
„Möge der Tag der Rache kommen!". Aber wie erlebt man es? Auch wenn es nur für eine Minute wäre. Dann würden wir Sklaven, die sich jetzt mit hängenden Köpfen zur Erde bücken, mit einem Revolver in der Hand zu diesem Jeckes[182] sprechen, der sich als Herr über 20 menschliche Schatten fühlt.
Aber niemand von uns weiß, ob

---

181 Dazu Israel Arbeiter: „In meinem Kommando im Steinbruch war ein OT-Mann der Schießmeister, ein anderer war Obermeister des Steinbruchs. Der Steinbruch gehörte einer Privatfirma namens Schäfer. ... Herr Schäfer ...schlug die Häftlinge." (StAL EL 317 III Bü 136. Zeugenaussage 20.3.1969)
182 Eigentlich jiddische Bezeichnung für die deutschsprachigen jüdischen Einwanderer der 1930er-Jahre in Palästina und ihre Nachkommen.

fun undz vet dos khotsh derlebn. Mir zaynen ale baym vildn tiger in di tseyn, shoyn nont aropgeshlungen tsu vern yeder fun undz vi mit di letste koykhes kemfn farn tog, far yeder sho. Efsher haynt un efsher morgn, vet kumen di oysgebenkte frayhayt. Bay andere fun undz zet es oys nisht mer vi a puster kholem. Mir veysn gornisht tsi es ekzistirt nokh beklal a velt hintern drot, fun yener zayt biks. Vos es kumt for oyf der velt veysn mir gornisht, vi mir voltn ergets oyf a farvorfn, vildn indzl gelebt, tsvishn vilde mentshn. Nor eyns derfreyt undzere farpeynikte hertser: di zilberne avyonen, velkhe flien iber undzere kep un di zunenshtroln bagleytn zey makhnesvayz tsu di groyse daytshishe shtet un fabrikn.
Ven mir derhern dem bakantn roysh bentshn mir di, velkhe shvebn in der luftn; di velkhe viln undz brengen frayhayt. Mir zeen vi blas es vern di ponimer fun di groyse „heldn", ven zey shrayen: „fliger! Fligeralarm!" vi zeyere hent tsitern tsuzamen mit di biksn. Di eyntsike poyze bay der arbet vert dan, ven der himl vert badekt mit avyonen. Gearbet hobn mir biz zeks azeyger. S'iz shoyn geven gut fintster ven mir hobn zikh ayngeshtelt tsu finf in a ray. Fir finftlekh arum mit gever.
Azoy hobn mir vider ongehoybn

nicht wenigstens einer von uns ihn erleben wird. Wir alle sind in den Zähnen dieses wilden Tigers und nahe am Zusammenzubrechen: Jeder kämpft mit letzter Kraft, jeden Tag, jede Stunde. Vielleicht kommt die ersehnte Freiheit heute oder morgen. Das bleibt ein eitler Traum. Wir wissen nicht einmal, ob es eine Welt hinter dem Zaun gibt, und was in dieser Welt geschieht – als ob wir irgendwo auf einer abgeschiedenen Insel unter Wilden lebten.

Das Einzige, was unsere gequälten Herzen erfreut, sind die silbernen Flugzeuge, die in großen Pulks über unsere Köpfe fliegen, und die Sonnenstrahlen leiten sie zu den großen deutschen Städten und Fabriken.
Wenn wir den vertrauten Klang hören, segnen wir die, die am Himmel schweben, um uns die Freiheit zu bringen. Wir sehen, wie die großen „Helden" blass werden, wenn sie rufen „Fliegeralarm", und wie ihre Hände zusammen mit ihren Gewehren zittern. Nur wenn der Himmel mit Flugzeugen bedeckt ist, haben wir Pause.
Wir arbeiteten bis 6 Uhr, und es war dunkel, als wir in Fünferreihen heimkehrten. Vier Reihen mit fünf, bewacht mit Gewehren.
So sind wir zurückmarschiert, keiner hat die Kraft zum Weiterleben; wir sind hungrig und

marshirn tsurik. Bay keynem iz shoyn nishto mer keyn koyekh oystsuhaltn aza leben. Hungerike, tsebrokhene, mit shvere hiltserne shikh tsu velkhe es klept zikh der shney un shtert dem gang. Bay yedn veynt dos harts. Keyn vort redt nit keyner tsvishn zikh, vi shtume leben mir. Bay yedn arbet di fantazye bloyz eyns: a shtikl broyt. Ale tsvantsik trakhtn dos zelbe. Keyner trakht mer nisht vegn der frayhayt. Alts iz toyt. Bloyz eyns lebt nokh oyf der velt. Eyns nokh. Dos iz a shtikl broyt. Azoy marshirn mir mit langzame trit. Keyner hert nisht di geshrayen fun di halbs shikere vakhlayt, velkhe zidlen un shrayen mir zoln geyn shneler. Mir hern itst keynem nisht. Afile ven eyner krigt a shturkh mitn priklad (butt) in der zayt, filt er oykh nisht di veytikn. s'iz shoyn keyn zaft nishto in moyl. Di lipn mitn gumen zaynen fartriknt di tsung iz hart farkvoln fun kelt. „akh a shtikl broyt, vi gliklekh iz a mentsh vos est a shtikl broyt!" Eeyner fun undz iz gefaln khaloshes. Vayter ken er shoyn nisht geyn. Di oygn zaynen bay im halb ofn. Der kop farvorfn oyf hintn. Ale blaybn shteyn. Der vakhpostn git dem farkhaleshtn a zets mitn shtivl: oyfshteyn, farflukhter shveynyude! ober der farkhaleshter hert nisht mer di vilde geshrayen. Fir man nemen im oyf

gebrochen, mit schweren Holzschuhen, die im Schnee steckenbleiben und uns beim Gehen hindern.
Bei jedem weint das Herz. Wir sprechen kein Wort miteinander, als wären wir stumm.
Unsere Fantasie spiegelt uns nur eines wider: ein Stück Brot! Alle zwanzig von uns denken dasselbe. Niemand denkt mehr an Freiheit. Alles ist tot. Nur eine Sache ist noch lebendig in der Welt. Nur eins: Das ist ein Stück Brot. So marschieren wir mit langsamen Schritten. Keiner hört das Geschrei der halb betrunkenen Wachleute, die uns befehlen, schneller zu gehen. Wir hören nichts. Nicht einmal, wenn einer einen Schlag in die Seite bekommt, spürt er den Schmerz. Unsere Lippen und Gaumen sind ausgetrocknet und unsere Zungen sind von der Kälte geschwollen. „Ein Stück Brot, wie glücklich ist ein Mensch mit einem Stückchen Brot!" Einer von uns ist in eine Pfütze gefallen und kann nicht weiter, die Augen halb geöffnet, der Kopf zurückgefallen. Der Wachtposten gibt ihm einen Tritt mit dem Stiefel. „Aufstehn, verdammter Sau-Jude!"

Aber der Schwache hört das wilde Geschrei nicht mehr. Vier nehmen ihn auf die Schultern und gehen weiter. Am Abend um 9.30 Uhr

di akslen un mir marshirn vayter. Halb tsen in ovnt zaynen mir ongekumen leben toyer fun lager. Di andere velkhe zaynen gekumen frier, shteyen oyf der gas, ayngeshtelt tsu tsen, baym tseylapel. Der gantser lager vart oyf undz. Der lagertirer kritst mit di tseyn, vi a vilder volf, shrayt, zidlt mit di ergste shmutsikste verter. Dem halb toytn leygn mir avek oyf der erd. Mir shteln zikh ale in der ray tsum apel. "shtilshtand! Mitsn op!" mir shteyen vi farshteynert. Ibergetseylt. Der lager shtimt. itst shteln zikh ale in der ray nokh der portsye broyt. Mide zaynen mir arayn in der groyser, kalter halye, vu s'iz nisht geven keyn oyvn, nisht keyn betn. Bloyz nase, shvartse erd un tsum tsudekn zikh bloyz eyn koldre far finf perzon. Der shney iz arayn incvcynik durkh di lekher. In a vinkl lign shoyn etlekhe toyte, velkhe men hot bashit mit vaysn khlor. Der velkher iz gefaln in veg fun undzer komande iz shoyn oykh tsvishn di toyte. Der merderisher „Ta(r)zhan" hot im mitn shpits fun shtivl di lungen opgeshlogn, rufndik im „foyler hunt" un „az er makht zikh un vil nisht oyfshteyn". Mir zaynen gevorn shtark antoysht fargleykhndik dem lager mit di frierdike. Zayendik in Oyshvits hot yeder fun undz getrakht, az ergers ken shoyn nit zayn. Dos zelbe iz

waren wir beim Lagertor. Die anderen, die früher gekommen waren, standen in Zehnerreihen zum Zählappell auf der Straße. Das ganze Lager wartet auf uns.
Der Lagerkommandant knirscht mit den Zähnen wie ein Wolf und schimpft in den dreckigsten Worten.

Wir liegen halbtot am Boden, und alle bereiteten sich zum Appell vor. „Stillgestanden, Mützen ab!" Wir stehen wie versteinert. Wieder wird durchgezählt. Es stimmt. Dann stehen wir in Reihen an für eine Brotportion. Müde kehrten wir in die große, kalte Halle zurück, ohne Ofen, ohne Betten, nur nasse, schwarze Erde. Und als Zudecke nur eine Decke für fünf Personen. Durch die Ritzen kam Schnee.
In einer Ecke lagen bereits einige Tote, über die Chlorkalk gestreut worden war. Der aus unserer Gruppe, der umgefallen war, lag schon bei den Toten.
Der mörderische „Tarzan" hatte seine Lungen mit der Stiefelspitze zusammengeschlagen und schrie: „Fauler Hund, du simulierst nur vor, dass du nicht aufstehen kannst."
Der Vergleich dieses Lagers mit den vorhergegangenen war desillusionierend. In Auschwitz dachten wir alle, dass es nicht schlimmer werden kann. Ebenso in Stutthof. Und jetzt, wo wir hierhergekommen waren in diese

oykh forgekumen in Shtuthof. Nor itst, kumendik aher, tsvishn felder, in a groyser halye vu men hot arayngetribn 600 mentshn zey zoln boyen shoseyen, nisht gebndik zey keyn vaser, keyn betn tsum shlofn, 200 gram broyt mit a bisl kalter zup fun ribn mit vaser dos iz shoyn umeglekh ibertsutrogn. Shoyn dem ershtn tog lign azoyfil toyte un halb toyte.

Azoy hobn mir opgearbet tsvey vokhn un fun di zeks hundert zaynen gevorn fir hundert. Dan hot der lagerfirer, Tazhan, abisl farbesert undzer lage. Er hot gebrakht betn un shtroy, far yedn koldre. Dos esn hot zikh oykh farbesert. S'iz shoyn ober geven tsu shpet. Di merhayt fun lager zaynen shoyn geven halb tsum shtarbn. Yedn tog flegt zikh mern di shterblekhkeyt. Nokh zeks vokhn zaynen geblibn drey hundert farmaterte, oysgeloshene arestantn. Di kelt un di shneyen hobn tsugeholfn der farnikhtung fun lager. Nokh tsvey monatn zaynen mir shoyn geven nisht mer vi 150 arbetsfeike mentshn. Yedn tog flegn mir hobn di amerikaner un englishe avyonen, velkhe flegn bashisn dem lager. Fun eyn bashisung in der nakht, ven mir hobn nisht getort aroys oyf der gas, zaynen gefaln zekhtsik mentshn. Di avyonen hobn nisht gevust, az do iz a lager vu es gefinen zikh yidn. Far zey iz dos

große Halle, in der 600 zusammengepfercht wurden, um Straßen zu bauen, wo es kein Wasser und keine Betten gab und gerade mal 200 Gramm Brot mit etwas kalter wässriger Rübensuppe. Das ist wirklich unerträglich. Schon am ersten Tage gab es viele Tote und Halbtote.

So arbeiteten wir zwei Wochen, und von den 600 blieben 400.
Dann gab es Verbesserungen durch den Lagerführer Tarzan. Er brachte Betten und Stroh, für jeden Decken. Das Essen wurde auch besser. Aber es war schon zu spät.

Die Mehrheit war todkrank.
Jeden Tag stieg die Sterblichkeit. Nach sechs Wochen waren 300 gequälte, geschwächte Häftlinge übrig.

Kälte und Schnee trugen zur Zerstörung des Lagers bei. Nach zwei Monaten waren wir nur noch 150 arbeitsfähige Menschen. Täglich flogen amerikanische und britische Flugzeuge über das Lager und beschossen es. Bei einem Beschuss in einer Nacht, als es verboten war hinauszugehen, starben 60.

Die Piloten wussten nicht, dass da ein Lager mit Juden war. Für sie war es ein militärisches Objekt, das sie täglich beschießen mussten.

geven a militerisher punkt un zey flegn im yedn tog bashisn.
Ven mir zaynen shoyn geblibn nisht mer vi hundert arbetsfeike, hot men oysgeklibn tsen mentshn tsvishn velkhe ikh bin oykh arayngefaln tsum arbetn baym oysgrobn bombes. Dos hot zikh gerufn „bombn-komande". Di arbet iz bashtanen in arumforn iber shtet un derfer oyftsugrobn di bombes velkhe hobn nit oyfgerisn. Mir zaynen geven zeyer tsufridn fun der arbet. Ershtns flegt yeder bakumen mer tsum esn un tsveytns flegn mir aleyn kenen epes „organizirn". Di arbet iz geven zeyer a rizikalishe. Yede sekunde zaynen mir geshtanen farn toyt. Nor a kleynem rir mitn ridl in der bombe, ven zi hot nokh dem tsinder un es kumt for an oyfrays. Di Daytshn flegn nisht tsugeyn nont tsum plats vu mir hobn gearbet. Derfar flegn mir arbtn vi mir hobn farshtanen. Ikh hob gearbet baym aroysdreyen dem tsinder. Di hant hot mir keyn tsiter nisht gegbn vayl vos tsu farlirn it shoyn nisht geven. Der lager in Tayf(l)ingen hot zikh likvidirt. Di gezintere hot men ibergefirt in a tsveytn lager. A kleyner arbetslager- Shteynberg-Doytmergen.

Als nur noch 100 von uns arbeitsfähig waren, wurden zehn ausgesucht – darunter ich –, die Bomben entschärfen sollten.

Es nannte sich Bomben-Kommando. Die Arbeit bestand darin, in umliegenden Dörfern und Städten Bomben zu entschärfen, die nicht explodiert sind.
Wir waren mit dieser Arbeit sehr zufrieden. Erstens bekamen wir mehr zu essen und zweitens konnten wir einiges organisieren. Die Arbeit war sehr gefährlich. Jede Sekunde drohte der Tod. Nur eine kleine Bewegung mit der Schaufel in der Bombe, und sie würde explodieren, wenn sie noch einen Zünder hätte. Die Deutschen kamen üblicherweise nicht in die Nähe unseres Arbeitsplatzes. Deshalb konnten wir arbeiten, wie wir wollten. Ich musste die Zünder herausdrehen. Meine Hand zitterte nicht; ich hatte nichts zu verlieren.

Dann wurde das Lager in Tailfingen aufgelöst. Die Gesünderen kamen in ein anderes Lager, ein kleineres Arbeitslager - Schömberg-Dautmergen.

Dautmergen und Befreiung

„Das Lager Dautmergen – ebenfalls ein Außenlager von Natzweiler – war genauso grausam wie andere Konzentrationslager, auch wenn dort nach unserer Ankunft nicht mehr gearbeitet wurde. Es gab fast nichts zu essen.
Ich hatte einen sehr guten Freund, und wir haben bemerkt, dass die Kartoffelschalen in die Toilette geworfen wurden, und wir holten die heraus, haben sie gewaschen und in einer Blechdose gekocht. Das war eine Delikatesse."[183]

Dann brachten sie uns mit der Eisenbahn in ein anderes Lager Schömberg/Dautmergen, nahe der französischen Grenze.[184]
Dort gab es ein Lager französischer Gefangener. Nachts hörte man die Artillerie, und man wusste, dass das Ende des Krieges nahe war. Dass wir so weit kommen würden, hätte niemand geglaubt.
Jeden Tag gingen wir zur Arbeit. Unsere Aufgabe war es, die Panzer mit Blättern großblättriger Bäume zu tarnen. Daran arbeiteten wir bis zum 10. April 1945. An diesem Tag gingen wir um 6 Uhr morgens zur Arbeit. Um 10 Uhr morgens kam der Befehl, dass wir zurück ins Lager gehen mussten, dass wir das Lager räumen mussten, das Lager verlassen. Wir wussten nicht, wohin, niemand wusste es, niemand fragte, und wenn jemand fragte, wussten sie nichts. Dort gab es mehr als 15.000 Menschen, 90 % waren Franzosen, Soldaten.

Zwischen zwei dichten Wäldern, nicht weit von der großen Stadt Balingen, liegt eine kleine Stadt, Schömberg. Nach zwei Kilometern durch den Wald kommt man nach Dautmergen.
Dort ist im Wald ein Lager mit sieben Baracken und einer Küche.[185]

---

183 Mordechai Ciechanower: Dachdecker, S. 188
184 Den Aufenthalt in Hailfingen lässt Sofer hier weg.
185 „Das KZ Dautmergen, noch auf Schömberger Gemarkung zwischen den Orten Dautmergen und Schömberg, war eine NS-Bezeichnung zur Unterscheidung vom Bahnhofs-KZ in Schömberg, das als erstes KZ an der Wellendinger Straße in

Die meisten dort sind Polen. Der Lagerälteste, Janek (*Mundeck?*), war auch Pole, ein Sadist und Mörder. Jeden Tag brachte er einen oder zwei Juden mit eigener Hand um. Die meisten Juden im Lager waren aus Litauen. Am 18. Januar wurde unsere Bomben-Kompanie dorthin gebracht. Als wir ankamen, lasen wir in den blassen ermüdeten Gesichtern der Juden, wie schlecht die Bedingungen waren, unter denen sie litten.

Die Arbeit im Lager bestand darin, große „Ölfabriken" zu bauen. Das Öl wurde aus den Steinen der Berge (*die steynerne berg*) herausgepresst, eine harte Zwangsarbeit. Auch die stärksten Häftlinge hielten das nicht länger als drei Wochen aus. Häufig kamen Transporte aus anderen Lagern, viele Nationalitäten, darunter Russen und Franzosen. Es gab kein Krematorium. Die Toten wurden unweit vom Lager auf einem Hügel begraben, wo bereits große Gruben ausgehoben worden waren. Die Toten wurden mit einem Karren abtransportiert; diese Arbeit machten Leute aus dem sog. Leichenkommando.

Einmal in der Woche wurden die Kranken an unbekannte Orte weggebracht. Von den Arbeitsorten wurden täglich Tote und Halbtote hereingebracht.

Ich hatte nur einen Gedanken: Flucht. Aber es gab keine Gelegenheit, weil die Aufsicht sehr stark war (*vayl di vakh iz do zeyer a shtarke*). Und wenn ein Geflohener erwischt wurde, wurde er zu Tode gequält (*gepeynikt*). Ich arbeitete nicht im Steinbruch, sondern im Kommando ´Lilienfein´. Wir mussten die Fabriken gegen Luftangriffe tarnen (*maskirn*). Es war keine anstrengende Arbeit. Wir mussten Stroh und Laub verwenden. Ich arbeitete zusammen mit meinem Freund Zlotogurski, der uns ermutigte, bis zur Befreiung auszuhalten. Zlotogurski, ein französischer Jude, sprach täglich mit den französischen Gefangenen, die das Neueste von der Front wussten. Nun wussten wir, dass die Tage unseres Lagers gezählt waren, so oder so.

Immer wenn wir Flugzeugschwärme (*makhnes*) am Himmel sahen, war das die pure Freude für uns. Wir wussten, dass die Alliierten den

---

Schömberg errichtet worden war." (Immo Opfermann: Erwin Dold, der letzte Kommandant im KZ Dautmergen, in: Schwäbische Heimat 20010/4, S. 399)

Rhein überquert hatten und auf deutschem Boden schnell vorankamen. Das gab uns Mut und Kraft, ums Überleben zu kämpfen. Jeder Tag brachte uns der Befreiung näher. Wir wussten, dass uns der „Tiger" noch im letzten Augenblick verschlingen kann. Aber wir wussten, dass die Mörder verloren und ihre Tage gezählt waren.
Am 12. April wurden 22 gefesselte Personen hereingeführt. Sie hatten volles Haar und trugen zivile Kleider. Nach einigen Stunden erfuhren wir dass es 11 französische Partisanen, acht Russen und drei Polen waren. Nach zwei Tagen im Lager sollten sie erschossen werden.[186]

Exécution
Q: Opfermann

Ludovic de La Chapelle

Als das Urteil vollstreckt werden sollte, flogen amerikanische Flugzeuge über uns. Es geschah nach Arbeitsende um 7 Uhr am Abend. Eine Gruppe von 11 SS-Männern mit Gewehren stand in der Mitte der Straße. Zwei Reihen von je 11 zusammen gebundenen Männern wurden hereingebracht. Die Verurteilten kamen mit gebeug-

---

[186] „Das Datum der Exekution ist nicht ganz geklärt, denn sie fand entweder am Donnerstag, 5. April, oder Samstag, 7. April statt." (Immo Opfermann, S. 401) Der polnische Dichter Tadeusz Borowski beschreibt die Exekution in seiner Erzählung «Das Abendbrot» in „Bei uns in Auschwitz", Frankfurt 2006.

ten Häuptern herein und trugen nur Hemden und keine Schuhe. Ein Auto (*oyto*) [187] beleuchtete die Lagerstraße. Das ganze Lager stand an der Seite und beobachtete alles. Die Mörder-Offiziere schauten auf ihre Opfer. Es war totenstill. Der Lärm der Flugzeuge nahm zu. Plötzlich wurde die Stille durch den Ruf eines der russischen Verurteilten (*farurteylte*) unterbrochen: „Genossen, wir sterben für die Freiheit! Tod den Mördern! Rächt euch!"
Gleich wurde befohlen: „Gewehr vorbereiten!"
Die 11 SS-Männer nahmen Aufstellung hinter dem Rücken der gefesselten Männer. Ein weiteres Kommando: „Legt an! Eins, zwei, Feuer!"
Schüsse kamen aus 11 Gewehren, zusammen mit einem letzten Schrei: „Wir sterben für die Freiheit! Rache!"
Die anderen 11 standen an der Seite und sahen auf ihre in einer Blutlache liegenden Genossen. Der nächste Befehl: „Legt an (*gever tsum genik*)! Feuer!"
Und dann lagen auch diese 11 in einer Blutlache. Die Mörder rieben sich die Hände, befriedigt durch ihren „Sieg".
Aber kurz darauf wurde alles durch den lauten Lärm von einem Flugzeugschwarm (*a shtarkn royshn fun a makhne avyonen*) unterbrochen. „Hinlegen!" schrien die „Helden". Die Umgebung wurde durch Raketen erleuchtet. Jeder von uns betete leise: „Lieber Gott, schick Bomben herunter auf uns und die Mörder!"
Die Flugzeuge kehrten dreimal um, bevor sie weiterflogen. Die 22 Erschossenen wurden dem Leichenkommando übergeben. Die Erde war getränkt vom Blut junger Leben, die für die Freiheit gekämpft hatten.
Am 15. April kam der Befehl, alle Kranken und Schwachen wegzubringen. Niemand ging an diesem Tag zur Arbeit. Im Lager waren 12 000, von denen 9000 Kranke und Schwache ausgewählt wurden. Sie sollten mit der Bahn vom Lager aus nach Dachau.[188]
Die anderen sollten zu Fuß gehen; wer nicht auf dem Weg bleiben

---

187 Auf de la Chapelles Zeichnung ist es ein PKW.
188 Am 7.4.1945 wurden 973 Häftlinge per Bahn von Dautmergen nach Dachau gebracht, unter ihnen nachweislich 71 Haifinger Häftlinge.

kann, sollte erschossen werden.
Sofort beschloss ich, nicht den Zug zu nehmen, komme, was da wolle, und vielleicht könnte ich auf dem Weg fliehen.
Am nächsten Morgen wurden die Leute aus der Liste zum Transport geführt. Wir gingen zur Arbeit, wissend, dass die Tage bis zur Entscheidung gezählt waren. Noch mehr, wir waren informiert worden, dass Präsident Roosevelt gestorben war[189]. Jeder Tag brachte uns der Entscheidung näher.
Zusammen mit zwei Freunden, Abraham Fenigstein (vgl. S. 279) und Isaak Wasserzug (*Irving Wassermann*) (vgl. S. 284) beschlossen wir, bei der nächsten Gelegenheit in den Wald zu fliehen und auf unsere Befreiung zu warten. Wir hatten nichts zu verlieren.
Auf jeden Fall würden die Mörder uns nicht lebend in die Hände der Befreier geben. In der Zwischenzeit arbeiteten wir wie vorher. Viele Kommandos wurden aus Mangel an Arbeitern aufgelöst (*fil arbetkomandes zaynen zikh tsefaln tsulibn mangl in mentshn*). Schon wurde „mit gesenktem Haupt" gearbeitet: Die zivilen Ingenieure waren resigniert, alles war verloren. (*di arbet iz shoyn itst gegangen mitn kop arop. di tsivil-inzhenyern hobn oyf alts gemakht mit der hant, az s'iz shoyn alts farloyrn*).
Am 17. April hörten wir das erste Geschützfeuer.
Das Lager Schönberg-Dautmergen war eines der übelsten (*ergsten*) Lager in Süddeutschland. Auf einem Hügel lagen 15 000 Tote in einem Massengrab. Die SS hatte ein eigenes Lager, das unserem angeschlossen war. Die meisten SS-Männer waren mit den Kranken weggegangen; nur etwa 100 blieben. Jeden Tag konnten wir den Befehl bekommen, das Lager zu verlassen.
Der Geschützlärm kam täglich näher, aber wir wussten nicht, wo genau die Front verlief. Jeden Tag flogen zwei oder drei Flugzeuge über unsere Köpfe, aber sie gaben keinen Schuss ab und flogen vorüber.
Die SS lief mit hängenden Köpfen herum. Wir mussten stundenlang Appell stehen, ohne dass ein Blockältester kam, um abzuzählen.

---

189 Am 12. April.

Wenn, dann zählte er schnell und verschwand wieder.
Mit meinen Kameraden arbeitete ich einen Fluchtplan aus. Wir benötigten dringend Zivilkleider. Alle trugen noch die gestreiften Häftlingskleider.
Bei der Arbeit wurden wir nicht mehr geschlagen und angetrieben, jeder SS-Mann war mit sich selbst beschäftigt. Die zivilen Werkmeister trösteten uns mit den Worten, dass wir bald befreit werden würden.
Die alliierten Armeen machten gute Fortschritte und nahmen täglich neue Städte ein. Wir aber wussten genau, dass die Mörder uns nicht frei lassen würden. Wir mussten uns die Freiheit selbst nehmen.
Am 18. April standen wir wie immer um 4 Uhr auf. Der Appell dauerte bis 6 Uhr.
Es war ein schöner Frühlingstag. Die Sonne wärmte unsere Müden Glieder. Wir marschierten aus dem Lager, jeder zu seiner Arbeit. Am Arbeitsplatz nahm jeder sein Werkzeug, der eine eine Schaufel, der andere einen Hammer. Wie in den Tagen davor arbeiteten wir „gemütlich". Der zivile Werkmeister lief herum wie ein Betrunkener; unausgeschlafen, mit einem finsteren (*farkhmuret*) Gesicht.
Um 10 Uhr kam der Lagerkommandant[190] mit dem Motorrad. Er rief den Kapo und die zivilen Werkmeister zu sich und gab den Befehl: „Antreten in Fünferreihen!" Wir wussten nicht, was plötzlich geschehen war. Der Lagerkommandant, ein großer Mann mittleren Alters mit einem langen Gesicht und zwei mörderisch stechenden, grauen Augen sah nun aus wie ein Frontsoldat. Seine Augen waren gerötet und müde, seine Kleider schmutzbedeckt. „Schnell, schnell, ihr Dreckslumpen!", schrie er und gab einem von uns einen Tritt mit dem Stiefel. Durchzählen, dann das Kommando „Marsch". Wir marschierten zum Lager, der Lagerkommandant fuhr voraus. Auf beiden Seiten SS-Wärter. Wir kamen im Lager an, das voll von Leuten war, alle auf der Straße. Bei der Ankunft befahl uns der Kommandant, uns für den Abmarsch vorzubereiten. Bald verließen wir das Lager. Jeder nahm einen Sack; die Schuhe wurden so vorbereitet, dass sie

---

190 Erwin Dold. Vgl. dazu Opfermann: Erwin Dold.

nicht scheuerten. Dann sahen wir zwei Lastwagen mit Kleidern: Neue Pullover, neue Stiefel der SS mit genagelten Sohlen (*naye sveders[191], naye shtivl fun SS. mit getshvekevet zoyln*). Der Lagerälteste bot an: Wer immer möchte, solle sich ein Paar neuer Stiefel und neue Unterwäsche (*naye vesh*) nehmen. Alle rannten. Dann kam die Order, die Lebensmittellager zu leeren. Jeder erhielt einen Liter Marmelade und ein Kilo Schweineschmalz (*a liter marmelad un a kilo khazer-shmalts*). Alle hatten wir jetzt unsere Säcke gefüllt. Einer nahm eine Decke, der andere zwei. Die Mehrheit ging jetzt in neuen SS-Stiefeln, ich in meinen alten Lederstiefeln. Ich wusste, wie hinderlich neue schwere Stiefel sein konnten (*vi gut es zaynen naye, shvere shtivl in veg*).

Plötzlich heulten die Sirenen: Fliegeralarm! Alle rannten. Die SS-Männer schrien: „Hinlegen!" Zwei französische Flugzeuge erschienen und flogen über die Baracken. Alle lagen mit den Köpfen am Boden. Die SS-Männer liefen schnell in ihren Luftschutzbunker, aber zwei Piloten hatten sie gesehen, und einer kam herab. Schussgeräusche waren zu hören; eine Bombe hatte das SS-Lager zerstört. Unser Lager blieb unberührt.

Später sahen wir, wie tote und verwundete SS-Männer weggebracht wurden, neun Tote und vier Verwundete.

Kurz danach hieß es wieder: „In Fünferreihen antreten!" Durchzählen; die SS war bereits mit schwerem Gepäck, bestückt mit Handgranaten von Kopf bis Fuß. Wieder und wieder wurde gezählt und in Hunderter-Gruppen eingeteilt. Je 10 Männer gab es zwei SS-Männer.

Das Lagertor wurde geöffnet. „Im Gleichschritt marsch!", schrie der Kommandant. Wir marschierten durch das Tor; hinter uns brannte das SS-Lager. Die SS-Männer blieben unbeerdigt zurück. Wir freuten uns alle über das Geschehene. Das Lager blieb leer zurück. Zwei tote Russen lagen mitten auf der Straße. Der Lagerkommandant hatte sie erschossen als Rache dafür, dass sie bei der Bombardierung des SS-Lagers gelacht hatten. Die zwei Flugzeuge waren nicht weit geflogen; sie drehten beim zweiten Wald um, wo der Kamin des Zementwerks

---

[191] Vgl. schwäbisch „Sweater"(Pullover).

stand. Wir hörten zwei laute Aufpralle. Der Kamin war eingefallen (*yngefaln*); schwarzer Rauch stieg in den Himmel. Die SS-Männer riefen: „Hinlegen!"

Wir lagen auf der anderen Straßenseite mit dem Kopf im Gras. Die Flugzeuge drehten Runden über unseren Köpfen. Die SS-Männer waren blass und lagen mit zitternden Händen und Füßen da.

Die Flugzeuge kamen einige Mal zu uns herunter und flogen wieder hoch, als ob sie mit uns spielen wollten.

Wir waren nicht weit weg vom Lager; die Flugzeuge fliegen in Richtung Lager. Jetzt hörten wir ein anderes lautes Geräusch. Schwarze Rauchwolken standen über den Baracken. Vor 5 Minuten waren wir noch dort gewesen. Jetzt steht das Lager in Flammen. Die Flugzeuge fliegen in eine andere Richtung. Wir treten an in der Reihe.

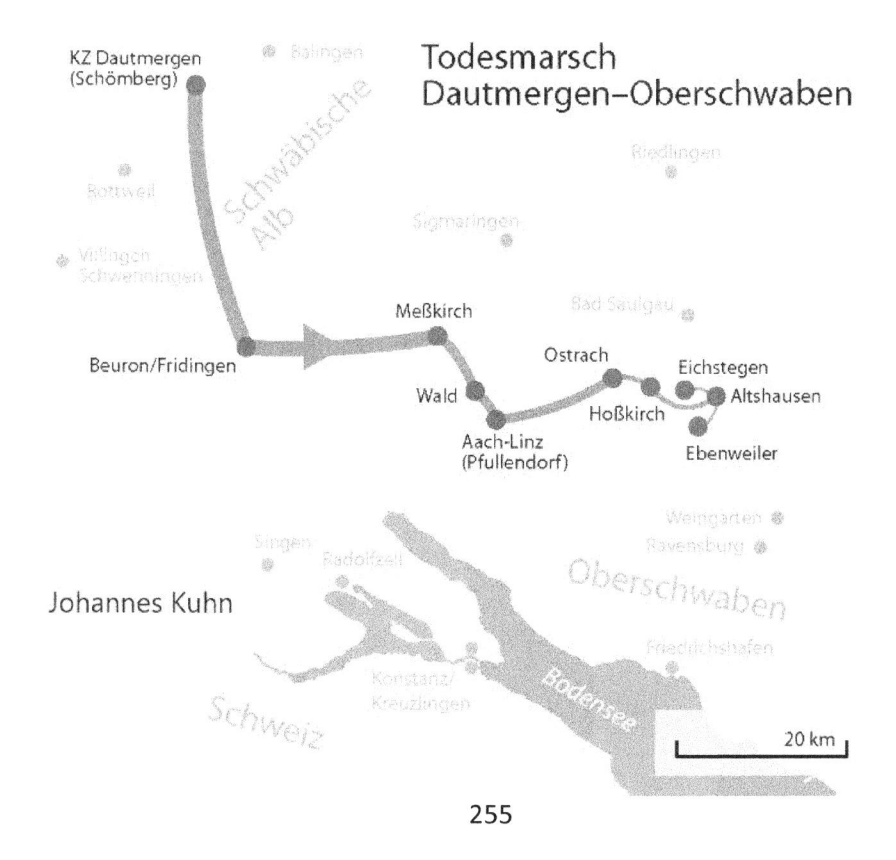

Todesmarsch Dautmergen–Oberschwaben

Johannes Kuhn

Die SSler schlagen und schreien. Wir marschieren schnell mit "laufenden" Schritten. Vor uns fährt der Lagerkommandant. Wir müssen hinterdrein. Es ist Nacht geworden. Die SS wird müde vom Tragen der schweren Rucksäcke. Sie übergeben sie an uns. Mit hängenden Köpfen marschieren wir durch die Nachtfinsternis. Hinter uns waren von Zeit zu Zeit Schüsse zu hören. Schüsse der SS auf die, die aus der Reihe gingen. Jetzt war eine Flucht unmöglich. Wir beschlosssen, auf eine bessere Gelegenheit zu warten. So marschierten wir bis zur Dämmerung; niemand wusste in welche Richtung. Alle waren müde, die meisten hatten wegen der neuen Stiefel geschwollene Füße. Die Morgenkälte drang in die Knochen. Die meisten hatten Durchfall, verursacht durch die Marmelade und das Schmalz. Unsere Lage verschlechterte sich in jedem Moment. Die Starken wurden schwach, und die Schwachen konnten nicht weiter. Die Straßen waren voller Soldaten, manche ohne Gewehre. Die Verwirrung nahm zu. Wir wussten nicht, wo die Front ist, und ob es überhaupt eine gab. Die Minuten der Entscheidung nähern sich, unser Leben hängt an einem seidenen Faden (*undzere alemens lebns hengen in der luftn oyf a vogshal*). An Flucht war nicht mehr zu denken. Die Straßen und Wälder waren voller Soldaten. Wir erfuhren, dass wir in Richtung München marschierten. Wieder erschienen Flugzeuge. Da kommt ein Befehl: „Hinlegen, verstecken (*aynleygn, zikh farmaskirn*)!"

Wir fallen ins tiefe Gras, und jeder von uns betet zu Gott, dass die Flugzeuge nicht wegfliegen. Mögen sie die Beschützer unseres Lebens sein!

Je länger wir liegen und unsere geschwollenen Füße ausruhen können, desto mehr Chancen haben wir, die unglaubliche Freiheit zu erleben, nach der wir uns so sehr gesehnt haben. Dennoch ist es nur Fantasie, ein leerer Traum. Die Flugzeuge verhalten sich, als hätten sie unser Gebet gehört und verstanden. Sie kommen zu uns herab und fliegen über die Köpfe aller hinweg. Die SS-Männer sind bleich wie Kalk. Sie haben ihre Köpfe tief ins Gras gesenkt. Die Piloten konnten unsere gestreifte Häftlingskleidung erkennen, und sie wussten, wer wir wa-

ren. Wir waren froh, als wir sahen, wie die Flugzeuge uns beschützten und mit unseren Mördern spielten. Es waren französische Flugzeuge. Sobald die Flugzeuge verschwunden waren, kam der Befehl: „Vorwärts, marsch!" Aber schon nach zwei Kilometer kamen die Flugzeuge zurück. So trieben sie ihr Spiel bis zum Sonnenuntergang.
In der Dunkelheit marschierten wir weiter. Plötzlich erschien ein SS-Offizier auf einem Motorrad. Er berichtete, weitermarschieren sei nicht mehr möglich, weil die Straße von Franzosen abgeschnitten (*opgeshnitn*) sei. Die Franzosen waren also nicht weit von uns!
Der mörderische Lagerkommandant studierte die Landkarte, um einen Weg zu finden. Seine Order: in eine andere Richtung. Wir kamen durch kleine Dörfer und Städte; es regnete, und wir wurden nass.
Es gab einen Befehl, wir sollten in eine Scheune (*sheyer*). Niemand verstand die plötzliche Freundlichkeit unserer Mörder. Wir lagen nebeneinander in der dunklen Scheune; die meisten schliefen sofort ein. Nach zwei Stunden mussten wir wieder weiter. Der Regen wurde stärker. Die SS-Männer standen am Ausgang und trieben uns wie Schafe mit Stöcken weiter.
Alle froren; die SS-Männer wurden noch übler als vorher (*zaynen nokh beyzer vi frier*). So marschierten wir in den nächsten Tag, als unsere Beschützer in den beiden Flugzeugen wieder erschienen. Die Piloten haben verstanden, dass wir noch müder (*mider*) waren als am Vortag; unsere Reihen waren schütterer (*shiterer*) geworden.
Heute ist Samstag, der 21. April. In der Nacht konnten wir nicht weiter, weil zum zweiten Mal gesagt wurde, dass die Straße unterbrochen sei. Am Sonntag, den 22. April erschienen am frühen Morgen unsere Beschützer. Die Wege waren voller laufender Soldaten, manche mit Schuhen auf der Schulter, manche ohne. Um 12 Uhr entdeckten wir Barrikaden auf der Straße (*barikadn oyfn shosey*). Unsere Stimmung verbesserte sich (*es vert undz freylekher oyfn hartsn*), weil alle wussten, dass die Entscheidung kurz bevorstand. Nur die SS wurde nicht besser – im Gegenteil – noch bestialischer als gestern. Sie wissen nur zu gut, was sie erwartet. Aber wir können noch nichts tun, weil jeder von uns krank und müde ist.

Um 5 Uhr gab der Lagerleiter den Befehl, die Straße zu verlassen und auf die Wiese zu liegen. Der Leiter des Transports sagte uns, dass er zusammen mit einer SS-Gruppe in ein Dorf ginge, um Brot und Kartoffeln für uns zu besorgen. 30 SS-Männer gingen mit, die anderen standen um uns herum.
Plötzlich sahen wir, dass die SS-Männer ihre Totenköpfe von der Uniform abrissen, weggingen und sich unter die anderen Soldaten mischten. Um uns herum wurde es von Minute zu Minute leerer (*shiterer*). Nach einer halben Stunde gab es von der SS keine Spur mehr. Wir wurden nicht mehr bewacht.
Wir sahen einander an, Freudenschreie in allen Sprachen waren zu hören: „Wir sind frei!" Unsere halbtoten Gesichter strahlten vor Freude. Wir fielen uns in die Arme. Die meisten schrien vor Freude, andere lagen im Gras und konnten sich nicht bewegen.
Wir lagen da bis zur Dämmerung. In der Nähe hörten wir Schüsse eines Panzers. Ein Wehrmachtsoffizier sagte uns, wir sollten in die umliegenden Dörfer gehen, aber nichts stehlen und den Zivilisten nichts antun. Wir machten uns auf den Weg. Die Schüsse kamen näher.
Mit zwei Genossen war ich in einer kleinen Stadt, Altshausen. Wir waren in einem Keller, da die Stadt unter Beschuss war. Da blieben wir bis zum frühen Morgen. Dann beschlossen wir, auf die Straße zu gehen. Die Straßen waren von brennenden Häusern umgeben (*ayngetunkn*). Auf der Straße begegneten uns Männer aus unserem Lager. Wir erfuhren, dass die Stadt in französischer Hand war. Wir gingen ins Zentrum, wo ein französischer Panzer und drei schwarze Panzerfahrer standen.
Wir fielen ihnen um den Hals. Unsere Befreier schenkten uns Zigaretten und Schokolade. Weitere Panzer kamen; die Gesichter unserer Befreier strahlten vor Freude über den Sieg.
Sie fielen uns um den Hals und riefen: „Freunde, ihr seid frei!"
Unsere Freude war unbeschreiblich. Die französischen Soldaten gaben uns medizinische Hilfe. Kranke und Schwache wurden ins Krankenhaus gebracht. Ich war schwach, wog nur 40 kg; meine Beine waren geschwollen. Wir gingen mit Unterstützung der Armee in deutsche

Wohnungen. Nach einer Woche Bettruhe fühlte ich mich gesünder und konnte mit festeren Schritten gehen. Ein freier Mensch zu sein, gab mir Stärke.

Es war schwer zu begreifen, dass der Nationalsozialismus vernichtet war, und es war schwer zu glauben, dass wir jetzt frei waren.

Rache! Nekome!

Wir hatten nur einen Wunsch: Rache. Rache für uns, unsere Eltern, unsere Geschwister, die mit dem Wort Rache auf ihren Lippen starben. Nach acht Tagen ging eine Gruppe von Juden und Christen zum französischen Offizier, der der Kommandant der kleinen Stadt war und bat darum, als Freiwillige der „städtischen" Polizei beizutreten, um unsere Mörder zu fangen. Der Offizier war sofort einverstanden. Eine Polizeitruppe aus 30 Mann wurde gebildet. Jeder bekam Waffen, entweder ein Gewehr oder eine Pistole (*yeder hot bakumen gever, ver a biks un ver a revolver*).

Die erste Aufgabe war, die umgebenden Wälder nach Nazis zu durchsuchen. Täglich wurden gefangene Soldaten gebracht. Wir hatten die Aufgabe, die Soldaten den Franzosen zu übergeben. Wir beschlossen, jeden Gefangenen zu erschießen, wenn wir die Möglichkeit dazu hätten. Nach einigen Tagen kümmerte sich ein Militär-Rabbi um uns. Er sagte: „Nehmt Rache für eure Brüder und Schwestern!" Die ersten, die wir gefangen nahmen, waren zwei SS-Mörder von Auschwitz. Am Abend waren wir auf dem Heimweg aus dem Wald zur Stadt, als wir plötzlich auf zwei SS-Männer trafen, die da gemütlich schliefen. Wir beschlossen, sie sofort zu erschießen. Gesagt, getan; ein Schuss und schon lagen beide in einer Blutlache. Das war unser erster Akt Racheakt (*nekome-akt*). Jeden Tag wurden wir mutiger. Die Bevölkerung lebte in Todesangst. Die Straßen waren Tag und Nacht menschenleer.

Nach einigen Tagen entdeckte ich den Lagerleiter (*lagerfirer*) von Dautmergen, der in Zivilkleidern auf der Straße ging. Wir beschlossen, ihn nicht zu erschießen, weil das ein zu leichter Tod wäre. Wir zogen ihn nackt aus und brachten ihn ins Gefängnis. Die ganze Nacht würde er abwechselnd verprügelt. Alle lernten dabei boxen. Um 8 Uhr war er tot.

Nach zwei Wochen wurde ich mit zwei Genossen in ein Dorf geschickt, um dort die Leitung zu übernehmen (*zoln dort vern di balebatim*). Wir nahmen das schönste Haus des Dorfes. Für die „Säuberungsarbeit" (*reynikungsarbet*) in den umliegenden Dörfern bekamen wir zwei Motorräder. Als erstes verhafteten wir die Soldaten, die Zivilkleider angezogen hatten. Sie wurden zur Arbeit nach Frankreich geschickt.

In der Nacht gab es einen Unfall. Drei von uns brachten fünf Soldaten in die kleine Stadt. Sie gingen zusammengefesselt zu Fuß. Wir fuhren. Als wir zum Wald kamen, flohen die fünf. Wir zogen unsere Waffen und schossen in die Nacht. Zwei waren tot und zwei schwerverletzt. Wir beschlossen, die Verletzten in die Stadt zu bringen und den Fall dem Militärkommandanten zu schildern. Ein Verwundeter war unterwegs gestorben. Am nächsten Morgen wurden alle fünf im Wald begraben.

Wir bekamen vom Kommandanten den Auftrag, die Straßen der Umgebung abzufahren, um unsere erschossenen Kameraden zu finden. Wenn möglich, sollten sie von Bauern in die Stadt zu einem jüdischen Friedhof gebracht werden. Die, die nicht bewegt werden konnten, begruben wir vor Ort.

Nach drei Monaten freien und bewegten Lebens voller Rache wurden wir drei zum Justizministerium gerufen. Da wurde uns vorgeschlagen, die Arbeit als Geheimpolizisten zu übernehmen und nach allen uns bekannten Nazis zu suchen. Mit größter Freude nahmen wir gleich den Vorschlag an.

Der Offizier, mit dem wir sprachen, war fünf Jahre in Buchenwald. Er sagte zu uns: „Erinnert euch an die letzten Worte eurer Brüder und Schwestern!" Wir setzten das um: Jede Polizeiautorität kam uns zu Hilfe. Jeder bekam ein Motorrad, und wir erhielten ein Gehalt. Wir fuhren von Dorf zu Dorf und verhafteten jeden jungen Mann, von dem wir dachten, er sei bei der SS gewesen. Wir fanden viele. Wir erfuhren von einem, dass sie uns in der Scheune in die Luft hatten jagen wollen. Es sei abgestimmt worden, aber wegen fünf Gegenstimmen wurde beschlossen, uns nicht zu töten. Der Lagerleiter hatte gefordert, uns mit der Scheune in die Luft zu jagen. Wir ergriffen auch den Offizier, der den Exekutionsbefehl für die 22 Partisanen gegeben hatte. Das war in einer Bahn. Wir erkannten und verhafteten ihn. Er wurde vom Militärgericht zum Tode verurteilt.

Die Arbeit belebte uns. Nie war sie zu schwer, obwohl wir Tag und Nacht auf den Beinen waren.

Einmal ging ich nach Stuttgart in die amerikanische Besatzungszone. Als ich aus der Bahn stieg, erkannte ich einen ehemaligen SS-Unterscharführer in Zivilkleidung. Er war einer der schlimmsten Sadisten. Ein Wolga-Deutscher, der in der Sowjetunion lebte. Ich beschloss, ihn sofort zu verhaften und übergab ihn dem US-CAC (Combined Arms Center).

Ich hielt ein Militärfahrzeug an, und wir fuhren direkt zum Hauptquartier. Er kam sofort in den „Bunker". Der Offizier wies mich an, Leute zu bringen, die dies bezeugen könnten.

Ich ging sofort ins Lager (?) und nahm sechs Genossen mit, die im Lager Dautmergen gewesen waren und den Mörder gut kannten. Um 11 Uhr begann die Vernehmung (*oysforshung*). Der Offizier verbot uns, den Angeklagten zu schlagen, es sei denn, er befehle es uns.

Der Mörder wurde hereingeführt. Als er uns sah, wurde er kreidebleich. Seine Hände und Beine zitterten. Der Offizier fragte ihn, ob er wisse, was „Kniebeugen" bedeute. „Ja, ich weiß", war die Antwort. „Nun, fang an!" Der Killer fing an, Kniebeugen zu machen, aber nicht so, wie er es uns befohlen hatte. Wir haben ihm gezeigt, wie es geht. Der Offizier las ihm die Anklage vor. Er bestritt alles. Er war nie in der SS; er war nur ein gefangener russischer Soldat in einem Lager. Wir waren erschüttert, wie sicher er das vortrug. Das Verhör dauerte bis 12 Uhr. Mehrmals hielt der Offizier seine Pistole an seine Schläfe, aber der Beschuldigte antwortete immer das Gleiche, er wisse nichts. Auch unsere Schläge brachten nichts.

„Wenn Sie die Anklage nicht unterschreiben, übergebe ich sie in die Hände des jüdischen Lagers; und sie mögen tun, was immer sie möchten." Ich ergänzte, wenn wir ihn in den Händen hätten, würden wir seine Zunge abschneiden und mit Salz besprühen. Mit Tränen in den

Augen stand er auf; mit zitternder Hand unterschrieb er die Anklage. Einige Tage wurde er, zusammen mit der Anklage, dem russischen NKWD übergeben. Einige Tage später fingen wir einen weiteren russischen Mörder, der für die Deutschen gearbeitet hatte. Wir gaben ihm selbst den Lohn für seine mörderischen Taten.

kh'hob derfilt in zikh a dursht nokh natsish-bestyalisher blut. mit yedn derhargenen SS-man, hob ikh gefilt a derlaykhterung in mayn shvern gemit. akh, ven undzere zeks milyon farpeynikte kedoyshim voltn gezen vos fun di „oybermener" iz gevorn!	Ich hatte einen Durst nach dem Blut der Nazi-Bestien. Mit jedem erhängten SS-Mann fühlte ich eine Erleichterung in meinem schweren Gemüt. Für die Taten an unserem ewig verfolgten Volk Rache zu nehmen. Wenn nur die 6 Millionen sehen würden, was aus den „Supermännern" geworden war: Wie
vi pakhednish zey shteln on di oygn, betndik bay undz gevezene heftlinge, rakhmim far zeyer velfish leben. di groyzamkeyt fun lagerleben hobn oysgemekt rakhmim-gefiln fun yidishe hertser.	angstvoll sie uns ansahen, und uns, die früheren Gefangenen, um Gnade anflehten! Die Grausamkeit des Lagerlebens haben in den jüdischen Herzen Rachegefühle hervorgerufen.
a toyt dem soyne! dos iz gevorn der shtral fun glik, vos hot baloykhtn mayn aynzam leben oyf der blutongezafter daytshisher erd. tsum glik hob ikh shpeter bagegnt mayn khaverte un lebnsbagleytern, Rokhele Zakheym. nokh fil shverikeytn hobn mir zikh dershlogn keyn Urugvay, vu mir hofn fortsuzetsn a normal, fray, mentshlekh leben	„Tod den Feinden!" wurde der Glücksstrahl, der mein einsames Leben auf der blutgetränkten deutschen Erde erhellte. Glücklicherweise fand ich meine Genossin und Lebenspartnerin Rochele Zakheim. Nach vielen Schwierigkeiten kamen wir nach Uruguay, wo wir auf ein normales, freies und humanes Leben hofften.

Gleich als ich befreit wurde, brachten sie mich in ein Krankenhaus. Dort gab es Ärzte, sie gaben mir Vitamine und wuschen mich. Sie wuschen die Personen mit Bürsten. Die Personen waren voller Eiter, meine Beine waren voller Eiter, mein Mund war voller Eiter. Alle

meine Zähne fielen aus, ich nahm meine Zähne und warf sie einfach so weg. Seitdem habe ich Zahnprothesen. Ich war in einem deutschen Militärkrankenhaus in Stuttgart-Degerloch. ...
Ich fuhr nach Feldafing, wo es viele jüdische Gefangene gab. Dort gab es eine Frau, die dieselbe Nummernserie wie meine künftige Frau, meine Schulkameradin, hatte. Sie erzählte mir, dass sie meine künftige Frau lebend in einem Krankenhaus gesehen hatte.
Ich fuhr etwa 200 km von Stuttgart nach München, mehr als 200 km, um sie zu suchen. Man sagte mir, dass meine künftige Frau lungenkrank sei, und ich fuhr hin. Das ist eine lange Geschichte.
Ich fand sie dort [auf einer Liste]. Sie hatte ihren Nachnamen und ihren Vornamen geändert, denn sie hatte in Polen, in Warschau, gelebt. Ich fuhr nach Gauting. Dort starben die Menschen, 80% der Befreiten starben an Lungenkrankheiten. Dort fand ich meine künftige Frau, und von dort kamen wir nach Frankreich. Dort wurde sie wieder krank. Sie hatte die Erlaubnis vom JOINT [Joint Distribution Committee], ein Ticket nach Uruguay zu bekommen. Sie hatte in Montevideo, Uruguay, Verwandte: Onkel, Tante, Bruder und Schwester. Sie schickten mir ein Telegramm, damit ich sie [nach Uruguay] schicken sollte. Ich hatte keinen Platz, um mit demselben Flugzeug zu reisen, deshalb reiste ich mit einem Schiff erst 6 bis 7 Monate später. Währenddessen war ich in Paris vorläufig unter JOINT und unter UNRRA [United Nations Relief and Rehabilitation Administration], bis ich ein Schiff bekam. Erst 1947, am 13. Mai, ging ich an Bord eines Schiffes nach Montevideo. Das ist die ganze Geschichte. ....
Als ich in Frankreich war und das Visum für die Einreise nach Uruguay beantragen musste, ging ich zum uruguayischen Konsulat in Le Havre, einer Hafenstadt in Frankreich. Ich ging dorthin, um das Visum zu beantragen, und der Konsul fragte mich, ob ich verheiratet sei. Wenn nicht, könne er mir kein Visum ausstellen, er gebe es nur verheirateten Personen. Daraufhin ging ich in Le Havre um 11 Uhr zur Stadtverwaltung. Das Konsulat schloss um 13 Uhr. Ich ging hin und erzählte dem Bürgermeister meine Geschichte. Er sagte mir, er werde mich jetzt verheiraten und mir den Pass geben, damit ich das Visum

im Konsulat beantragen könne, denn ich könne nirgendwo schlafen, da die ganze Stadt in Trümmern liege. Es gab kein Hotel oder sonst etwas, ich musste zurück nach Paris fahren und im Zug schlafen. Also bekam ich am 26. März 1946 mein Heiratsbüchlein und ging damit zum Konsulat, wo ich das Visum bekam, um in dieses schöne, schöne Land Uruguay zu gelangen, von dem ich in Europa nicht gewusst hatte, dass es existiert. ... Jetzt ist für mich Uruguay eines der besten Länder der Welt.
Ich kam im Mai in Uruguay an und begann ein neues Leben. ... Ich hatte einen französischen Führerschein, ich fuhr Motorräder, Lastwagen und Jeeps. So arbeitete ich hier als Fahrer, bis ich 1951 an Typhus erkrankte. Damals hörte ich auf, Lastwagen zu fahren, und begann, als Handelsvertreter zu arbeiten. So arbeitete ich etwa 10 Jahre lang in verschiedenen Firmen. Danach arbeitete ich selbständig bis heute. ... Ich habe eine Tochter, die 1954 geboren wurde, sie hat mir vier wunderschöne Enkel geschenkt. Ich bin sehr glücklich mit ihnen, sie sind sehr niedlich, sie bringen mir Freude in meinem Leben. Sie

Familienfeier Sofer, ganz links das Ehepaar Sofer
Q: Alex Sofer

besuchen mich, und ich gehe mit ihnen ins Theater. Hier in Uruguay habe ich keine Familie. Von der Familie meiner Frau ist in Europa auch nichts mehr übrig.[192]

Die Krynki-Partisanen

„By late December 1942, a number of Krynki refugees to Białystok had established a partisan organization. The 20 to 40 pre-war Communists and Bundists in the Krynki group were the first large underground organization to abandon the Białystok ghetto for the forests."[193]

„Eine Gruppe junger Leute, die meisten aus Krynki und der Rest aus umliegenden Städten, fand nach der Auflösung ihrer Communities im damals „ruhigen" Ghetto von Białystok einen vorübergehenden Zufluchtsort. Sie waren die ersten, die dieses Ghetto verließen und im Dezember 1942 in die Wälder gingen, um Partisanenaktionen gegen die deutschen Mörder zu führen. Ihr Kommandeur war der Krinker Moshe Slapak („Maxim" war sein Partisanenname). Er hatte beim Militär gedient und war bei Aktionen dabei. ... Die Basis der Gruppe, die aus 17 bis 30 Personen bestand, befand sich in Lipovy-Most[194], fünfzehn Kilometer westlich von Krynki. ... Sie bauten Lehmhütten für etwa vierzig Personen und waren sogar besser bewaffnet als die meisten anderen Partisanengruppen, als sie ihre Aktivitäten begannen. ... Während ihres kurzen Bestehens gelang es der gesamten vereinten Gruppe, mehrere gewagte Überfälle durchzuführen. Sie griffen mehrere kleine Polizeistationen in der Gegend an und schafften es, mehrere deutsche Wachposten aufzulösen und ihren Posten Waffen abzunehmen. ... „Maxim" beschloss, seine Gruppe zu vergrößern und die Verhandlungen zu führen, und organisierte eine weitere Gruppe, die das Ghetto von Białystok in Richtung Wald verließ. Aber genau da,

---

192 USC-Video
193 USHMM Encyclopedia Volume II Part A, S. 911
194 Lipowy Most ist ein Dorf im Nordosten Polens nahe der Grenze zu Weißrussland, 22 km südlich von Sokółka und 27 km nordöstlich von Białystok.

Ende Januar 1943, umzingelten die Deutschen den Stützpunkt der Gruppe „Maxim". Es brach eine Schlacht aus, in der die zahlenmäßig überlegenen und besser bewaffneten Deutschen zum Rückzug gezwungen wurden und sechs Tote und eine Reihe von Verwundeten mitnahmen. Einem der Partisanen gelang es, die Gewehre der toten Deutschen zu erbeuten. ... Aber es war klar, dass die Deutschen mit einer größeren Streitmacht zurückkommen würden, und sie ihre Basis verlassen mussten. ... Inzwischen stellte sich heraus, dass der Kommandant „Maxim" schwer verwundet war und nicht gehen konnte. Um seinen Kameraden nicht zur Last zu fallen, erschoss sich „Maxim". Die Nachricht von dieser Schlacht verbreitete sich in der ganzen Gegend und machte großen Eindruck auf die Bauern. Insgeheim erzählten sie sich gegenseitig, dass „großartige" starke jüdische Partisanen in der Gegend aktiv seien. Die Sichtung eines jüdischen bewaffneten Partisanen in einem Dorf wurde alltäglich und half anderen jüdischen Gruppen, sich im Wald zu formieren. Aber die Gruppe „Krinker" hörte auf, unabhängig zu existieren, nachdem vier ihrer Jugendlichen bei einem Überfall auf ein Dorf von den Nazis lebendig verbrannt worden waren. Die Mitglieder in Maxims Partisanengruppe, die wir kennen, waren – außer ihm: Moshe Mulye Nisht (ein Sohn von Shlama Feyvel), Mulye Weiner (ein Sohn von Moshe'ke Shmuel "Amerikaner"), Mulye Bashevkin (ein Enkel von Naranishtik), Yudel Levin, Nyanye Rabinovitch (ein Sohn von Leybl Rabinovitch) und Moshe Weiner. Von den wenigen Überlebenden gingen einige, darunter Mulye Nisht, zu einer anderen Gruppe, mit der „Maxim" verhandelte. Im Februar 1943 brachen sie in die Suprasler-Wälder und das Izover-Massiv auf."[195]

„Moshe Slapak fell in the battle with German gendarms at Lipowy Most on Febrary 13, 1942. Parts of the group succeeded in extricating

---

[195] Kryni Partisans, aus dem Original Yizkor Book/Memorial Book of Krynki (Hg. D. Rabin, Autor A. Kronenberg, aus dem Jiddischen Gloria Berkenstat Freund, deutsche Übersetzung V. Mall), S. 312 https://www.jewishgen.org/yizkor/krynki/kry305.html

from the German ambush and continued its operations under its new leader Psache Miller."[196]

Rivke Shinder (Volkschullehrerin in Krynki) erzählte Henry Shoskes 1946: „Es gibt keinen Grund, mich in den Vordergrund zu stellen, jeder junge Mann, jedes Mädel in unseren Reihen hat Wunder beim Angriff und der Verteidigung vollbracht.
Sie sind zu uns in den Wald gekommen, vom Todeszug herabgesprungen, der sie nach Treblinka führen sollte. Sie wollten unbedingt Rache nehmen für ihre Frauen, Kinder und Eltern, welche sie (auf dem Weg) in die Gaskammern zurückließen, um verbrannt und erstickt zu werden. Es gab vier unterschiedliche jüdische Parteien, aber alle waren in Tapferkeit vereinigt, geläutert vom Feuer des Kampfes. Wir waren mit den russischen Partisanen von General Kapustin verbunden, denn wir vertrauten darauf, dass sie uns nicht ausliefern würden. Auch später hielten wir Kontakt zu den polnischen linken Partisanengruppen. Vor den rechten polnischen Soldaten im Untergrund hatten wir noch mehr Angst als vor den deutschen. Es ist einfach unglaublich, wie jene Banditen, die doch auch im Krieg gegen die Nazis waren, die jüdischen Kampftruppen behandelt haben. ...
Und was haben Sie gemacht, bevor Sie im Wald (gekämpft) haben?
Nun, früher, das wissen Sie aber vermutlich, war ich eine Lehrerin in der Volksschule des Shtetls Krynki, das schon zu Zeiten des Zarenregimes ein heldenhaftes Städtchen mit revolutionärer Tradition war. Jetzt gibt es dort keine Juden mehr. Es war eine Freude zu sehen, wie ein Lederarbeiter, der in die Wälder geflüchtet war, ein Stück Dynamit auf die Gleise legte, um einen Zug der Nazis explodieren zu lassen. ...
Und noch eine Sache Und der Vorsitzende der (jüdischen) Gemeinde, Efraim Barash, hat sogar einen bestimmten Boten zu uns mit einer Mitteilung in den Wald geschickt, wir sollten ihn als einfachen Partisanen aufnehmen; er war doch ein Spezialist im Bombenbau. Seine Frau, eine Ärztin, schickte gleichzeitig durch denselben Boten eine gut bestückte „Apotheke" mit Bandagen und Medikamenten mit. ...

---

[196] Joseph Tenenbaum: Underground – The Story of a People, New York 1952, s.p.

Wir wollten aber aus taktischen Überlegungen heraus den Vorsitzenden des Gemeinderates nicht aus der Stadt nehmen."[197]

Das „revolutionäre" Krynki

Die Bund-Hymne Di Shvue (די שבֿועה, „Der Schwur") wurde 1902 von S. Ansky geschrieben und wurde Anfang des 20. Jahrhunderts zur Hymne des Bund. Die Quelle seiner Melodie ist unbekannt. Bundisten singen dieses Lied praktisch jedes Mal, wenn sie sich treffen.

Brider un shvester fun arbet un noyt
Ale vos zaynen tsezeyt un tseshpreyt,
Tsuzamen, tsuzamen, di fon iz greyt,
Zi flatert fun tsorn, fun blut iz zi royt!
A shvue, a shvue, af lebn un toyt.

Himl un erd veln undz oyshern
Eydes vet zayn di likhtike shtern
A shvue fun blut un a shvue fun trern,
Mir shvern, mir shvern, mir shvern!

Mir shvern a trayhayt on grenetsn tsum bund.
Nor er ken bafrayen di shklafn atsind.
Di fon, di royte, iz hoykh un breyt.
Zi flatert fun tsorn, fun blut iz zi royt!
A shvue, a shvue, af lebn un toyt.

„Krynki war bekannt für seine Gerbereien und seine Arbeiterbewegung, die bereits in den 1890er Jahren entstand. Die ganze Welt lernte diese Stadt im Januar 1905 kennen. Nach den Blutsonntagsmorden in St. Petersburg besetzten Krynkis Arbeiter örtliche Regierungsinstitutionen (*government institutions*), schnitten die Telegrafenleitungen ab

---

197 Henry Shoskes: About a famous woman, a former teacher in Krynki. In: POYLN-1946: ayndrukn fun a rayze. 1946 Buenos Aires (Tsentral-farband fun Poylishe Yidn in Argentine). Transkription und Übersetzung Schützmann-Krebs.

und proklamierten eine kurzlebige autonome Republik. Die Annalen der Arbeiterbewegung in diesem Shtetl werden größtenteils aus der Sicht zweier rivalisierender Parteien präsentiert – des Bundes und der polnischen Sozialdemokraten (PSD, auch bekannt als SDKPiL). Beide Parteien organisierten illegale Treffen am Stadtrand und verteilten revolutionäre Drucke. Krynki war bereits in den 1890er Jahren Schauplatz von Streiks. Yosl Cohen, ein gebürtiger Sohn dieser Stadt, der später ein kommunistischer Dichter in den Vereinigten Staaten wurde, erinnerte sich an die Atmosphäre in diesen Jahren: "[198]

„In Krynki war der Klassenkampf nicht nur eine Theorie, die in Agitationsbroschüren geschrieben stand. Die umliegenden Städtchen, die keine Industrie hatten, betrachteten zwar zu jener Zeit den Sozialismus als eine Art Tand für wenige Intellektuelle und Aufgeklärte. Aber in Krynki galt die Idee der sozialen Revolution als Ziel fast der gesamten Jugend.

Vor allem die Gerber waren es, die sich erhoben und kämpften, und ihnen gebührt der oberste Platz in der Geschichte des Arbeiterkampfes. Allerdings ist es auch wahr, dass sich einfaches Gesindel untermischte und blutjunge Burschen nicht wirklich verstanden, was und warum etwas getan werden musste. Und doch waren auch sie ein wichtiger Teil der Menge, die Russland anstieß, sich von der Autokratie zu befreien.

Die großen Führer und Theoretiker der revolutionären Gruppierungen wussten gut über die Psychologie der „Masse" Bescheid und adaptierten ihre Losungen an den Wissensstand und die Wünsche der Arbeitenden.

Lenins Aufforderung, „Beraubt die Räuber", war nicht nur einfach eine stürmische Parole in einer seiner Reden, sondern eine wohl durchdachte Methode zur Erreichung des Ziels.

Die Krinker Gerber sahen vor allem die Reichen als ihre Feinde an. Erst später erkannten sie, dass man auch gegen das System, gegen die Autokratie, kämpfen müsse.

---

[198] Piotr Laskowski: Revolution in a Shtetl, in Studia Judaica 20 (2017), nr 1 (39), S. 29 f. (Übersetzung V. Mall)

Der Zionismus wirkte sich nicht auf die Krinker aus. Lediglich eine geringe Zahl an Jugendlichen aus der Oberschicht beschäftigte sich damit. Die paar zionistischen Burschen sammelten sich um den jüdischen Apotheker, hatten aber überhaupt keinen Einfluss.
Es bildete sich eine Poale-Zion Gruppe, die aber kaum beachtet wurde und auf wenige Mitglieder begrenzt war.
Noch bevor der „Bund" sich etablierte, gab es in Krynki Burschen und Mädchen, die Verbindungen zur russischen Sozialdemokratie hatten.
... Es waren stürmische Zeiten angebrochen. Im Shtetl begann man, von Namen und Orten zu hören und reden, die früher unbekannt waren; Stößel[199], Makarow[200], Kropotkin[201], Port-Arthur[202], die Yapontchiken (*Japaner*) und deren General Nogi. Die Gespräche in der Bote-Medroshim und auf dem Markt waren vielleicht noch ein wenig ahnungslos, aber in vielen Heimen waren solche Gespräche bereits mit Kummer und Klagen angefüllt.
Hunderte von Krinkern hatte man aufgegriffen und auf Fuhren nach Grodno gebracht, um sie von dort zu militärischen Knotenpunkten und an die Front zu schicken, weit weg, auf „jene Seite des Sambatyen"[203]. Der Krieg mit den Yapontchikes hatte bereits sein Ende erreicht, aber im Lande begannen Unruhen.

---

199 Anatolij Michailowitsch Stößel: russischer Baron und General in der Kaiserlich-Russischen Armee; im Russisch-Japanischen Krieg Kommandant der Festung Port Arthur, die fünf Monate von den Japanern belagerte wurde. Am 1. Januar 1905 kapitulierte er. Etwa 50 000 russische Soldaten gingen in japanische Gefangenschaft. (Nach Wikipedia)
200 Stepan Ossipowitsch Makarow: russischer Admiral, Ozeanograph, Polarforscher und Schriftsteller, gefallen vor Port Arthur im Russisch-Japanischen Krieg. (Wikipedia)
201 Pjotr Alexejewitsch Kropotkin: anarchistischer Kommunist und Evolutionstheoretiker. (Nach Wikipedia)
202 Am 8.2.1904 überfiel Japan die vor Port Arthur liegende russische Flotte. Damit begann der Russisch-Japanische Krieg.
203 Sambation oder Sambatyon bezeichnet nach rabbinischer Tradition den legendären Fluss, hinter den die zehn verlorenen Stämme Israels vertrieben worden sind.

Krynki musste man nicht mehr in Aufruhr versetzen; die Krinker Gerber standen nicht nur mit der Illusion von einer sozialen Revolution auf, sondern sie lebten mit ihr und legten sich auch damit schlafen. Krinker brauchten keine Vorbereitung mehr dazu; ein Ruf, ein starkes Wort reichten bereits aus, um die Gerber sofort auf die Straßen zu treiben und sich daran zu machen, ein System der Arbeitermacht zu erschaffen. Die naiven Krinker Burschen und Mädchen, die bereits aus entsprechenden Büchern alle Wege und Methoden kannten, nicht nur eine Revolution, sondern auch eine Welt „am Tage nach der Revolution" anzuführen, glaubten tatsächlich, dass das Einzige, was getan werden musste, darin bestand, die Waffen der Polizisten an sich zu nehmen, das Portrait des Zaren zu zerreißen und die „Herrschaft des Proletariats" auszurufen.

Fast jedes Jahr gab es im Shtetl ununterbrochene Streikwellen; der heroische Widerstand und die Erfahrung, dass man den Fabrikanten ihre Lektion erteilen könne, schuf ein Fundament von Sicherheit und Selbstvertrauen unter den Gerbern. Die Jüngeren, die schon dem „Bund" oder den Anarchisten angehörten, wussten „mit Sicherheit", dass es nur an ihnen läge, und die Welt würde auf einer Gesellschaft von „Freiheit, Gleichheit, Brüderlichkeit" aufgebaut werden.

Das Einzige, was noch getan werden musste, war, die Autokratie und die „Bourgeoisie" zu beseitigen.

Als die Nachricht von dem Marsch zum Zarenpalast in Petersburg mit seinem blutigen Ende, angeführt von dem provokanten Priester Gapon, das Shtetl erreichte, dazu die Meldung von dem darauffolgenden Streik, den die Eisenbahnarbeiter ausgerufen hatten, empfanden dies die Gerber als Zeichen der Zeit, dass jetzt ihre Stunde geschlagen habe; „die soziale Revolution war angekommen!" [204] (Yosl Cohen)[205]

Nach dem Ersten Weltkrieg gab es einen neuen Versuch, Krynki zur „Räterepublik" zu machen.

---

204 Yosl Cohen: Yi nekhṭen geshen (New York 1953, 2022 ins Englische und Deutsche übertragen durch Beate Schützmann-Krebs, S. 210 ff.).
205 Alex Sofer und Yosl Cohen (1897 bis 1977) hatten den gleichen Großvater. Cohens Memoiren: Yi nekhṭen geshen (New York 1953, 2022 ins Englische und Deutsche übertragen durch Beate Schützmann-Krebs).

„Die Revolutionäre (Bund, Anarchisten, Bolschewiki usw.) beschlossen sofort, die Stadt einzunehmen. Der Versuch, die Stadt zu kontrollieren, wurde von einem Zivilkomitee unternommen, das sich aus den angesehensten Persönlichkeiten zusammensetzte und sich mit dem Verwalter der Region traf, aber scheiterte: Einige Jugendliche unterbrachen das Treffen, schmissen die bürgerliche Bande raus und gründeten einen Arbeiterrat. Sämtliches Geld und Scheunenschlüssel wurden beschlagnahmt. Kartoffeln, Mehl usw. wurden an die Armen verteilt, und einige Leute wurden nach Bialystok geschickt, um Waffen zu kaufen. Die Rebellen hatten bereits 200: mehrere Schusswaffen und zwei Maschinengewehre, begleitet von einem Stapel Kisten mit Munition. Maschinengewehre wurden auf einem strategisch günstig gelegenen Dach installiert, die Arbeitermiliz und öffentliche Arbeiten wurden organisiert, um die Bedürftigsten zu unterstützen. Alle Getreidespeicher wurden enteignet und eine Reichensteuer eingeführt, um die demobilisierten einheimischen Soldaten zu ernähren, die von der Front oder aus deutscher Gefangenschaft zurückkehrten und hungerten. Auch gegen das Pogrom in Lemberg wurde eine Demonstration organisiert. ... Für mehrere Tage seines Bestehens hatte der Krynki-Rat auch eine gewisse Kontrolle über einige nahe gelegene Shtetl wie Grodek und Brestovitz, wo es zu dieser Zeit auch keine offizielle Macht gab. ... Das Ende der Revolte war miserabel. Bialystok wurde von polnischen Truppen eingenommen, die mehrmals Boten mit der Aufforderung zur Kapitulation nach Krynki schickten. Der Befehl wurde abgelehnt, und Krynki ergab sich erst, als es von allen Seiten belagert wurde, weil der Rat beschloss, ein Massaker zu vermeiden. Diejenigen, die etwas von den neuen Machthabern befürchten mussten, zum Beispiel einige Anarchisten, flohen etwas früher."[206]

---

206 Aus: Anarquistas de Bialystok 1903-1908, Barcelona&Manresa 2009, S. 78 f. (Übersetzung V. Mall)

Die Evakuierung der Wüste-Lager im April 1945

Mitte Februar 1945 wurde das KZ-Außenlager Hailfingen/Tailfingen geräumt. Ein Transport mit 111 Häftlingen ging am 13.2.1945 nach Vaihingen/Enz. 296 Häftlinge wurden am 14.2.1945 in das KZ-Außenlager Dautmergen deportiert. Von diesem Transport sind keine Transportlisten erhalten. In Dautmergen sind 20 Häftlinge gestorben.[207]

Von Dautmergen (und den anderen Wüste-Lagern) aus gab es mehrere Todesmärsche und Evakuierungstransporte.

Alex Sofer schreibt: „Im Lager (Dautmergen) waren 12 000, von denen 9000 Kranke und Schwache ausgewählt wurden. Sie sollten mit der Bahn vom Lager aus nach Dachau. Die anderen sollten zu Fuß gehen; wer nicht auf dem Weg bleiben kann, sollte erschossen werden.

Sofort beschloss ich, nicht den Zug zu nehmen, komme, was da wolle, und vielleicht könnte ich auf dem Weg fliehen."

Am 7.4.1945 wurden 973 Häftlinge per Bahn von Dautmergen nach Dachau überstellt, unter ihnen nachweislich 71 Haifinger Häftlinge. Dieser Transport wurde sofort nach der Ankunft nach Allach weitergeleitet, da Dachau bereits überfüllt war.[208] Der Abgang von 47 Hailfinger Häftlingen aus diesem Transport und 8 aus anderen Transporten nach Allach am 12.4.1945 ist nachweisbar.[209]

Am 13.4. kam ein weiterer Transport mit 400 Häftlingen aus Dautmergen an: Dachau Nummern 158 123 bis 158 522, unter ihnen war der Hailfinger Häftling Chaim Friedman.

Außerdem sind in Dachau bzw. Allach gestorben: Mózes Friedmann und Alfred Loë, die in keinem der o.g. Transporte waren, und Josef Jakob Frenkiel (Ankunft 12.4.1945, 156 088).

Herbert Fuchs (s.u.) kam am 9.4.1945 aus Vaihingen (150 264).

---

207 StAL EL 317 III, Bü 1265, S. 344, 347, 349 f. und Mitteilung von Walter Looser-Heidger an den Verfasser (2008).
208 Vgl. dazu: Christine Glauning: Entgrenzung und KZ-System, Berlin, 2006, S. 364 f.
209 ITS/ARCH/KL Dachau Ordner 134, S. 22 und 38.

Von Henri Bily (156 061), Peisach Bluman (156 065), Joseph Greber (156 095), Riven Kirschbaum, Morris Pelcman (156 227) und Donato di Veroli wissen wir, dass sie in Dachau und Allach blieben und am 29. bzw. 30. April 1945 von den Amerikanern befreit wurden. Für die meisten Hailfinger Häftlinge ging es von Dachau und Allach weiter in Richtung Süden.

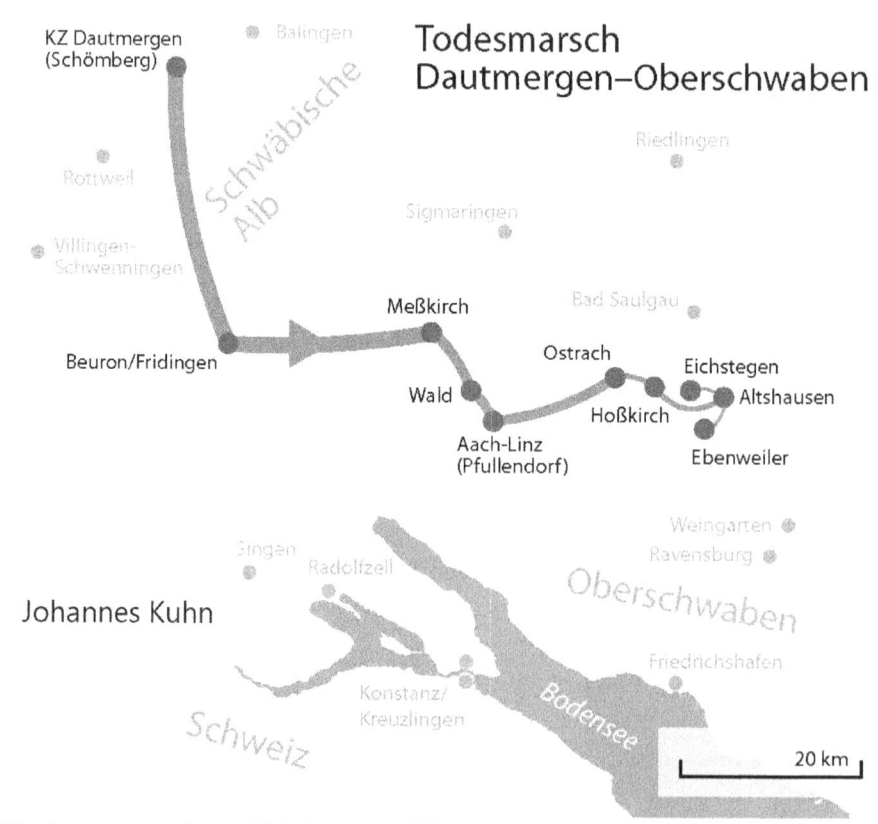

Todesmarsch Dautmergen–Oberschwaben

Johannes Kuhn

Todesmarsch in Richtung Oberschwaben

Einen relativ frühen Bericht gibt es in der „Ermittlungssache gegen den ehemaligen SS-Hauptsturmführer Franz Johann Hofmann, Kriminalkommissariat Ravensburg Az II/Mi./112/60. 10.2.1960":
„Am 18. oder 19.4.1945 wurden aus den Lagern Bisingen, Schörzingen, Dautmergen und Schömberg Transporte von 500 bis 800 KZ-

Gefangenen zusammengestellt. Diese Transporte wurden unter SS-Bewachung im Fussmarsch von Bisingen über Tuttlingen auf Nebenwegen bis nach Messkirch geführt. In Messkirch .... wurde der Transport geteilt. Eine Kolonne mit 200 bis 300 KZ-Gefangenen wurde angeblich über Sigmaringen nach Riedlingen geführt, doch dürfte diese Marschroute nach den getroffenen Feststellungen nicht eingehalten worden sein. Die andere Gruppe ... wurde von Messkirch über Wald – Aach – Linz nach Ostrach geführt und traf dort am 22.4.1945 ein. Hier wurde die Kolonne wieder geteilt und ein Transport von 100 bis 150 KZ-Gefangenen wurde über Hosskirch nach Altshausen geführt. Der Rest der Kolonne mit ca. 200 KZ-Gefangenen ... blieb in Ostrach und wurde von den einrückenden französischen Truppen übernommen, nachdem zuvor die SS-Bewachung geflüchtet ist. ...
Am 21.4.1945 traf in Altshausen im Fussmarsch ein Transport von ca. 200 (aus Bisingen oder Dautmergen) KZ-Gefangenen ein. Er wurde zunächst in der Zehntscheuer untergebracht und dann aufgelöst. ...
Am 21. oder 22.4.1945 traf in Eichstegen (bei Altshausen) ein Transport von ca. 600 KZ-Gefangenen ein. Der Transport, welcher von SS-Leuten bewacht war, kam aus Dautmergen und löste sich in Eichstegen auf. ...
Am 22.4.1945 traf in Ebenweiler (bei Altshausen) ein Transport von ca. 60 KZ-Gefangenen im Fussmarsch ein und wurde am folgenden Tag von den inzwischen eingerückten französischen Truppen übernommen. ..."[210]
„Am Sonntag, 22. April, kamen lange Kolonnen von KZ-Häftlingen von Pfullendorf her durch Ostrach. ... Die Häftlinge in ihren gestreiften Kitteln machten in Ostrach bei der Scheune des Gasthauses Hirsch halt. Zwei von ihnen, vermutlich ein Russe und ein Pole, wurden in

---

[210] KrA Zollernalbkreis SaUW 36, S. 1007 f. Vgl. dazu Andreas Zekorn: Die Todesmärsche und das Ende des "Unternehmens Wüste". In: Heimatkundliche Blätter Balingen, Jg. 42, Balingen, 1995
Andreas Zekorn: Das "Unternehmen Wüste". In: Verblendung, Mord und Widerstand. Aspekte nationalsozialistischer Unrechtsherrschaft im Gebiet des heutigen Zollernalbkreises von 1933-1945, hrsg. von Konrad Fleger und Andreas Zekorn, Hechingen, 1995

völlig entkräftetem Zustand ins Krankenhaus gebracht, wo sie noch am selben Tag verstarben."[211]

„Am Sonntag, 22. April, kamen Kolonnen von KZ-Häftlingen...von Ostrach her (nach Altshausen). Sie waren von SS-Wachen begleitet...Ein Teil von ihnen wurde vor den Mauern Altshausens von den Wachen entlassen und von den Franzosen aufgenommen. Einige wurden nach der Besetzung (in Altshausen) tot aufgefunden..."[212]

„In den meisten Häusern (in Haggenmoos bei Altshausen) hausten KZ-Häftlinge, die ...von ihren Bewachern zwischen Eichstegen und Altshausen freigelassen worden waren. Sie waren bis zum Mai/Juni in Haggenmoos. Danach wurden die meisten von Saulgau aus repatriiert.
...
Am 30. April verübte ein in Altshausen verbliebener KZ-Häftling Selbstmord; ein weiterer wurde am 3. Mai tot auf der Straße gefunden."[213]

Alex Sofer war in einer der o.g. Gruppen, außerdem nachweislich diese Häftlinge aus Hailfingen:
Israel Arbeiter (1925 in Płock/Polen geboren, gestorben 2022) berichtet, dass sie nach drei Tagen bei Pfullendorf an eine Brücke kamen, die gesprengt werden sollte, um den Vormarsch der Alliierten aufzuhalten. Am 25.4.1945, Israel Arbeiters 20. Geburtstag, floh eine Gruppe in die Wälder, viele Flüchtende wurden von der SS erschossen. Nach der Befreiung durch die Franzosen am 26.4.1945 wurden sie nach Sigmaringen gebracht.[214]

Eric Breuer (*1911 in Wien geboren) schreibt: „Das Lager (Dautmergen) wurde aufgelöst. Alle Kranken wurden mit der Bahn evakuiert. ... Im Lager waren noch 600 Häftlinge, die stärksten, die nun zu

---

211 Hans Willbold: Das Kriegsende 1945 im nördlichen Oberschwaben unter besonderer Berücksichtigung des Altkreises Saulgau. Bad Buchau 1995, S. 107 f.
212 Ebda., S. 178
213 Ebda., S. 179 f.
214 Interview der Shoah-Foundation, Code 18588, 9.8.1996

Fuß evakuiert wurden. Man hatte uns gesagt, dass diejenigen, die

Gruppe Breuer in einer Apotheke in Rottweil oder Altshausen: hinten li Tadeusz Honikstok, re Eric Breuer; vorn von li nach re: Simon Gutman, Jehuda Schwarzbaum, Emanuel Mink
Q: Alain Breuer

nicht folgen können, erschossen würden. Am 17.4.1945 ging es wie üblich zur Arbeit. Aber nach einigen Minuten mussten wir uns wieder versammeln, und wir wurden zum Lager zurückgeführt. Es war das Chaos. In sechs Stunden sollte das Lager geräumt sein. Man gab jedem einige Kilo Brot und Fett für den Marsch, der 10 Tage dauern sollte.

Um drei Uhr nachmittags kamen amerikanische Bomber und bombardierten mit einer bewundernswürdigen Präzision die Baracken der SS, die sehr nahe bei unseren standen. Es gab einige Tote. Um 6 Uhr abends gingen wir los in Richtung Dachau.

Wegen der Bombenangriffe wurde nur nachts marschiert. Bei Donaueschingen *(? eher zwischen Tuttlingen und Sigmaringen)* überquerten wir die Donau. Oft musste der Marsch wegen zerstörter Brücken unterbrochen werden. … Gegen 11 Uhr mussten wir anhalten, die ganze Kolonne 500 Meter entlang der Straße sitzend. Der Motorradfahrer kam zurück und meldete, dass es keine Möglichkeit gab, Dachau auf dieser Route zu erreichen. Ich war nach vorne gegangen, weil ich als einziger Deutsch verstand: Der Chef sagte, wir sollten beseitigt werden, damit sie schneller vorankommen. Ich ging schnell zu meinen drei französisch-polnischen Freunden und dem kleinen polnischen 14-jährigen Jungen zurück[215], und weil wir uns vor einem Weizen- oder Haferfeld befanden, stürmten wir gebückt los, um einen Wald zu erreichen, der ungefähr 300 Meter entfernt war. Die SSler waren mit ihrer Diskussion beschäftigt und sahen nichts. Die anderen dagegen waren uns gefolgt und schrien vor Freude, weil sie glaubten frei zu sein. Meine Freunde und ich hatten ein großes Loch gefunden, in dem wir uns versteckten, bedeckt mit Mänteln und eingesammelten Zweigen. Nach einigen Minuten hatte die SS den Wald eingekreist, begleitet von Hunden, und alle wurden eingesammelt. Wer fliehen wollte, wurde erschossen.

Wir blieben bis zum Einbruch der Nacht bewegungslos in unserem Loch. Es begann zu regnen. Auf einer Straße auf der anderen Seite des

---

215 Jehuda Schwarzbaum, Emanuel Mink, Simon Gutman und Tadeusz Honikstok

Waldes sahen wir Wagenkolonnen, Pferde, Geschütze, Panzer. Die Deutschen flohen ins Landesinnere.
Am Morgen sahen wir fünf deutsche Soldaten, die uns aber nicht behelligten. Wir fanden einen Bauernhof, wo wir um Essen baten und übernachteten. Am nächsten Morgen gingen wir früh hinaus; nach einigen Metern sahen wir Panzer mit der französischen Flagge. Wir trauten unseren Augen nicht. Wir stürzten auf sie zu und weinten vor Freude. Die französischen Soldaten waren überrascht und gerührt, als sie uns sahen und damit zum ersten Mal Häftlinge in der gestreiften Kleidung, mit rasierten Köpfen und abgemagert wie Skelette. Sie gaben uns ihre (z. T. amerikanischen) Rationen: Biskuit, Schokolade, Pâté, Käse, Zigaretten usw. – das Land des Kognacs! Wir wurden nach Rottweil gebracht und fuhren dann im Jeep nach Kehl, und – nach der Desinfektion – über Mulhouse nach Paris."[216]

Abraham Bravermann (1921 in Warschau geboren) wurde wohl am 22.4.1945 in Altshausen befreit. Er sagte am 18.10.1949 in Saulgau aus, gemeinsam mit Sander Piasek und Isidor Gilbert in Stutthof, Hailfingen und Dautmergen gewesen zu sein.[217] Zu der Zeit wohnte er als DP in Saulgau (Hauptstraße 107) und arbeitete als Mechaniker.

Abram Fenigstein (vgl. S. 252) wurde 1922 in Drobin (Polen) geboren. Von 1939 bis 1942 lebte er im dortigen Ghetto. Er kam am 22.11.1942 von dort nach Auschwitz (77307, Czech, S. 342). Über Stutthof kam er im November 1944 nach Hailfingen (40 582) und nach der Befreiung in das DP-Lager Frankfurt-Zeilsheim; dort heiratete und emigrierte 1949 in die USA. Er starb am 16.7.2013.

David Fiszel (1907 in Kattowitz geboren) wurde in Ostrach befreit.[218]

---

216 Eric Breuer: Les miracles ont eu lieu plusieurs fois, Guerre - 1939 / 1945 - Déportation en Allemagne, http://war.megabaze.com 1992 (Übersetzung Ingeborg Hiort-Freymüller)
217 Amt für Wiedergutmachung Ravensburg
218 StAL: 162/4348, Vernehmungsniederschrift David Fiszel, München, 14.5.1968

Isidor Gilbert (1910 in Ciechanow geboren) war nach der Befreiung als DP in Allmannsweiler (Kreis Saulgau), wo er als Schreiner arbeitete. Es ist anzunehmen, dass er ebenfalls in Altshausen oder Ostrach befreit wurde.[219]

Wolf Gimpel (1921 in Bełżyce/Polen geboren) erzählt, dass das Wachpersonal von Dautmergen aus die dort verbliebenen Häftlinge am 18. April 1945 auf den Todesmarsch in Richtung Bodensee trieb und sie am 22. April in Altshausen und Ostrach befreit wurden.[220]
„Dann haben sie uns reingeführt in eine Scheune, und wir wussten: Jetzt geht's zu Ende'. Sie haben Fässer mit Benzin geholt und wollten uns in die Luft sprengen oder verbrennen. Dann ist zwischen den SS-Leuten kein Einverständnis mehr gewesen, und sie haben es nicht gemacht. Nachts sind wir wieder herausgetrieben worden und sollten bis nach Lindau laufen. Es kursierte das Gerücht, dass man uns dort auf einem Schiff versenken werde.
Am 21. April 1945 kamen endlich französische Panzer in Sichtweite; die KZ-Häftlinge fingen an wegzulaufen, die Deutschen warfen ihnen Handgranaten hinterher. So sind noch Hunderte getötet worden. Im oberschwäbischen Ostrach kamen wir in einen Wald, in dem die SS gegen eine marokkanische Einheit kämpfte. Die Überlebenden wurden schließlich am 22. April in Altshausen und Ostrach befreit. Am nächsten Morgen bin ich mit einigen Freunden nach Saulgau gegangen: ... und dann war's aus. War Sonnenschein, war schon der Frühling gekommen."[221]
Von April 1945 bis August 1945 war Wolf Gimpel in Landsberg und danach in München. Er heiratete dort Zwetla/Zwitka, geborene Metzger (*3.4.1922 in Dombrowa/Dąbrowa Górnicza). Sie bekamen zwei Kinder: Salamon und Dora (*24.12.1946). 1949 stellte die Familie einen Ausreiseantrag in die USA.

---

219 AOFA in Colmar, Dossier AJ 4054p. 231A d 527, Aussage am 25.2.1947
220 StAL: B162/4348, Vernehmung Wolf Gimpel 12.5.1969
221 LUI Tü: Materialien. Gespräch Jeggle mit Gimpel, 14.2.1986, Bl.14

Im Ermittlungsverfahren machte er in München Aussagen am
4.11.1969[222] und am 12.5.1969 [223].

Sender Piasek (1905 in Turek/Polen geboren) berichtet: „Von Dautmergen nahm ich an einem Evakuierungsmarsch teil, der etwa zwei bis drei Tage dauerte, bis wir von den Franzosen bei Altshausen befreit wurden. Wer bei der Evakuierung nicht weitermarschieren konnte, wurde von SS-Mannschaften erschossen. ... Gleich nach dem Krieg wurde ich vor einem französischen Militärgericht über die Vorgänge in dem Lager Hailfingen/Tailfingen vernommen." [224]
Piasek war u.a. 1949 als Gärtner in Herbertingen (Kreis Saulgau) beschäftigt. Er wanderte 1950 in die USA aus und heiratete wieder. 1952 lebte er in Florida, zur Zeit seiner Vernehmung 1970 in Detroit. Laut SSDI starb Sander Piasek im Oktober 1983 in Miami.

Abraham Stuttman sagte, beim Evakuierungsmarsch, der am 18.4.1945 von Dautmergen aus losgegangen sei, seien die Häftlinge in der Gegend von Sigmaringen von den Franzosen befreit worden.[225]

Josef Szajman/Szeiman wurde 1923 in Warschau geboren Er ist 1948 nach Israel ausgewandert, nahm am Krieg 1948/49 teil, heiratete dort 1949, ging zurück nach Europa und emigrierte später nach Kanada, wo er 1997 interviewt wurde. Er starb am 23.12.2012.
„Beim Abmarsch von Dautmergen nach Altshausen wurden zahlreiche Häftlinge erschossen und zwar von den begleitenden SS-Leuten. Wenn jemand nicht mehr gehen konnte, so wurde er erschossen. Ich habe persönlich nach meiner Befreiung auf dem Friedhof Altshausen drei Häftlinge begraben, die auf dem Wege erschossen worden waren."

---

222 StAL: EL 317 III Bü 700, Vernehmungsniederschrift Wolf Gimpel, München, 4.11.1969, Bl. 294
223 BA B162/4348, Vernehmung Wolf Gimpel, 12. 5 .1969, Bl. 294
224 Zeugenaussage am 25.2.1970 in Detroit. StAL EL 350, ES/A 2713 (0)
225 Vernehmungsprotokoll StAL: B 162/4349

„Wir wussten nicht wohin, auch die SS nicht. Je nach Vorrücken des Feindes wurde ein Haken geschlagen und plötzlich die Richtung geändert. Wir wurden streng bewacht, hatten nicht genügend Kleidung und bekamen kein Essen mehr. Nur zu Beginn des Marsches, das war am 11. April haben wir ein Viertel Laib Brot und einen Esslöffel Marmelade bekommen. So sind wir losmarschiert. Diese Portion hätte mir genügen müssen, solange ich lebte. ... Wir sind nachts marschiert, tagsüber schliefen wir im Wald und ernährten uns aus *Dendalei (??)*. Manchmal konnte man einige Haselnüsse im Wald finden. Die ersten drei Tage schliefen wir in einem Dorf bei einem Bauern. Wir haben uns zum Ruhen hingelegt, als man uns plötzlich und schnell befohlen hat, aufzustehen und aus den Räumen rauszugehen. Es war von den Deutschen ursprünglich geplant, dass wir das Dorf betreten, und dass wir dort regelrecht angezündet und verbrannt werden sollten. Dazu reichte die Zeit nicht aus, und wir mussten den Marsch fortsetzen. So marschierten wir bis zum 22. April 1945. Wir sahen Flugzeuge der Alliierten über uns kreisen und mussten uns mit dem Gesicht zum Boden flach hinlegen. Nach einer Stunde haben wir den Kopf ahnungslos gehoben und sahen verblüffend keinen einzigen Hund mehr. Da haben wir angefangen zu tanzen. ... Plötzlich hörte ich einen Panzer in der Nähe. Einer aus der Gruppe meinte, wir sollten auf die Straße, den Panzer begrüßen und anhalten.

Wir wurden von französischen Soldaten angesprochen: Wer seid ihr? Wollten sie wissen. Wir sind Häftlinge, antworteten wir. Sie haben uns mit Cognac und Zigaretten beschenkt. Wir durften auf die Panzer und haben Schokolade und Essen bekommen, alles. Sie haben uns geholfen, in die Häuser zu gehen und Quartier zu finden. Wir waren etwa 3000 Menschen. Die SS war samt ihren Hunden verschwunden. Einen einzigen, allein streunenden Hund haben wir gesehen, den haben wir Adolf getauft. Wir haben ihm ein Hakenkreuz angehängt, und wenn wir ihn Adolf nannten, kam er sofort angerannt. Ich habe das schönste Haus der dort Wohnenden bekommen, das man nur kriegen konnte. Ich habe die Deutschen aus ihrem Schlafzimmer herausgejagt in dem ich ihnen sagte: Das Schlafzimmer brauche ich jetzt! Die Bäuerin erwiderte: Wenn mein Mann aus der Gefangenschaft zurückkommt … und ich: Mich geht ihr Mann nichts an, von mir aus kann er dort umkommen, ich muss heute leben. Und: Was ihr hier zu eurem Besitz zählt, ist aus meinem Haushalt gestohlen worden, und jetzt mache ich Gebrauch von meinem Haus. So habe ich ihr gesagt, und sie blieb still. Ich hatte ein herrliches weißes Schlafzimmer, und ich habe ihr gesagt, sie soll mir eine Suppe kochen. „Ich habe nichts" sagte sie. Und ich erwiderte: „Ich bringe dir gleich etwas." Mit einer Schusswaffe, die die deutschen Soldaten auf der Flucht im Wald entledigt hatten, ging ich raus und habe drei Hühner abgeknallt. „Hier, mach sauber und koch'!"...

Drei Jahre wohnte ich dort. Das war in Deutschland, in Württemberg, danach verhielt sich die Bäuerin mir gegenüber wie eine Mutter. Wir haben Geld von den Deutschen bekommen, vom Bürgermeister. Ich brauchte Unterwäsche, die ich kaufen wollte, dann erinnerte ich mich, dass ich auch Hemden und Hosen kaufen musste, und ich bekam dafür sofort das nötige Geld. Der Offizier hat alles peinlichst genau aufgeschrieben und bewilligt. Lebensmittel bekamen wir per Essensmarken, die ich monatlich beziehen konnte. Ich konnte, wenn ich wollte, auch zum nächsten Dorf gehen und beim nächsten Bürgermeister nochmals Essensmarken bekommen. So habe ich nie für Lebensmittel Geld ausgeben müssen. Mit mir waren viele andere befreite Häftlinge. Nein, ich wollte auf keinen Fall nach Polen zurück. Es gab in Deutschland Gerichtsverfahren, Prozesse.

Hat man Sie aufgefordert als Zeuge auszusagen?
Ja, in Rastatt bei Baden Baden. … Das lief so, dass genau so, wie ich mich registrieren und angeben musste, woher ich kam usw., mussten auch die Angeklagten sich registrieren lassen. Jeder hatte ja auch seine Nummer gehabt und musste sich ausweisen. … So hat die Gegenüberstellung Opfer/Täter funktioniert. Es wurden Karten mit z.B. 20 Fotos mit der Fragestellung ausgestellt: "Wen erkennen Sie hier wieder? Wie heißt der oder ein anderer?" Nach 2 bis 3 Monaten habe ich eine

Ladung erhalten, zur Gerichtsverhandlung als Zeuge zu erscheinen. So konnte ich manche Täter wieder erkennen. Die Richter waren Franzosen. Ich habe Deutsch gesprochen. Und wenn ich mit Deutsch nicht weiterkam, dann auf Polnisch. Bei vielen der Angeklagten wurde die Todesstrafe ausgesprochen, und sie wurden erschossen."[226]

Irving Wasserman (Itzek/Isaak Wasserzug, vgl. S. 251) wurde 1924 in Płońsk (Polen) geboren. Im Dezember 1942 kam er mit seinen beiden Schwestern und der Stiefmutter mit dem letzten Transport aus Płońsk nach Auschwitz (84 365; an 17.12.1942, Czech, S. 362). Am 17.11.1944 kam er nach Hailfingen (40 993). Mitte Februar 1945 wurde er nach Dautmergen transportiert. Nach dem Evakuierungsmarsch wurde er am 22.4.1945 bei Altshausen befreit. Er starb am 7.2.1996.
„Eines Tages sagte man uns (*in Dautmergen*), dass man uns in ein anderes Lager bringen würde. Man gab uns einen Laib Brot. Seit ich in Lagern war, war es das erste Mal, dass ich einen Laib Brot bekam. Aber man sagte uns: „Iss es nicht sofort. Wir wissen nicht, wie lange wir marschieren werden, wie lange der Transport dauern wird. Es muss also für eine Woche oder vielleicht auch nur ein paar Tage reichen." So trugen wir das Brot in unseren Jacken, damit niemand es stehlen konnte. Wir waren also – ich kann mich nicht genau erinnern wie viele – etwa 300 Häftlinge, und wir marschierten. Aber wir marschierten nur nachts. Tagsüber brachte man uns in Scheunen auf Bauernhöfen. ... Sie hatten Angst vor den alliierten Truppen und Flugzeugen. ... Sie hatten den Auftrag, uns in eine Scheune zu sperren und zu verbrennen, die Scheune anzuzünden. Aber sie verloren den Kontakt zu Berlin, weil Berlin schon eingekreist war, und das rettete uns das Leben. Eines Nachts – man hatte uns über den Tag in eine Scheune

---

226 Vernehmung Josef Szajman in Toronto, 2.3.1962 und USC-Video Szajman vom 9.3.1997, Code 33766, Übersetzung Ruben Siedner

gebracht, und natürlich schliefen wir ein, weil wir so erschöpft waren
– an jedem Platz, wo man sich hinsetzen und einschlafen konnte,
schlief man ein –, und wir wachten auf und schauten nach draußen
und sahen keine Wachen. Wir hatten eine Ahnung, aber wir wussten
nicht, was wir tun sollten: Sollten wir gehen oder in der Scheune bleiben oder was sonst? Wir konnten uns nicht entscheiden, was zu tun
war. Schließlich hörten wir Panzer kommen. Zwei oder drei Panzer. ...
Die Panzer hielten an, und wir sahen Farbige auf den Panzern. Ich
hatte noch nie in meinem Leben einen Farbigen gesehen. Und dann erfuhren wir, dass es französische Marokkaner waren, die Armee von
General de Gaulle. Wir wussten nicht, wer General de Gaulle war,
aber unter uns waren einige französische Häftlinge, und die erklärten
uns, wer de Gaulle, die französische Armee und die Marokkaner waren. Diese Häftlinge versuchten – da waren zwei französische Hauptleute auf den Panzern (Panzerkommandeure) – ihnen auf Französisch
zu erklären, wer wir waren. Sie erklärten den Marokkanern, den Männern auf den Panzern, wer wir waren, und sie alle hatten Tränen in den
Augen. ... Ich wog noch etwa 92 Pfund. Und alles, was sie auf den
Panzern hatten – sie konnten nicht lange bleiben – Schokolade, Brot,
Gebäck, Lebensmitteldosen, alles, was sie hatten, warfen sie auf die
Straße, und sie sagten: „Nehmt was ihr wollt, aber versteckt euch
dann, denn wir haben das Dorf noch nicht von Deutschen gesäubert,
und wir wissen nicht, wo noch welche sind. Deshalb geht weg von
hier zu einem Ort, wo man euch nicht sehen kann, denn die Deutschen
könnten wiederkommen." Wir versteckten uns deshalb im Wald. Dort
blieben wir die Nacht über. Als wir am Morgen aufstanden, war niemand zu sehen. Wir gingen dann in ein kleines Dorf. Ich werde es nie
vergessen. ... Und wir gingen in ein Haus von Deutschen und baten
um Essen, und sie gaben uns zu essen. Es waren meist Bauern. Wir
hatten ein unsicheres Gefühl. Wir wussten nicht, was wir tun sollten.
Wo waren wir, und was sollen wir tun? Wir hatten immer noch Angst.
... Das war am 22. April 1945. Dieses Datum werde ich nie vergessen. Aber wir waren so aufgewühlt, so nervös, so unsicher, wir trauten

uns nicht von der Stelle. Wir hatten Angst, in ein deutsches Haus zu gehen, falls die Deutschen noch da waren. ...
Schließlich kamen französische Truppen. Sehr wenige, und sie riefen uns zusammen und sagten: „Ihr seid jetzt befreit. Ihr braucht keine Angst mehr zu haben. Ihr könnt tun, was ihr wollt. Geht los und nehmt euch, was ihr wollt. Und wenn ihr Nazis findet, bringt sie hierher." Und sie gaben uns Munition. Sie gaben uns die Verantwortung für das Dorf. Sie gaben uns Maschinengewehre, Pistolen, Motorräder und einige Jeeps. Und sie richteten ihr Hauptquartier ein. Ein Mithäftling – er war Nichtjude, ein Leutnant der polnischen Armee – wurde zum Leiter ernannt, weil er wusste, wie man etwas organisiert. Und wir zogen los und verhafteten Nazis. Wer Nazi war, erfuhren wir von Deutschen. Und wir brachten sie ins Hauptquartier. Und wir nutzten die Gunst der Stunde aus – wir taten ihnen Dinge an, die wir immer tun wollten. ... Wir wohnten auf dem Bauernhof und zogen los um uns zu holen, was wir brauchten. Die Franzosen waren sehr gut zu uns. Sie sagten: „Macht, was ihr wollt". Wie wir hörten, waren die Amerikaner da etwas anders. ... Ich blieb dort bis 1947."[227]

---

227 Interview der Shoah-Foundation, Code 2841, 26.5.1995. Transkript und Übersetzung Heribert Kipfer

Quellen/Literatur:
Beate Schützmann-Krebs: Krynki Memorial Book, Krinik in Khurbn. 2022.
https://acrobat.adobe.com/link/track?uri=urn:aaid:scds:US:1117ebf4-b5f3-4491_bfd6-7800bd1de068#pageNum=1
https://digitalcollections.nypl.org/items/418a5ad0-9a18-0134-f1d6 00505686a51c
Original book in New York Public Library:
http://yizkor.nypl.org/index.php?id=2368
English translations on JewishGen:
http://www.jewishgen.org/yizkor/Krynki/Krynki.html
A. Soifer: Krynki in Ruins, Beate Schützmann-Krebs (Translator), Nina Schwartz (Cover Art), Kindle/Amazon 2022.

USC-Videointerview Alex Sofer (Alex Soifer, 10.7.1996 in Montevideo) Code 17958 https://vhaonline.usc.edu/viewingPage?testimonyID=17958&returnIndex=0
Transkription und Übersetzung Patricia und Paul de Vooght.

Eric Breuer: Les miracles ont eu lieu plusieurs fois, Guerre - 1939/1945 - Déportation en Allemagne, http://war.megabaze.com 1992. Übersetzung Ingeborg Hiort-Freymüller.
Christopher R. Browning: Ganz normale Männer – Das Reservebataillon 101 und die Endlösung in Polen, 2´, Hamburg 2020.
Bundesarchiv (Hg.): Die Verfolgung und Ermordung der europäischen Juden durch das nationalsozialistische Deutschland 1933-1945 Bd. 10 Polen, 2020 Berlin/Boston.
Henry Bily: Destin à part, Paris 1995.
Wolfgang Curilla: Der Judenmord in Polen und die deutsche Ordnungspolizei 1939-1945, Paderborn 2011.
Danuta Czech: Kalendarium der Ereignisse im Konzentrationslager Auschwitz-Birkenau 1939-1935, Reinbek 2´ 2008.
Waclaw Długborski: Die Juden aus den eingegliederten Gebieten im Vernichtungslager Auschwitz-Birkenau in: Młynarczyk/Böhler (Hg.):

Der Judenmord in den eingegliederten Gebieten 1939-1945. Osnabrück 2010.
Danuta Drywa: The extermination of Jews in Stutthof Concentration Camp, Danzig 2004.
Mcir Eldar: Jakub Konzalczik, the hero from Krynki in Block 11, Jerusalem 2002.
Christine Glauning: Entgrenzung und KZ-System, Berlin 2006.
Christian Hartmann: Wehrmacht im Ostkrieg, Oldenburg 2010.
Amir Haskel: „The Warden of Block 11" (2014).
Ernst Klee: Auschwitz –Täter, Gehilfen, Opfer und was aus ihnen wurde, Frankfurt a.M. 2013.
Stefan Klemp: „Nicht ermittelt" Polizeibataillone und die Nachkriegszeit, 2´ Berlin 2022.
The Kozalchic Affair (Dokumentarfilm 2015).
Piotr Laskowski: Revolution in a Shtetl, in Studia Judaica 20 (2017), nr 1 (39).
Volker Mall/Harald Roth: Vom KZ Hailfingen auf Todesmarsch – Die Evakuierung der Lager des Unternehmens Wüste. Heimatkundliche Blätter Zollernalb, 20.2.2013.
Volker Mall/Harald Roth: *La promesse est tenue...* Nach 65 Jahren des Schweigens, Schriftenreihe des Vereins Gedenkstätte KZ-Außenlager Hailfingen • Tailfingen e.V. Heft 2, Horb 2012.
Mall/Roth/Kuhn: Die Häftlinge des KZ Außenlagers Hailfingen/Tailfingen, Norderstedt 2021.
Immo Opfermann: Erwin Dold, der letzte Kommandant im KZ Dautmergen, in: Schwäbische Heimat 2010/4.
Joseph Tenenbaum: Underground – The Story of a People, New York 1952.
Hans Willbold: Das Kriegsende 1945 im nördlichen Oberschwaben unter besonderer Berücksichtigung des Altkreises Saulgau. Bad Buchau 1995.
Andreas Zekorn; Todesfabrik KZ Dautmergen. Ein Konzentrationslager des Unternehmens "Wüste". Stuttgart (lpb) 2019.

Videos der USC Shoah-Foundation[228] (Archiv Gedenkstätte Hailfingen/Tailfingen)
Israel Arbeiter Code 18588, 9.8.1996.
Erwin Baum, Code 08001, 26.10.1995.
Henry Bily, Code 32 381, 10.6.1997.
Joseph Greber, Code 9988, 11. 12. 1995.
Abraham Nacson, Code 32740, 20.8.1997.
Morris Pelcman, Code 42 173, 3.6.1998.
Jack Spicer, Code 31380, 11.5.1997.
Josef Szaiman, Code 33766, 9.3.1997.
Donato di Veroli, Code 42 618, 27.4.1998.
Irving Wassermann, Code 2841, 26.5.1995.

AOFA Archives de l'occupation française en Allemagne et Autriche (Colmar)
-Dossier AJ 4054p. 231A, Aussage David Fiszel am 25.2.1947.

Archiv Stutthof
-Häftlingspersonalkarten I-III.

BA
-B 162/4348, Vernehmung Wolf Gimpel, 12. 5 .1969, Bl. 294.
-B 162/4348, Vernehmungsniederschrift David Fiszel, München, 14.5.1968, Bl. 157.
-B 162/4349, Vernehmungsprotokoll Sander Piasek, Detroit, 2. 4. 1969.
-B 162/4348, Chaim Friedman LEA München BEG 29 792 Entschädigungsakten: Chaim Frydman.

ITS
ITS/ARCH/KL Natzweiler, Ordner 12. Natzweiler Nummernbuch
ITS/ARCH/KL Natzweiler, Ordner 12.Transportliste Dautmergen-Dachau

---

228 Shoah-Foundation (*Survivors of the Shoah Visual History Foundation*): 1994 von Steven Spielberg gegründete gemeinnützige Organisation, die weltweit Interviews mit Überlebenden des Holocaust auf Video aufnahm. Mitte der 2000er-Jahre wurde die Shoah-Foundation an die University of Southern California (USC) in Los Angeles bzw. an das dort gegründete *Shoah Foundation Institute for Visual History and Education* übergeleitet, das das Material inzwischen in dessen *Visual History Archive* zu Forschungs- und Lehrzwecken bereitstellt.

ITS/ARCH/KL Dachau Ordner 134.
ITS Ordner 148, S. 94 (Einweisung Allach 14.4.45 Block 26, 60 Namen) und S. 98. (60 Namen). S. 22 und 38.

KrA Zollernalbkreis
-SaUW 36.

LUI Tü
-Materialien. Gespräch Utz Jeggle mit Wolf Gimpel, 14.2.1986, Bl.14.

StAL
-EL 317 III Bü 1265
-EL 317 III Bü 1312 Transportliste Dautmergen-Dachau.
-EL 317 III Bü 136 Zeugenaussage Israel Arbeiter 20.3.1969.
-EL 317 III Bü 700 Vernehmungsniederschrift Wolf Gimpel, München, 4.11.1969, Bl. 294.

SVG (Service des Victimes de la Guerre/Brüssel)
Dossier Reich, Menachim Mendel, PP44096/E1000.

ZStL
Akte 419 AR-Z 174, Bl. 272. Sander Piasek.

Dank
Cornelia Gerstenmaier
Amir Haskel
Johannes Kuhn
Adelheid Mehnert-Mall
Immo Opfermann
Harald Roth
Jürgen (Jac) Schreiber
Beate Schützmann-Krebs
Patricia und Paul de Vooght
Tomasz Wisniewski
Georg Zerweck